汽车技术创新与研发
系列丛书

# 电动汽车
## 安全性设计

王德平　张天强　等 ◎ 著

# ELECTRIC VEHICLES
# SAFETY DESIGN

机械工业出版社
CHINA MACHINE PRESS

本书基于作者开发团队多年的实际设计经验，系统阐述了电动汽车整车及动力电池、电驱动系统、整车控制器、高压系统、充电系统等关键核心总成的安全性设计方法，并结合大量实例进行了说明。本书分析了电动汽车整车的结构安全、热安全、高压安全和电磁兼容安全与传统车的差异，以及这些差异所带来的特殊安全性要求及设计方法；在总成方面，介绍了动力单体电池的选型、模组的设计、BMS 的设计以及电池包的设计等，电驱动系统的电机、电机控制器、减速器的安全性设计，整车控制器的硬件、软件、控制策略设计，高压系统的电源分配设计、线束及电连接设计和DC/DC 变换器的匹配设计，充电系统的安全性机制与要求、车载充电机设计和车辆与充电的安全防护措施等。

本书可供电动汽车工程技术人员、高校师生、汽车科技人员及汽车企业管理人员阅读参考。

## 图书在版编目（CIP）数据

电动汽车安全性设计/王德平等著. —北京：机械工业出版社，2020.8
（汽车技术创新与研发系列丛书）
ISBN 978-7-111-66032-3

Ⅰ. ①电…　Ⅱ. ①王…　Ⅲ. ①电动汽车 – 安全设计 – 研究
Ⅳ. ①U461. 91

中国版本图书馆 CIP 数据核字（2020）第 122414 号

机械工业出版社（北京市百万庄大街 22 号　邮政编码 100037）
策划编辑：何士娟　责任编辑：何士娟
责任校对：郑　婕　责任印制：郜　敏
盛通（廊坊）出版物印刷有限公司印刷
2020 年 10 月第 1 版第 1 次印刷
169mm×239mm · 19. 25 印张 · 18 插页 · 398 千字
0 001—1 900 册
标准书号：ISBN 978-7-111-66032-3
定价：138. 00 元

电话服务　　　　　　　　　网络服务
客服电话：010 – 88361066　机 工 官 网：www. cmpbook. com
　　　　　010 – 88379833　机 工 官 博：weibo. com/cmp1952
　　　　　010 – 68326294　金 书 网：www. golden – book. com
**封底无防伪标均为盗版**　机工教育服务网：www. cmpedu. com

# 序 一

## Foreword

　　中国新能源汽车产业经过近二十年的发展，已成为全球最大的新能源汽车市场，电动化技术也取得了举世瞩目的成就，但也面临着新的挑战，如安全性、全产业链、全生命周期、全商业模式的总成本以及充电桩等基础设施的便利性等。其中，安全性是消费者关切的头等大事。安全重于泰山，安全第一是确保电动汽车长期健康、持续发展的关键和前提。

　　中国一汽把"体验化、电动化、智能网联化、共享化"作为发展方向，把新能源汽车作为发展重点，把技术创新作为新能源汽车发展的根本推动力，把安全作为新能源汽车产品的第一衡量指标。2019 年 7 月，在海南世界新能源汽车大会上，我曾专题阐述了"高安全性是电动汽车产业持续发展的关键和基础"。"安全第一"是中国一汽整车产品的开发理念，贯穿于产品定义、研发、制造、销售及服务等各个环节。为用户提供极致安全、极致可靠、极致品质的新能源汽车产品是中国一汽永恒的追求。

　　《电动汽车安全性设计》是中国一汽新能源研发团队基于多年的研发实践，从新能源汽车整车产品正向设计的角度，客观地分析了影响电动汽车的安全因素，按照整车、系统、总成、零部件层层分级的设计关系，从整车结构安全、热安全、高压安全、电磁兼容安全、动力电池安全、电驱动系统安全、整车控制器安全、高压电气安全、充电系统安全以及电池模块、电池管理系统、电机、电机控制器、减速器等零部件级的安全维度，提出了产品开发详细的安全要求、设计标准、设计方法及设计结果。书中列举了一些实际的设计案例，对电动汽车的产品安全设计有着具体、全面的指导意义。

　　电动汽车的安全问题不完全是技术问题，涉及的面较广，包括企业、政府、消费者等主体。企业需要加强技术进步与创新，加强产品质量管理，加强对用户使用过程的关注，坚持服务水平的提升，不断提高电动汽车的安全水平。政府要加强对电动汽车安全问题的系统性研究，及时发布电动汽车安全事故信息，强化标准法规的制定与认证、检测的规范化监管。全社会共同努力，协调发展，切实提升电动汽车安全，为中国汽车工业更大更强做出应有的贡献。

第一汽车集团董事长

2020 年 3 月

# 序 二
## Foreword

当今汽车动力系统正经历着电动化的转型，但电动汽车自燃事故让其安全性备受瞩目。可以说，电动汽车的安全性已成为当前新能源汽车产业发展的重大隐患。

电动汽车的安全性问题是与其不同于传统汽车的结构和高压电路密切相关的，电动汽车安装有动力电池、驱动电机、高压线束、充电机等高压部件，尤其是高比能量动力电池系统具有热失控的潜在风险。动力电池系统的热安全与高压电气系统的电安全以及汽车固有的碰撞安全相互耦合，构成了汽车领域最复杂的安全技术问题，急需从材料、化工、热工、机电等多学科交叉角度探索防范途径，建立电动汽车安全性设计的规范与技术体系。中国在新能源汽车产业化方面走在全球前列，没有现存的成套技术可以照搬，必须依靠自主研发攻克电动汽车的安全技术难题。

《电动汽车安全性设计》基于国内一线工程师的实际设计案例，总结了作者多年的开发经验，系统阐述了电动汽车整车、关键总成和零部件的安全性设计要求与方法，为电动汽车工程设计人员提供了宝贵的借鉴与参考。

从整车层面，本书介绍了电动汽车结构安全、热安全、高压安全和电磁兼容安全的设计方法；在总成方面，描述了动力电池模组、电池管理系统、电池包的安全性设计方法以及单体电池的安全性选型；在电驱动系统方面，介绍了驱动电机、电机控制器及减速器的安全设计要求与方法；在整车控制方面，介绍了整车控制器硬件、软件及安全性控制策略；在高压系统方面，介绍了整车高压配电、高压电线束总成、DC/DC变换器、车载充电机的安全性匹配与设计以及充电安全设计要求等。

当然，正如作者在前言中所述，电动汽车的安全性问题还有许多需要研究的内容，相应的安全性技术还需不断去突破。希望全行业共同努力，通过不断的技术创新，提升我国电动汽车整体的安全水平，为我国从汽车大国发展成汽车强国而努力。

清华大学教授、中国科学院院士　欧阳明高

**2020 年 3 月**

# 序 三

## Foreword

当前，世界汽车产业正面临百年未遇之大变革，电动化、智能化、网联化、共享化已成为重要发展方向。在各国政府的积极推动以及各大车企的集体发力下，全球新能源汽车技术创新热度不断提升，市场应用规模不断扩大，已在全球范围内实现了快速发展。中国新能源汽车产业经过近20年的培育，正处于向市场规模化发展的关键时期，2019年实现120.6万辆的销量，到2020年3月底，累计接入国家新能源汽车监控平台的车辆超过320万辆，产销量和保有量位居全球第一。大数据显示，电动汽车的安全性是当前新能源汽车发展的主要问题，但从事故分析来看，安全事故是可发现、可预判、可处置的。如果能在产品开发上加强安全功能设计，从设计源头进行把控，就可以大幅提升新能源汽车的安全性。

《电动汽车安全性设计》一书从电动汽车与传统燃油汽车的区别入手，详细阐述了电动总成系统的结构安全设计、热安全设计、高压安全设计和电磁兼容安全设计；介绍了动力电池、电驱动、整车控制、高压电气的安全性设计原理与方法，对动力电池模组、电池管理系统、电机定转子、电机控制器、DC/DC 变换器、高压线束、车载充电机等核心部件也作了具体设计描述。全书内容丰富、案例翔实，是电动汽车工程设计人员及汽车行业技术人员难得的经验参考，也是一本对高等院校新能源汽车相关专业师生非常有益的参考教材。

电动汽车安全性设计的内容比较广泛，不仅涉及技术层面，也涉及行业管理、企业自律、用户使用等多个层面。技术的进步与创新是提升电动汽车安全性最有效的途径，这就需要全行业共同努力，攻坚克难，迭代创新，不断提升我国电动汽车的整体设计水平，同时也要加强政府、行业的监督管理，提升技术标准要求，强化法规执行。企业要不断加强产品质量管控，提高产品开发能力，也要引导用户正确使用，强化维修保养与服务。电动汽车安全之路并不平坦，让我们共同努力，团结协作，融合创新，为我国成为汽车强国做出应有的贡献。

北京理工大学教授、中国工程院院士　孙逢春

**2020 年 3 月**

# 前 言
## Preface

随着电子技术与信息技术的飞速发展,汽车技术正在向电动化、智能化、网联化、共享化方向发展,汽车产业链条和生态环境也在不断融合,汽车不再只是交通工具,而是被赋予了更加丰富的功能,汽车供应商也不再是传统的、简单的零部件供应者,而是融入更多信息与通信技术的融合式伙伴。电动化正是这种技术与产业变化的基础,因此电动化越来越被各个国家和汽车公司所重视。也正是在多国政府的多种政策支持下,电动汽车销量大幅增长。2019 年,中国新能源汽车销量达到 120.6 万辆,全球新能源汽车销量达到 221 万辆。然而,随着电动汽车销量的不断增长,相关安全事故也随之快速增多。据不完全统计,2018 年在我国发生的新能源汽车起火事故超过 50 起,电动汽车起火自燃的事故也经常见诸相关媒体。这些事故不仅造成了车辆自身的损伤,也时常带来财产的损失和人身安全的损害,对电动汽车产业发展造成了极大伤害。因此,保障电动汽车安全是新能源汽车产业稳定、持续发展的基础和首要解决的核心问题。

为了推动我国电动汽车设计水平的提高以及产业的健康发展,加快提升产品的成熟度与市场普及度,确保电动汽车的安全使用,本书作者依据多年从事电动汽车研发的工作实践,总结经验,结合在过去开发过程中遇到的问题及车辆在市场投放后问题解决的实际案例,阐述了基于整车视角的结构安全、热安全、高压安全和电磁兼容安全的设计方法,详细介绍了动力电池、电驱动系统、整车控制器、高压系统和充电系统等关键核心总成的安全性要求、设计方法和匹配技术。本书中,动力蓄电池简称为动力电池,单体蓄电池简写为单体电池。本书可以作为电动汽车工程设计、技术开发、企业管理等电动汽车行业从业人员的实践参考。

本书由王德平博士负责规划、整理和编写。本书第 1 章由付磊、宋芳编写,第 2 章由王德平、胡志林、李大鹏、朱学武,宋芳,刘志强编写,第 3 章由王德平、姜涛、乔延涛、刘轶鑫编写,第 4 章由王德平、文彦东、刘志强编写,第 5 章由吴爱彬、赵永强、李想编写,第 6 章由张天强、曲振宁、宋江柱编写,第 7 章由张天强、姜瑞编写。另外,赵慧超、孙焕丽、曹正林、杨广宇、韩宏纪、贾晋、王书洋、刘晓蕾、胡景博、赵光宇、李阳、张顿,荣常如、李雪、刘鹏、周琪、王金昊、陈晓娇、段立华、钟华、徐德才、刘晓录、田博、李帅、林展汐、刘金峰、刘璇、唐佩伦、于钊、张鑫、崔金龙、李威、姜涛、刘芷彤、王金明为本书的出版提供了帮助，在此对他们表示衷心的感谢。

尽管作者有多年的实践经验，并参与过多个项目的实际开发，但由于能力有限，书中难免有不妥之处，也未能覆盖部分先进技术，欢迎各位专家、学者及技术人员批评指正。

感谢中国第一汽车集团公司徐留平董事长、清华大学欧阳明高院士以及北京理工大学孙逢春院士在本书成稿过程中提出的指导和宝贵意见，并倾情为本书作序。

感谢宋芳工程师对全书材料的组织、协调与整理。

希望本书能为提升汽车行业技术水平、推动电动汽车发展做出贡献。

王德平

2020 年 3 月

# 目 录 Contents

# 第 1 章

# 电动汽车发展概述

近年来，电动汽车产销量持续增加，已进入快速发展时期，各大汽车公司均把电动汽车作为未来的主要产品策略，进行从研发到市场的产业生态布局。从汽车动力系统发展来看，电动化变革无论是在速度上还是在深度上，均超过传统动力的技术革新，是发动机电控系统、自动变速器、增压直喷技术等应用不能比拟的。汽车动力系统已经进入以电动化为主的新发展时期。经过汽车及相关行业的技术发展，电动汽车逐渐克服了技术、性能、成本困难，逐步接近传统汽车水平。可以预见，在不远的将来，电动汽车的性能将全面达到或超越传统汽车，成为人们日常生活和生产的主要交通工具。安全性是电动汽车持续健康发展的保证，在设计之初识别并规避安全隐患，是电动汽车持续发展的先决条件。

## 1.1　电动化技术发展趋势

随着汽车技术的快速发展以及与信息、通信等关联技术的加速融合，汽车技术发展方向已经由"三化（低碳化、信息化、智能化）"发展为"四化（电动化、智能化、网联化、共享化）"。从区别上看，"电动化"代替了"低碳化"。从近年汽车产业低碳化实践来看，电动化是低碳化的核心；"信息化"和"智能化"是"共享化"的重要支撑。为适应共享经济的快速发展，将"共享化"提升为汽车技术的发展趋势。表面上看，"四化"概念的提出，是汽车行业对技术发展预判的更新，而内在驱动因素不只来源于汽车，更多来源于以信息技术为代表的其他行业，以及为了更好地满足人们对共享经济发展的需求。随着汽车"四化"技术的不断发展，汽车产业链条和生态环境也将不断复杂化、融合化，汽车不再只是交通工具，而是将被赋予更加丰富的功能，汽车供应商不再是传统的零部件供应商，而是更加重视与互联网公司、通信服务公司以及共享服务公司的合作。汽车主体不再是动力总成等硬件，智能软件将重新定义汽车的价值。

电动化是"四化"的支撑，是"四化"发展的平台。电动化在推进低碳化、促进整个产业节能减排的同时，也是智能化、网联化、共享化的最佳发展平台。电动化在为新装备提供更加合适的安装空间的同时，也为电子电气装备提供了强大的电源保障。传统汽车一般以机械、液压、气压等方式实现车辆的控制，控制精度和系统响应速度受到物理性限制，而电气化车辆则采用了线控方式，以电动执行为主，适应其他三化的控制需求，为用户提供更快速、更精确、更舒适的驾控体验。

从电动汽车的核心技术来看，主要包括电机技术、动力电池技术、电控技术和高压技术等。电机技术无论从效率还是从动力性和可靠性来看，都是相对成熟的，未来的主要发展方向为精益化、平台化、模块化与定制化，进一步降低成本及提高性能；动力电池技术与整车的性能和成本密切相关，是当前电动汽车产业进程中的最大瓶颈，技术路线等还存在不确定性，要坚持把安全性作为研发过程的前提；电控技术不是当前电动汽车的短板，但在硬件布局、性能和软件功能方面，还需要持续优化，使专属芯片与软件功能呈现出显著的标准化发展特征；高压电气是传统汽车企业不具备经验的技术，尽管工业高压技术相对成熟，但车载高压技术有高可靠、宽温度、低成本等特殊要求，未来将更趋向集成化、模块化方向发展，也会成为新技术的应用载体。预计在相对较短的时间内，电动汽车的成本会降低到与传统汽车相当的水平，高低温性能、续驶里程、价格等将不再是阻碍电动汽车发展的主要因素，也不再是用户关注的重点，而电动汽车的安全性问题将会是影响其发展的主要因素，电动汽车的设计也将更趋向于以安全为核心的设计。

## 1.2 电动汽车的发展历程

电动汽车虽然在近 10 年才步入人们的日常生活，但其已经有 200 年的发展历史。从发展初期到现在的性能、成本方面逐渐被用户接受，其过程跌宕起伏，可分为发展初期、黄金期、衰退期、再生期和再发展期。

电动汽车的发展初期是从 19 世纪早期至 19 世纪末期，经历了大约一百年的时间。1828 年，Anyos Jedlik 发明了一种早期的电机，并用该电机设计了一个小型电动汽车模型。1834 年，佛蒙特州的铁匠 Thomas Davenport 制造了一个类似的装置，可以在一个短的、圆形的电气化轨道上工作。1859 年，法国物理学家 Gaston Planté 发明了铅酸电池，为电动汽车提供了可充电电池方案。1884 年，英国发明家 Thomas Parker 用自己专门设计的大容量可充电电池在伦敦制造了第一辆量产电动汽车。随着电动汽车可用性的提升，出现了专门从事电动车生产和销售的汽车公司。

随着电力供应能力的提升和电动汽车自身技术的发展，19 世纪 90 年代末至 20 世纪初，电动汽车进入了黄金发展时期。该时期首先出现了电动出租车，并受到市场的欢迎。如 Walter C. Bersey 组建了一支电动出租车车队，由于它们发出的独特的"嗡嗡"声，很快就被大众亲切地称为"蜂鸟"。20 世纪初，电动汽车与其他车型相比，具有很多优势。它们没有汽油车通常存在的振动、气味和噪声，也不需要换档，更不需要像汽油车一样，用一个手动曲柄来起动发动机，因此更受欢迎。电动汽车在高端消费者中很受欢迎，他们把电动汽车作为在城市内的用车。事实证明，电动汽车的有限续驶里程在当时甚至不是多大的劣势。由于操作方便，电动汽车在当时经常被宣传为适合女性驾驶的交通工具。电动汽车的普及最初因缺乏电力基础设施而受阻，但到 1912 年，许多家庭都用上了电，这使得电动汽车的普及程度大大提高。例如，在 19 世纪末与 20 世纪初的美国，40% 的汽车由蒸汽驱动，38% 由电力驱动，22% 由汽油驱动，美国共有 33 842 辆电动汽车注册，电动汽车的销量在 20 世纪首个 10 年达到顶峰。为了克服电动汽车运行范围有限和缺乏充电基础设施的问题，早在 1896 年就有人提出了可换电池服务的概念。这个概念最初是由哈特福德电灯公司通过电池服务付诸实践的，并用于电动货车。车主从通用汽车公司购买没有电池的车辆，并通过更换电池的方式从哈特福德电灯公司购买电力。车主通过支付充电费用和每月的服务费来实现车辆的维护和电池储存。

经过 20 世纪前 20 年内燃机汽车的高速发展，电动汽车的发展进入了衰退期。当时电动汽车的车速一般为 24~32km/h，续驶里程为 50~65km，已经不能满足交通设施发展带来的更高层的使用需求。与之相对，汽油车进入了快速发展时期。随着汽油车的大规模生产，电动汽车的成本成为明显的劣势，当时电动汽车的价格是汽油车的 2 倍。电动汽车的衰退期一直持续至 1960 年左右，在这期间，电动汽车技术鲜有进步。

1959 年，美国汽车公司 AMC 和 Sonotone 公司开展联合研究，综合利用 AMC 在经济型汽车创新方面的能力和 Sonotone 制造烧结板镍镉电池的能力，开发了一种由"自动充电"电池供电的电动汽车。1971 年 7 月 31 日，由波音公司和通用汽车公司开发的"月球车"随阿波罗号成为第一个在月球上驾驶的载人汽车。该车每个轮子上都有一个直流驱动电机，还有一对 36V 的银锌氢氧化钾非充电电池。20 世纪七八十年代开始的能源危机重新引起了人们对电动汽车的兴趣，人们认为电动汽车不受碳氢化合物能源市场波动的影响。在 1990 年的洛杉矶汽车展上，通用汽车公司展出了"通用冲击"电动概念车，同时宣布将生产面向大众的电动汽车。20 世纪 90 年代初，加州空气资源委员会（CARB）开始推动更节能、更低排放的汽车，最终目标是转向零排放汽车，如电动汽车。作为回应，汽车制造商开发了电动车型，包括克莱斯勒 TEVan、福特 Ranger EV 皮卡、通用 EV1 和 S10 EV 皮卡、本田 EV Plus、日产 Altra EV 锂电池微型车和丰田 RAV4 EV 等。

进入 21 世纪后，电动汽车进入了面向高性能需求开发的技术发展阶段。在该阶段，特斯拉开发并销售了 Tesla Roadster，使汽车行业看到了电动汽车发展的曙光，之后特斯拉陆续开发了多款车型。三菱汽车也开发了 i－MiEV。其他汽车公司，如日产、通用等都进行了电动汽车的开发和销售。

中国电动汽车产业始于 21 世纪初，作为"863"重大科技课题列入国家发展计划。紧接着，电动汽车被列入国家新兴战略性产业，政府也陆续出台了多项支持电动汽车发展的鼓励政策。近些年，电动汽车整车产品在性能、产能、销量等方面都有大幅提升，相应的核心部件如电机、动力电池等在技术、产品、生产装备等方面也获得了长足发展，并带动了充电桩、充电站等基础设施的建设。至2019 年年底，中国已经连续 5 年成为全球第一大新能源汽车产销市场。

## 1.3　电动汽车安全的重要性

近几年，在多国多项政策的助推下，电动汽车销量大幅增长。2019 年，中国新能源汽车销量达到 120.6 万辆，全球新能源汽车销量达到 221 万辆（不含混合动力汽车）。据 EVTank 预测，新能源汽车将持续大幅增长，到 2025 年，中国新能源车销量将超过 500 万辆，全球新能源车销量将达到 1200 万辆，如图 1-1 所示。

图 1-1　电动汽车市场销量

随着电动汽车销量的不断增长，相关安全事故也随之增多。据不完全统计，2018 年，我国共发生新能源汽车起火事故 50 余起（图 1-2）。这些事故不仅造成了车辆自身的损伤，也时常带来人身安全的损害及周边车辆、财产的损失，引起了社会恐慌与广泛关注。因此，保障电动汽车安全是新能源汽车产业健康持续发展的基础和首要解决的核心问题。

电动汽车的安全问题与其不同于传统汽车的结构和电气特点有关，电动汽车装有动力电池、电机、高压线束等部件，使车内储存着大量化学能及超过人体安

图1-2　某电动汽车发生自燃起火场景

全的高压电。化学能易燃烧、易爆炸、易污染，其与电能的相互转化会随着滥用和使用时间的增长而不断衰减，导致燃烧、爆炸的风险进一步增大；另外，高压电能可能会造成人员触电的风险。可以说，电动汽车在其全生命周期范围内，都存在燃烧、爆炸、高压触电等安全风险，而且这种风险会随着车辆使用年限的增长而逐步增加。因此，从源头把控，掌握安全性要求，进行安全性设计，是提升电动汽车安全性的根本措施。

为保障电动汽车产业的健康发展，需要政府部门与行业共同推动。国家有关部委已经推动制定了电动汽车首批安全强制标准，即针对高压安全、动力电池安全及客车安全等。除此之外，还组织进行了上市车辆的安全排查，并鼓励行业及企业加强对电动汽车安全的把控与自查。行业协会也纷纷通过召开行业会议、编制行业指南与规范等方式提高整个行业对安全性的重视。

## 1.4　电动汽车安全性法规

随着电动汽车的产业化推进，目前联合国及主要汽车生产大国都制定了标准及法规来保障电动汽车的安全。

### 1.4.1　联合国

为了解决各国电动汽车安全标准和法规"群雄割据"的情况，联合国在世界车辆规划协调论坛框架下成立了电动汽车安全法规工作组，由中、美、日、欧、加、韩等国家作为法规协约方共同制定发布了EVS – GTR《电动车辆安全全球技术法规》。该法规是全球汽车技术法规体系中第一个专门针对电动车辆的技术法规，已于 2018 年发布，之后各协约方将逐步将本国法规与全球技术法规内容进行协调，逐步解决目前各国电动汽车安全法规的不一致问题。

该法规主要研究了电动汽车使用中和碰撞后的潜在安全风险，包含使用中动力电池安全、碰撞后动力电池安全、使用中高压安全及碰撞后高压安全几个部分。目前，该法规已经完成了第一阶段法规的制定，第二阶段仍在进行研究工作，主要针对动力电池安全进行研讨，将对动力电池系统层级的安全要求及试验方法提出更加合理的要求。

该法规也是第一个中国作为主要牵头国，全程主导并深度参与完成制定的国际汽车技术法规，在提升我国电动汽车研发能力、提高标准法规制定水平等方面起到了重要作用。中国一汽是该法规中国专家组的组长单位，作者团队中也有多人参与了该法规的编写。

### 1.4.2　美国

美国传统汽车产品管理法规体系涵盖了电动汽车尤其是储能系统电解液和电击防护方面的安全技术法规。

美国联邦机动汽车安全标准 FMVSS 305 对车辆碰撞后的电解液溢出量、蓄电池/转换装置稳定性以及触电防护提出了详细的要求，以降低车辆撞击事故中由于蓄电池电解液泄漏、高压回路漏电等因素造成的人员伤亡风险。FMVSS 是美国《国家交通及机动车安全法》授权美国运输部对车辆以及车辆的装备和部件制定并实施的法规，并有与其配套的管理性汽车技术法规，整个法规体系较为严格。

### 1.4.3　欧盟

欧盟电动汽车市场准入制度整体上沿用了传统汽车产品的法规体系。在欧盟范围内对汽车产品制度和实施统一型式批准制度，主要基于欧盟委员会（EC）指令和联合国欧洲经济委员会（UNECE）法规等强制性技术要求。电动汽车安全法规 ECE R100 是联合国欧洲经济委员会针对电动汽车的电气安全通用法规，适用于最大车速超过 25km/h 的 M 型（客车）和 N 型（货车）电动汽车。欧盟委员会于 2010 年决定把 ECE R100 作为欧盟电动汽车型式认证的强制性法规，以弥补对电动汽车电气安全要求的不足。

ECE R100 主要从电动汽车电气安全要求、可充电储能系统安全要求、功能安全和氢气排放判定要求这四个方面对电动汽车进行了最低安全风险规范，不包括关于道路车辆碰撞后的安全要求。其中，对可充电储能系统安全要求主要规定了可充电储能系统的安全试验程序和要求。法规适用于搭载有一个或多个由电力驱动电机且非永久连接到外部电网的 M 类和 N1 类（最大设计总质量不超过 3500kg 的货车）道路车辆的可充电储能系统。

## 1.4.4　中国

2001 年，我国制定并发布了 GB/T 18384—2001《电动汽车安全要求》系列整车级电动汽车安全要求标准。为了满足电动汽车技术不断发展的需求，2015 年又发布了修订版本进而取代了 2001 年的版本。2018 年初，随着 EVS–GTR《电动汽车安全全球技术法规》的正式发布，考虑到电动汽车安全的重要性及与 EVS–GTR 的协调一致性，工业和信息化部装备工业司组织行业机构、重点企业等单位研究编制了第一批电动汽车强制标准（简称强标），分别是《电动汽车安全要求》《电动客车安全要求》及《电动汽车用锂离子动力蓄电池安全要求》。三个强标已于 2020 年 5 月发布，将于 2021 年 1 月 1 日开始实施，这些标准可以起到提高电动汽车安全性、完善电动汽车标准体系、促进电动汽车产业发展的作用。

三项强标的内容是在原有 GB/T 18384—2015《电动汽车 安全要求》系列标准基础上，进一步提高并优化了电动汽车整车和动力电池的安全技术要求。GB 18384—2020《电动汽车安全要求》涵盖了原有 GB/T 18384.2—2015《电动汽车安全要求 第 2 部分：操作安全和故障防护》及 GB/T 18384.3—2015《电动汽车 安全要求 第 3 部分：人员触电防护》中的内容，主要规定了电动汽车的电气安全要求和功能安全要求。在国内自主经验基础上，保持了与 EVS–GTR 的协调性。GB 38032—2020《电动客车安全要求》要求电动客车在满足 GB 18384—2020《电动汽车安全要求》的基础上，在内饰阻燃、车辆结构、充电系统、整车防水等方面进行更为严格的设计。GB 38031—2020《电动汽车用动力蓄电池安全要求》结合中国实际路况及技术现状，综合考量现有动力电池相关的国内外标准法规，将电池系统优先作为安全要求的主体，附加了一些单体电池的安全要求。

我国还有现行的专门针对电动汽车碰撞后安全要求的标准 GB/T 31498—2015《电动汽车碰撞后安全要求》。该标准的适用范围在车辆种类方面包括含有 B 级电路的纯电动汽车和混合动力汽车，碰撞试验类型除了正面碰撞外还包括侧面碰撞。其中，技术要求主要参考 ECE R94《关于车辆正面碰撞乘员保护认证的统一规定》及 ECE R95《关于车辆侧面碰撞乘员保护认证的统一规定》编写，总体上包含防触电保护要求，即高压安全要求、电解液泄漏要求和 REESS 要求三个部分。

除以上标准外，还有两个单独针对动力电池的标准。GB/T 31485—2015《电动汽车用动力蓄电池安全要求及试验方法》规定了电动汽车用动力蓄电池的安全要求和试验方法，适用于电动汽车用动力锂离子蓄电池和金属氢化物镍蓄单体电池和模块，其他类型的蓄电池也可参照执行；技术要求及试验方法包括：过充电、过放电、短路、跌落、加热、挤压、针刺、海水浸泡、温度循环、低气压等。GB/T 31467.3—2015《电动汽车用锂离子动力蓄电池包和系统 第 3 部分：安全性要求与测试方法》规定了电动汽车用锂离子动力蓄电池包和系统安全性的要求与测试方法，适用于电动汽车用锂离子动力蓄电池包和系统，镍氢动力蓄电池包和系统等参照执行。

## 1.5　电动汽车安全定义与分类

电动汽车安全是一个广义的概念，涉及内容广泛，是多项技术的汇合。为更好地对安全技术进行研究与应用，需要对其内容进行梳理分类。具体的分类可以从多个维度考虑，但各项安全技术之间不是独立存在的，而是互相影响、互相包含的，交叉度很高。本书所指的电动汽车安全，主要是针对电动汽车相对于传统汽车所特有的安全。

从电动汽车国内、国外标准体系方面分析，标准法规的制定主要是从整车质量控制与用户使用角度考虑的，也结合了技术专业的方向划分与车型。电动汽车安全在标准法规维度被分为动力电池安全、高压安全、碰撞后安全、充电安全、功能安全及电动客车安全。

在结果导向方面，以使用过程中的失效模式维度分类，可以根据电动汽车区别于传统汽车的常见安全事故来分析。电动汽车常见的事故有四种：第一种是碰撞事故，也包括一些机械外力原因导致的事故；第二种是充电事故，充电事故本身也可能引发其他事故，比如热失控；第三种是热失控事故，包括泛指的热失控，如过充电或碰撞后电池的着火爆炸，也包括电池自身未受到外界其他影响而突然发生的热失控；第四种是车辆泡水事故，可能造成高压系统短路或者绝缘失效等问题。从事故分类角度，可以将电动车安全分为结构安全、热安全、高压安全和充电安全。

上述两个维度均有非技术因素的影响，而完全从整车正向开发角度分析，电动汽车安全应从电动汽车的整车构成与功能方面分类。电动汽车整车涉及电动系统特有安全方面的构成，包括动力电池、驱动电机、整车控制器、高压电连接及充电系统五大方面。另有一些整车系统级安全与这五大方面交叉融合，又可以细分为结构安全（或称被动安全）、热安全、高压安全、电磁安全等。因此，从整车构成与功能维度分类，电动汽车安全可以分为系统安全、电池安全、电驱安全、整车控制安全、高压配电安全、充电安全几个部分。本书的后续章节将按照此构成及功能分类来介绍各项安全技术。

本书也提及了功能安全。功能安全是指电子电气系统的功能异常表现引起的危害而导致不合理的风险。功能安全概念的开发目标，是为满足系统安全要求，制定相应的安全机制和措施，以及相应的功能安全要求。其中，安全目标是指最高层面的安全要求，是危害分析和风险评估的结果。一个安全目标可能与几种危害有关，几个安全目标也可能与一种单一的危害有关。安全机制包括故障探测和失效降级、进入安全状态、故障容错机制、故障检测和警示驾驶员、仲裁机制。功能安全范畴内的电动车辆系统包括动力控制系统、转向控制系统、制动控制系统、车身控制系统以及其他智能电控系统等，各系统又都包含相应的子控制系统。本书将功能安全直接纳入动力电池、电驱动、整车控制、高压电气和充电系统等的安全设计当中，不再单独介绍。

# 第 2 章

# 电动汽车电动系统安全性设计

电动汽车的能量来源于动力蓄电池（以下简称动力电池），由于车载能量来源的不同，电动汽车相对于传统燃油汽车取消了发动机、变速器、排气管和油箱等部件，取而代之的是电动系统，包括动力电池、驱动电机、整车控制器、高压电气、电动空调、充电系统等。这些系统在实现各自功能、性能的同时，还需考虑相互之间的性能匹配，在安全性方面需综合设计，匹配结构安全（或称被动安全）、热安全、高压安全和电磁兼容安全。

## 2.1 结构安全设计

电动汽车与燃油汽车在结构安全上的根本目的是一致的，但由于两者在动力传递、能量媒介、能量传输以及由此带来的结构构成、整车布局、整车质量等方面的显著差异（表2-1），导致电动汽车在整车结构安全策略和设计方面与传统燃油汽车发生了较大的改变，特别是动力电池活跃的化学特性，使得电动汽车的结构安全设计更加复杂。本章节着重阐述针对电动汽车结构安全而开展的安全策略及安全设计。

表 2-1　传统燃油汽车与电动汽车功能实现的差异

| 序号 | 功能 | 传统燃油汽车 | 电动汽车 |
| --- | --- | --- | --- |
| 1 | 驱动 | 发动机 | 电机 |
| 2 | 传动 | 变速器 + 驱/传动轴 | 减速器 + 驱动轴 |
| 3 | 能量媒介 | 燃油 | 高压电 |
| 4 | 能量存储 | 油箱 | 动力电池 |
| 5 | 能量传输 | 油管 | 高压线束 |
| 6 | 能量补给 | 加油口 | 充电口 |
| 7 | 供气 | 进气系统 | 无 |
| 8 | 排气 | 排气系统 | 无 |
| 9 | 采暖/制冷 | 机械空调 | 电动空调 |
| 10 | 冷却 | 冷却系统 | 冷却系统 + 空调系统 |

### 2.1.1 电动汽车结构特点

如图 2-1 所示，电动汽车由电机驱动，通过减速器将动力传递至车轮，动力电池提供电能并进行能量存储，根据充电、配电及电能传输的需求，增加充电机、DC/DC 变换器、配电盒、高压线束、充电口等部件。

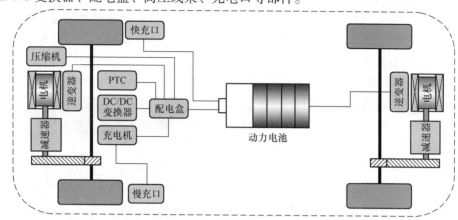

图 2-1　电动汽车典型构型图

### 2.1.1.1　动力电池

锂离子动力电池作为 20 世纪开发成功的新型高能电池，因其具有能量高、电压高、工作温度范围宽、贮存寿命长等优点，与电动汽车的需求相吻合，目前已在电动汽车上广泛应用。

伴随电池技术的不断升级，汽车续驶里程逐步提升，充电时间逐步缩短，但随之而来的动力电池安全的不确定性也成为阻碍电动汽车发展的隐患。在电动汽车上，动力电池自燃的原因主要是热失控，最常见的影响因素包括激烈碰撞、系统短路等（图 2-2），涉及机械、电气、热力、化学等多学科内容，成因非常复杂，

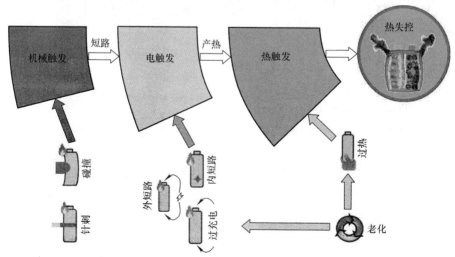

图 2-2　锂电池热失控机理（见彩插）

防控较难。在碰撞事故发生后，乘员有可能受到的伤害包括触电伤害、化学伤害、爆炸伤害、燃烧伤害等，动力电池活跃的化学特性使得救援也变得更加棘手。因此，电动汽车的安全核心集中在动力电池安全上。在动力电池自身安全技术没有得到突破性进展之前，动力电池的防护是电动汽车安全的重中之重，这也是有别于燃油汽车的重要部分。

在 2013 年之前，基于燃油汽车改制的电动汽车的最大动力电池搭载量在 40kW·h 左右，而目前基于专用平台的 A 级纯电动车可以搭载大于 80kW·h 的电能，体积约为 380L，重量约为 470kg，如图 2-3 所示。即使通过轻量化设计、精细化结构设计，相对常规油箱的体积（50～80L），动力电池仍然显得过于庞大，车辆前、后轴之间几乎被电池占满，无疑对车辆的结构影响是巨大的。同时其较大的重量，对整车的承载、耐撞等性能也提出了更高的要求。

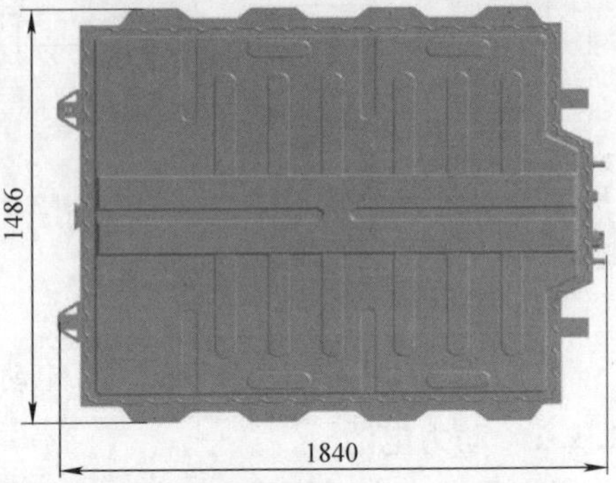

图 2-3　某 A 级车动力电池边界尺寸

### 2.1.1.2　电驱动系统

如图 2-4 所示，电动汽车动力总成主要由电机、电机控制器及减速器构成。电机通过电磁转换，将电能转化为机械能，通过逆变器的控制，实现旋转方向及转速的调节。因此，电动汽车不需要燃油汽车复杂的变速器，取消了发动机工作所需的进、排气系统。也正是因为电机的该特性，燃油汽车常用的机械水泵、机械压缩机也被替换为

图 2-4　电驱动系统典型构成

电动水泵及电动压缩机，由原来的传动带驱动变为电力驱动，其布置位置变得更加灵活。

随着电驱动系统集成化的发展，整个电驱动系统的结构更加紧凑。如图 2-5 所示，160kW 左右的电驱动系统与燃油汽车 2.0L 发动机动力系统的尺寸对比，$X$ 向、$Y$ 向、$Z$ 向都小得多，这得益于电驱动系统本身结构的紧凑以及辅助系统的简化，电动汽车在后驱/四驱的功能实现上则变得相对简单。因此，在新的基于纯电动专用平台开发的汽车上，后驱/四驱成为主流，以获得更好的整车性能与布置。

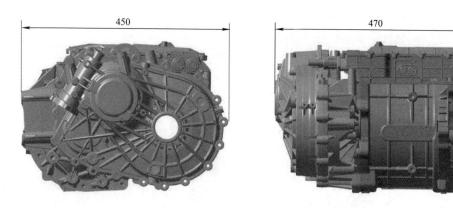

图 2-5　典型电驱动系统结构尺寸示意图

由于电机工作时以扭转为主，所以整体结构垂向高度较低，原来的发动机悬置系统已不再适用。目前，电动汽车以三点抗扭悬置为主，悬置系统集成在副车架上。图 2-6 所示为电动汽车典型动力悬置系统。

图 2-6　电动汽车典型动力悬置系统（见彩插）

### 2.1.1.3　高压电气

电动汽车以高压电为媒介，为整车驱动、空调采暖等提供能量，因此衍生出重要的一个部分，即高压电气。高压电气可分为高压系统和高压器件两部分。图 2-7 所示为电动汽车典型高压系统拓扑结构，其开发主要包括高压系统原理、高压系统策略、充电系统、高压安全等。

在高压附件方面，为了实现充电、配电、电能传输及空调等功能，增加了图 2-8 所示的部件。

虽然电动汽车相对于燃油汽车取消了进气、排气等系统，但是新增的高压附件又重新占用了大量的前机舱空间。基于对电子元器件防护、电磁兼容（EMC）、密封、高压安全等要求，新增的高压附件具有坚硬的金属外壳，在碰撞中相当于刚性体，对碰撞产生较大的影响。此外，由于各高压附件、电驱系统、动力电池

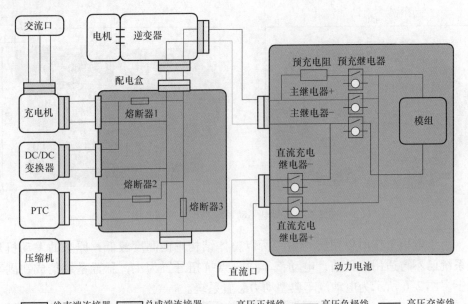

图2-7 电动汽车典型高压系统拓扑示意图（见彩插）

图2-8 电动汽车典型高压附件

之间通过高压线束连接，相应的高压接口在受到挤压时容易发生短路引起起火、漏电等情况，因此在整车布置上需要做好总体布局设计。

随着电动汽车的发展，动力电池电量增加，智能网联及信息化电气附件增多，在高压附件方面，逐步向大功率、集成化方向发展。以充电机、DC/DC变换器为例，原来采用两个独立的3.3kW充电机和1.8kWDC/DC变换器总成，占用空间大，接口多，线束及冷却管路复杂；目前发展为6.6/11kW充电机和2.5/3.0kWDC/DC变换器的集成部件，即将两个总成集成在一起，甚至有部分车型将配电盒、逆变器等集成化，形成多合一总成。

#### 2.1.1.4　电动汽车平台布置

电动汽车平台发展包含基于燃油汽车改制与全新专用平台两个阶段，目前正处于两个阶段的过渡时期。在电动汽车发展初期，电动汽车的规模较小，大部分企业基于燃油汽车进行电动汽车的改装开发，相应的平台部分基于燃油汽车进行局部更改，如图 2-9 所示。

前机舱重新布置，机舱结构未变，布置空间较充裕

悬架基于燃油车进行局部结构加强，重新调校

为布置电池，前地板适应性更改，后排地板抬高，头部、脚部空间变差

为避免车身侧围模具更改，充电口大多布置在前格栅及原加油口处

图 2-9　基于燃油汽车改制平台

由于目前国内燃油汽车以前驱平台为主，所以改制后的电动汽车也以前驱居多，以减少相应的开发工作，降低开发难度。与燃油汽车相比，电动汽车主要的变化点集中在前机舱和地板下布置。图 2-10 所示为典型改制电动汽车的前机舱布局，除了前述的电动汽车专用部件，还包含了大量的空调系统、冷却系统和低压系统等部件。

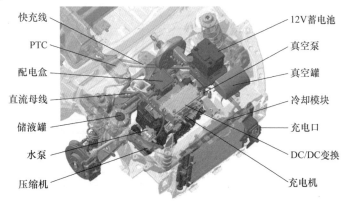

快充线　　　　　　　　　　　12V蓄电池
PTC　　　　　　　　　　　　真空泵
配电盒　　　　　　　　　　　真空罐
直流母线　　　　　　　　　　冷却模块
储液罐　　　　　　　　　　　充电口
水泵　　　　　　　　　　　　DC/DC变换
压缩机　　　　　　　　　　　充电机

图 2-10　典型改制电动汽车前机舱布局

对于改制电动车型，前机舱的布置空间相对较充裕，在前端吸能空间上有所增大，图 2-11 所示为燃油汽车与改制电动汽车的碰撞吸能空间对比。但是如前所述，动力电池较大的重量使整车重量大幅增加，通常增幅在 20% 以上。对于正面碰撞，车辆的初始动能也相应增加了 20%，导致对乘员舱的侵入量增加。传统燃油车和在其改制后电动汽车车身未加强的前围侵入量对比如图 2-12 所示。

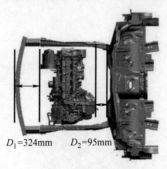

$D_1=324mm$    $D_2=95mm$

a) 传统燃油汽车

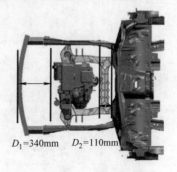

$D_1=340mm$    $D_2=110mm$

b) 改装后的电动汽车

图 2-11　吸能空间对比

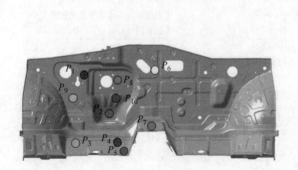

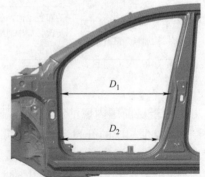

| 测量点 | 最大侵入量(静态)/mm | | |
|---|---|---|---|
| | 目标 | 燃油汽车 | 电动汽车 |
| $P_1$(前围板) | ≤100 | 75 | 95 |
| $P_2$(前围板) | ≤100 | 44 | 110 |
| $P_3$(前围板搁脚处) | ≤50 | 39 | 79 |
| $P_4$(前围板搁脚处) | ≤50 | 29 | 59 |
| $P_5$(前围板搁脚处) | ≤50 | 26 | 64 |
| $P_6$(中央通道上方) | ≤100 | 54 | 73 |
| $P_7$(中央通道) | ≤50 | 25 | 37 |
| $P_8$(真空助力器) | ≤100 | 62 | 95 |
| $P_9$(假人左腿部) | ≤100 | 92 | 142 |
| $P_{10}$(假人右腿部) | ≤100 | 40 | 81 |
| $D_1$(左车门上铰链) | ≤15 | 14 | 36 |
| $D_2$(左车门下铰链) | ≤7.5 | 7 | 34 |

图 2-12　前围侵入量对比

对电动汽车布置影响最大的还是动力电池。在电动汽车发展初期，各车企动力电池布置位置多样，包括前机舱、地板下、行李舱等。但经过多年的发展，综合考虑安全、成本、空间等多种因素，目前动力电池基本固定在地板下。燃油汽车地板下主要考虑排气管、油箱、管线、传动轴（前置后驱）等布置，布置区域主要集中在中通道和二排座椅下，布置方案基本固化，只是针对不同车型，相应部件的尺寸规格不同而有所调整。而因为动力电池体积较大，需求空间规整，在纵向上从前围板一直延伸到后悬架前端，横向上基本覆盖两侧门槛梁内侧之间的空间，在高度方向上，动力电池的高度（当前为 140mm 左右，随着矮电芯开发，会有所降低）对地板高度、整车高度、离地间隙都有较大影响，地板纵梁也不得已被切断/取消。针对相同的电量，动力电池包在三个方向上的尺寸此消彼长，同时还要考虑电池模块/电芯资源，特别是针对三厢车型，在整车布置过程中需要对各项尺寸参数、结构及装备进行权衡。

随着电动汽车的逐步发展，产业规模不断壮大，搭载的动力电池的数量不断增加。为了更好地体现纯电动汽车的特性，改善车辆性能，各大车企正在开发电动汽车的专用平台，例如大众 MEB（图 2-13）、吉利 PMA、长安 EPA、一汽 FME 等。在新平台上，为了充分发挥电动汽车相关系统及总成的优势，并且提高车辆的性能，相应的后驱及四驱平台逐渐增多。

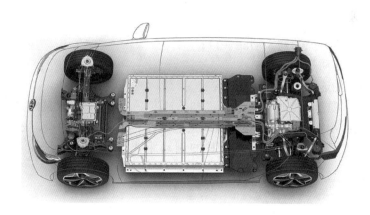

图 2-13　大众 MEB 平台

对于电动汽车，相关系统的简化使更紧凑的机舱、更短的前后悬尺寸、更均匀的轴荷分配成为可能，特别是针对后驱或四驱方案，更容易实现，而且在有限的整车尺寸内，更多的空间可以应用于乘员舱。如图 2-14 所示，大众 MEB 平台首发车 ID.3 与燃油汽车 GOLF7 的整车长度基本一致，而 ID.3 的轴距比 GOLF 7 长出 128mm。

图 2-14　大众 ID. 3 与 GOLF 7 尺寸对比

a) 大众 ID. 3　b) 大众 GOLF 7

全新的纯电动平台在整车尺寸定义、平台结构布置、载荷分配等方面相对于燃油汽车发生了巨大的变化，相应的整车结构安全，包括车体耐撞性设计、约束系统匹配等都需要做较大的调整和重新设计。

## 2.1.2　电动汽车结构安全设计

### 2.1.2.1　碰撞安全基础

1. 碰撞安全基础理论

假设车辆撞在一个刚性壁上，则整车初始碰撞动能为

$$E = \frac{Mv^2}{2}$$

式中　$E$——车辆碰撞的初始动能（J）；

　　　$M$——整车质量（kg）；

　　　$v$——初始速度（m/s）。

当电动汽车质量增加时，在相同的初始速度下，初始碰撞动能增加。

由于车辆前端发生塑性变形，而乘员舱为刚性的不允许变形，故车辆前端的塑性变形量就是车辆在碰撞中所行驶的制动距离（即前端压缩量）$s$（单位为 m）为

$$a = \frac{v^2}{2s}$$

式中　$a$——车辆加速度（m²/s）。

为使车辆加速度 $a$ 尽可能小，应增加制动距离，也就是增加前端压缩量 $s$。研究表明，碰撞力呈线性增长，典型乘用车碰撞力–变形曲线如图 2-15 所示。

在概念设计时，假设刚度是恒定的，则有

$$E = \frac{Mv^2}{2} = \frac{ks^2}{2}$$

$$k = \frac{Mv^2}{s^2}$$

式中　$k$——前端塑性压溃区的刚度（N/m），与碰撞速度 $v$、整车质量 $M$ 和压缩量 $s$ 有关。

如果乘员舱的整体刚度高于 $k$，则可以抵抗乘员舱的内向塌陷变形。

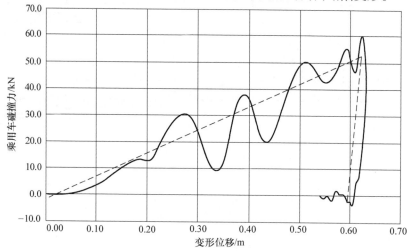

图 2-15　典型乘用车碰撞力 – 变形曲线

将碰撞时车辆运动方程近似为 $Ma = -kx$，初始时刻（$t = 0$）的速度为 $v_0$，位移为 0。将加速度 – 时间曲线简化为正弦波曲线 $y = \sin\omega t$，从车辆碰撞开始到最大变形的时刻为止（$0 \leqslant t \leqslant \pi$，角速度 $\omega = \sqrt{k/M}$），加速度 $a$、速度 $v$ 和位移 $x$ 分别为

$$a = -\omega v_0 \sin\omega t, \ v = v_0 \cos\omega t, \ x = (v_0/\omega)\sin\omega t$$

$$a = \frac{v_0^2}{2s} = \frac{v_0^2}{2(v_0/\omega)} = \frac{v_0\omega}{2} = \frac{v_0}{2}\sqrt{\frac{k}{M}}$$

$$k = 4\left(\frac{a}{v_0}\right)^2 M$$

式中　$v_0$——碰撞初始速度（m/s）。

车身刚度 $k$ 与车辆质量 $M$、加速度平方 $a^2$ 成正比。图 2-16 所示为初始速度为 50km/h 正面壁障碰撞（FRB）工况下，车辆的加速度曲线。

当碰撞速度为 50km/h 时，可求得乘用车的平均车辆加速度为 $a = 18.5g$。可得车身刚度 $k$ 与车辆质量 $M$ 的近似关系为

$$k = 681M$$

图 2-17 所示为典型乘员加速度理想简化曲线，$A$ 点之前由于乘员约束系统尚未起作用，乘员加速度几乎为零。$AB$ 段为加速度迅速增长阶段，$a$ 为该段斜率，$BC$ 段为加速度峰值段，加速度近似恒定，用 $A_p$ 表示，$C$ 点为乘员速度归零点。

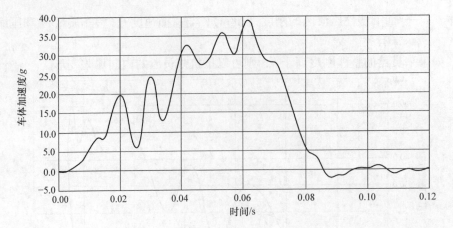

图 2-16  某乘用车加速度曲线

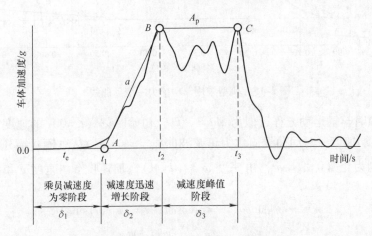

图 2-17  典型乘员加速度理想简化曲线

车体耐撞性能和约束系统集成相关性要求

$$\delta_v + \delta_{0/v} > \delta_p$$

$$\delta_p = v_0 \left( t_e + \frac{A_p}{2a} \right) + \frac{v_0^2}{2A_p} - \frac{A_p^3}{8a^2}$$

式中　$\delta_p$——车辆对地位移（m）；

　　　$\delta_v$——乘员舱侵入量（m）；

　　$\delta_{0/v}$——乘员相对车辆移动的最大距离（m）。

为避免二次碰撞：$\delta_{0/v} < \delta$。$\delta$ 为乘员与约束系统的间隙（m），由人机布置决定，通常为 0.3m。

则乘员舱侵入量 $\delta_v$ 满足

$$\delta_v > \delta_p - \delta_{0/v}$$

其最小值为 $\qquad\qquad \delta_{\mathrm{v}} = \delta_{\mathrm{p}} - \delta$

车辆可压缩长度 $(D_1 + D_2)$ 应大于或等于乘员舱侵入量 $\delta_{\mathrm{v}}$，故 $(D_1 + D_2)$ 最小设计值（图 2-18）等于 $(\delta_{\mathrm{p}} - \delta)$，为

$$\delta_{\mathrm{p}} - \delta = v_0\left(t_{\mathrm{e}} + \frac{A_{\mathrm{p}}}{2a}\right) + \frac{v_0^2}{2A_{\mathrm{p}}} - \frac{A_{\mathrm{p}}^3}{8a^2} - \delta$$

式中　$v_0$——车辆初始速度（m/s）；

$\quad\quad t_{\mathrm{e}}$——约束系统开始作用的时间（s）；

$\quad\quad \delta$——乘员与约束系统的间隙（m）；

$\quad\quad A_{\mathrm{p}}$——加速度峰值（$g$）。

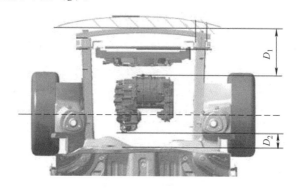

图 2-18　车辆可压缩长度

在前排座椅有预紧的情况下，$t_{\mathrm{e}} = 0.015\mathrm{s}$，$\delta = 300\mathrm{mm}$，$A_{\mathrm{p}}$ 通常为 $40g$，当车辆初始速度 $v_0$ 为 50km/h 时，车辆加速度斜率 $a$ 值为 $700\mathrm{g/s}$。

假设设计目标是在 50km/h 正面刚性墙碰撞中前纵梁完全压溃，即 $(D_1 + D_2)$ 完全被压溃，将 $v_0 = 50\mathrm{km/h}$ 代入，可以求得 $(D_1 + D_2)$ 最小设计值为 0.54m。若设计目标 $v_0$ 为 56km/h，则可以求得 $(D_1 + D_2)$ 最小设计值为 0.75m。

**2. 乘员保护基础理论**

当车辆发生碰撞时，碰撞能量通过车体、约束系统最终传递到乘员身上，乘员受到的力由乘员相对车辆的加速度和乘员舱变形侵入造成。当乘员受到的力超过一定阈值时，乘员会受伤。提升整车碰撞安全性能最重要的目标是降低乘员伤害，也就是要减小乘员所受的力，即减少乘员相对车辆的加速度和乘员舱侵入量。

建立乘员单自由度振动模型，如图 2-19 所示。其中整车质量为 $M$（kg），乘员质量为 $m$（kg），乘员与约束系统间隙为 $\delta$（m），将约束系统设定为刚性系统，其刚度为 $k_0$（N/m）。将车辆和乘员分别简化为质量块，乘员和车辆之间由一个弹簧进行连接。乘员单自由度系统以车辆加速度波形作为输入，乘员响应作为输出。

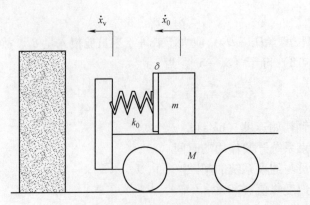

图 2-19　乘员单自由度振动模型

在不考虑乘员与约束系统间隙的条件下，单自由度模型中乘员质量 $m$ 的振动方程为

$$k_0(x_0 - x_v) = -m\ddot{x}_0$$

$$x_{0/v} = x_0 - x_v$$

式中　$x_{0/v}$——乘员相对车辆的位移（m），有

$$\ddot{x}_0 = \ddot{x}_v + \ddot{x}_{0/v}$$

$$\ddot{x}_{0/v} + \frac{k_0}{m}x_{0/v} = -\ddot{x}_v$$

将约束系统固有频率 $\omega_n = \sqrt{k_0/m}$ 带入

$$\ddot{x}_v + \omega_1^2 x_{0/v} = -\ddot{x}_v$$

求解该方程，得到不同车辆加速度波形输入下现行约束系统的乘员响应

$$\ddot{x}_0 = -A\omega_n^2\sin(\omega_n t + \varphi) + R''(\ddot{x}_v) + \ddot{x}_v$$

在不同车体波形输入下，为了得到乘员响应，只要根据初始条件确定 $A$、$\varphi$、$R''(\ddot{x}_v)$ 这三项即可。其中，$R''(\ddot{x}_v)$ 是微分方程的特解，根据输入车辆加速度波形的不同形式有对应的特解形式。当输入的车辆加速度波形为矩形或单线性波形时，$R''(\ddot{x}_v)$ 为零，加速度响应为车辆加速度和一个正弦函数相加的形式。考虑乘员与约束系统间隙 $\delta$ 的存在，设 $t^*$ 为乘员和约束系统接触时刻，则该时刻乘员相对车体速度 $\Delta v = A_0 t^*$，而 $t^* = \sqrt{2\delta/A_0}$。

初始条件：当 $t = 0$ 时，乘员相对车辆的加速度 $\ddot{x}_{0/v} = -A_0$，乘员相对车辆的速度 $\dot{x}_{0/v} = \Delta v$。求得

$$\varphi = -\arctan\frac{1}{\omega_n t^*}$$

$$A = -\frac{1}{\omega_n^2}\sqrt{A_0^2 + (\omega_n\Delta v)^2}$$

通常，将车辆加速度波形简化成双台阶波（图 2-20），可以满足概念设计阶段对乘员运动的预测需求。$A_1$ 和 $A_2$ 表示双台阶波的两个台阶高度。

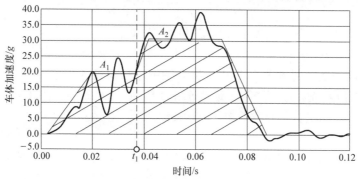

图 2-20　车辆加速度波形双台阶波简化

双台阶波的车体加速度为

$$\ddot{x}_{\text{v}} = A_1 \quad t < t_1$$
$$\ddot{x}_{\text{v}} = A_2 \quad t > t_1$$

当 $t = 0$ 时，$\ddot{x}_{0/\text{v}} = -A_1$，$\dot{x}_{0/\text{v}} = \Delta v$。若约束系统间隙为零，乘员加速度响应为

$$\ddot{x}_0 = A_1 \cos\omega t - A_1 \quad t < t_1$$
$$\ddot{x}_0 = A_1 \cos\omega t - (A_2 - A_1)\cos\omega(t - t_1) - A_2 \quad t > t_1$$

乘员载荷准则（Occupant Load Criterion，OLC）是一项评价车辆加速度的指标，它是在给定某车辆加速度波形的条件下，通过假定乘员做单纯的前向运动而求得的乘员平均加速度，用于评价车辆加速度对乘员作用载荷的大小。在理想乘员速度曲线中 OLC 是 $AB$ 段斜率，如图 2-21 所示。此外，乘员与车辆相对速度等于零时刻 $T_{v=0}$ 和从碰撞开始时刻到碰撞结束时刻为止，25ms 连续时间窗口内平均加速度最大值 $SM_{25}$ 对乘员损伤存在较大影响。

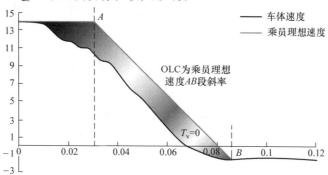

图 2-21　车辆加速度 OLC＋＋曲线（见彩插）

因此，补充引入 OLC + +概念对车辆加速度波形的乘员保护性能做出评价，

$$OLC + + = 0.2454OLC + 0.6810 \frac{V_A}{9.81T_{v=0}} + 0.0735 \frac{SM_{25}}{9.81}；$$ 当 OLC + +小于目标限制

时（可定为24），认为车体加速度满足目标开发要求。

以作者实际开发的某款车型为例，乘员与约束系统间隙 $\delta$ 为 0.065m，乘员与车辆相对速度等于零时刻 $T_{v=0}$ 为 0.068s，乘员理想速度 AB 段斜率 OLC 为 28.73，25ms 峰值加速度 $SM_{25}$ 为 27.67g，最终求出 OLC + +为 23.3，小于限制 24，该波形乘员保护性能满足目标开发要求。

3. C – NCAP 评价

在中国市场销售的车型，通常以 C – NCAP（New Car Assessment Program）作为产品安全目标。在《C – NCAP 管理规则（2018 年版)》中，碰撞试验包括以下几个方面。

1）正面刚性壁障碰撞（FRB）：试验车辆 100% 重叠正面冲击固定刚性壁障，碰撞速度为 $50^{+1}_{0}$ km/h。

2）正面偏置碰撞（ODB）：试验车辆 40% 重叠正面冲击固定可变形壁障，碰撞速度为 $64^{+1}_{-1}$ km/h，偏置碰撞车辆与可变形壁障碰撞重叠宽度应在 40% 车宽 ±20mm 范围内。

3）侧面碰撞（MDB）：移动台车前端加装可变形蜂窝铝，行驶方向与试验车辆垂直，且中心线对准试验车辆 R 点向后 250mm 位置，碰撞速度为 $50^{+1}_{0}$ km/h。

电动汽车碰撞试验后，除常规性评价乘员伤害外，C – NCAP 中还有防触电保护的性能要求，必须满足基本条款和选项条款。基本条款为可充电储能系统（REESS）端绝缘电阻；选项条款为低电压、低电能、物理防护、电力系统负载端绝缘电阻四项，每一条高压母线至少应满足四项选项条款中的一项。

（1）基本条款

测量 REESS 端高压母线与电底盘之间的绝缘电阻，电阻值应大于或等于 100Ω/V。

（2）选项条款

1）电压安全：碰撞试验结束后 5 ~60s 内，测量高压母线的电压值 $V_b$（高压母线正负极之间的电压）、$V_1$（高压母线负极与电底盘之间的电压）和 $V_2$（高压母线正极与电底盘之间的电压），测量结果应至少有一组 $V_b$、$V_1$、$V_2$ 的测量值均不大于 30V 交流或 60V 直流。当车辆 REESS 与电力系统负载主动断开的情况下进行碰撞试验时，电力系统负载不适用本条款。

2）电能安全：碰撞试验结束后 5 ~60s 内，测量 X – 电容器的总电能 TE 和 Y – 电容器里的能量（$TE_{y1}$，$TE_{y2}$），测量计算值 TE 和（$TE_{y1} + TE_{y2}$）均应小于 0.2J。在车辆 REESS 与电力系统负载主动断开的情况下进行碰撞试验时，电力系

统负载不适用本条款。

3）物理防护：测量分直接接触测量和间接接触测量两部分。直接接触测量使用 IPXXB 试验试指进行车辆高压带电部件的接触性测试；间接接触测量使用测量设备对所有外露的可导电部件与电底盘之间的电阻进行测量。在进行测量试验时，直接接触测量 IPXXB 试验试指应不与高压带电部位接触，且间接接触测量的电阻值应低于 0.1Ω。采用焊接方式的电连接被视为符合要求。

4）电力系统负载端绝缘电阻：碰撞试验结束后，应对负载端高压母线与电底盘之间的绝缘电阻进行测量。如果交流高压母线和直流高压母线是互相传导绝缘的，那么直流高压母线与电底盘之间的绝缘电阻应大于或等于 100Ω/V，交流高压母线与电底盘之间的绝缘电阻应大于或等于 500Ω/V。如果交流高压母线和直流高压母线是互相传导连接的，那么高压母线与电底盘之间的绝缘电阻应大于或等于 500Ω/V。若碰撞后，所有交流高压母线的保护级别达到 IPXXB 或者交流电压等于或小于 30V，则负载端高压母线与电底盘之间的绝缘电阻应大于或等于 100Ω/V。

电解液泄漏：在碰撞结束后 30min 内，不应有电解液从 REESS 中溢出到乘员舱，且不应有超过 5L 的电解液从 REESS 中溢出。

REESS 安全评价：位于乘员舱内的 REESS 应保持在安装位置，REESS 部件应保持在其外壳内，且位于乘员舱外面的任何 REESS 部分不应进入乘员舱内；在碰撞结束后 30min 内，REESS 不起火、不爆炸，即为安全。

### 2.1.2.2　电动汽车结构安全设计策略

如图 2-22 所示，在进行电动汽车结构安全设计时，应从减轻伤害程度及预防伤害两个方面考虑。本章节主要从乘员保护、防止起火爆炸、防止触电三个方面出发，介绍电动汽车结构安全的主要设计方法，而行人保护及救援条件与燃油汽

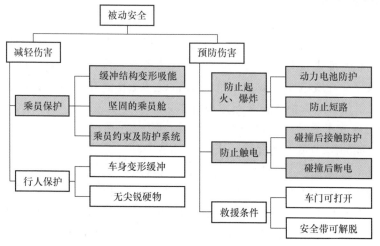

图 2-22　电动汽车被动安全研究内容

车的设计差异相对较小，策略及方法基本一致，本章节不再赘述。

在乘员保护方面，通过"车体 – 约束系统 – 乘员"之间的能量分配比例控制，来减少对乘员的伤害。对于车体耐撞性，如图 2-23 所示，秉承"软 – 硬 – 软"的设计原则，提高前后端的吸能效率，同时避免较高的碰撞加速度，以降低后期约束系统的匹配难度。对于中间乘员舱，通过较高的刚度和强度来降低碰撞发生后的变形及侵入量，以保证乘员的生存空间及动力电池的安全布置，并且保证车门容易打开，为后续救援提供条件。

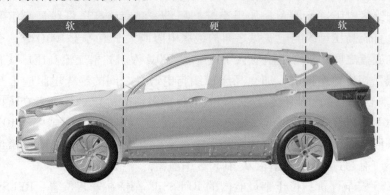

图 2-23　车体耐撞性设计原则

在防止起火、爆炸方面，从整车角度讲，应通过充分的保护设计，实现在碰撞时动力电池系统、主要电连接不发生挤压或变形，以降低风险。

在防止触电方面，依据相关标准要求，应满足 IPXXB/IPXXD 的要求或实现绝缘电阻目标要求。通过整车功能定义，具备碰撞后断电功能。具体设计在后面的高压安全设计章节中阐述。

### 2. 1. 2. 3　整车布置设计要点

首先在整车开发策划阶段，对整车的基本尺寸、驱动形式、动力性、续驶里程等关键产品特征进行分析和定义。通过电动系统匹配，明确具体的电驱、动力电池的需求，并开展电驱、动力电池的概念设计工作。在该阶段，需要将被动安全相关的关键尺寸定义纳入整车布置设计中去。

1. 动力电池布置设计

动力电池的尺寸大、重量重、成本高，是电动汽车安全的核心要素。由于动力电池对整车尺寸有巨大的影响，同时还要考虑对其提供充分的防护，因此在整车布置方面，需要与动力电池的概念设计相结合。总体目标为在碰撞发生时，动力电池外壳不能发生严重变形，因此在电池四周需要预留防护空间，相应的车体需要增加吸能及缓冲结构。图 2-24 所示为电动汽车动力电池布置典型示意方案。

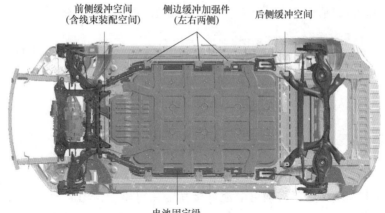

图 2-24　电动汽车动力电池布置示意图（见彩插）

　　如图 2-25 所示，与燃油汽车设计不同的是，还需要明确动力电池的 $Z$ 向高度，然后确定离地间隙、正向推导人机尺寸、车身结构尺寸，确定车高。在设定离地间隙时，需要预留底护板空间。为了最大化保护动力电池，建议前、后悬架或副车架最低点比动力电池低，或者增加保护结构。近年来，受限于动力电池的高度，在整车开发中，特别是三厢车，通过采用玻璃顶（例如特斯拉）、降低坐高等方式尽可能降低车高，以优化造型、改善风阻。

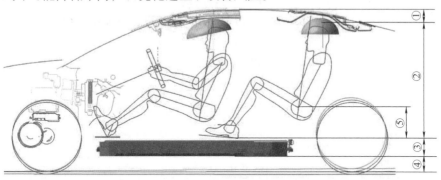

| 序号 | 说明 |
| --- | --- |
| ① | 顶棚结构空间，包含钣金结构、天窗、内饰等 |
| ② | 乘员空间，包括头部空间、坐高、腿部空间等，与燃油汽车定义方法一致，参数存在差异 |
| ③ | 动力电池布置空间，包括与地板间隙、地板及地毯厚度、电池高度及底护板空间等 |
| ④ | 离地间隙 |
| ⑤ | 坐高，针对电动汽车有缩小趋势 |

图 2-25　整车 $Z$ 向尺寸定义

　　在定义 $Y$ 向尺寸时，需要预留缓冲空间。通常有两种设计方案：

1）如图 2-26 所示，在门槛与动力电池间预留空间，相应地在动力电池固定横梁与门槛间增加结构件来吸能，动力电池外边缘距离门槛外侧尺寸大于200mm。

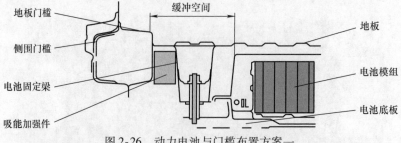

图2-26　动力电池与门槛布置方案一

2）如图2-27所示，将动力电池直接固定在门槛上，相应地在门槛内部增加缓冲结构以吸收侧碰能量，同时动力电池侧边梁结构需具备吸能能力。

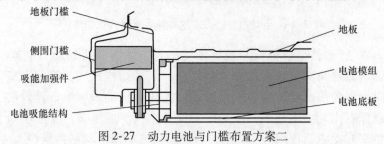

图2-27　动力电池与门槛布置方案二

在定义$X$向尺寸时，从如下几个方面考虑：

1）预留前纵梁与门槛/地板下纵梁的过渡空间，避免纵梁方向急剧变化而降低传力效率。

2）动力电池前端与前副车架间除了预留线束及管路的装配空间外，需要增大前悬架固定点与动力电池间的距离，避免在正碰时副车架结构侵入动力电池内，如图2-28和图2-29所示。具体间距需通过碰撞仿真分析正碰及偏置碰确定。

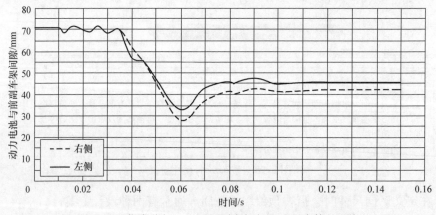

图2-28　仿真分析正碰过程副车架与电池包壳体的距离

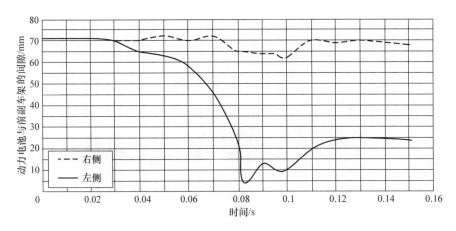

图 2-29　仿真分析偏置碰过程副车架与电池包壳体的距离

3）动力电池后端与后副车架间预留空间，以避免后碰发生时的结构侵入。需要结合后碰撞仿真分析，校核该空间是否满足需求，如图 2-30 所示。只要在碰撞后动力电池与后悬架无接触，便满足要求。

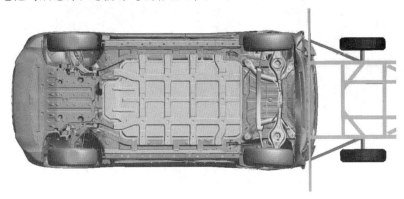

图 2-30　后碰仿真分析示意图（见彩插）

2. 前机舱布置设计

如前所述，电驱动系统尺寸紧凑，对缩短整车前悬长度有很大帮助。在电动汽车平台设计中，要充分利用释放出的空间给乘员舱，但图 2-31 所示的 $D_1$、$D_2$ 尺寸设定不会比同级别燃油汽车小，对于前悬尺寸设定有较大影响，需要综合考虑。

基于 $D_1$、$D_2$ 的空间要求，结合前悬尺寸目标，可以给出电驱动系统的 $X$ 向尺寸边界，如图 2-32 所示。对应电驱动系统设计，可以确定相应的减速器中心距及倾角。当然，该过程会结合电驱动设计可行性进行分析论证，最终确定相应的前悬尺寸目标及机舱布置边界。

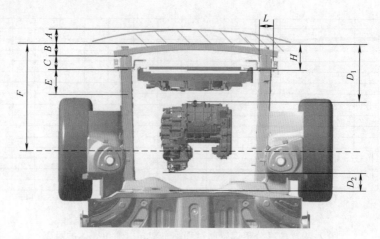

图 2-31　车体前端吸能硬点尺寸定义（见彩插）

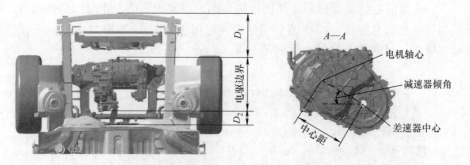

图 2-32　前机舱 $X$ 向尺寸定义（见彩插）

如图 2-33 所示，电驱动系统 $Z$ 向定位需结合行人保护要求、离地间隙、驱动

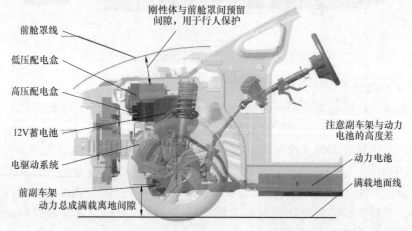

图 2-33　前机舱 $Z$ 向尺寸定义（见彩插）

轴夹角、在电驱动系统上固定的附件等确定相关尺寸链。在相关附件固定方面，常用的布置形式包括两个：一是直接固定在电驱动系统上；二是增加托架固定附件，托架固定在前纵梁上。前者利于轻量化，但增加了电驱动系统惯量；后者利于电驱动系统简化，但对装配、维修、轻量化不利，具体要结合车型方案进行综合选择。

在进行悬置系统及附件布置时，有以下几个注意事项。

1）在布置悬置时，悬置前端以不超过电驱动系统前端面为基准，同时尽可能缩小悬置支架尺寸，避免牺牲吸能空间。布置形式可参考图 2-34。

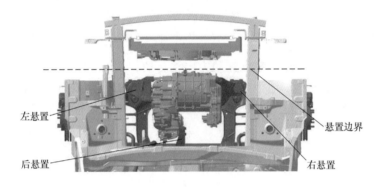

图 2-34　悬置系统布置方案（见彩插）

2）由于电驱动系统 $Y$ 向尺寸较紧凑，可将电动压缩机等布置在 $Y$ 向，如图 2-35 所示。

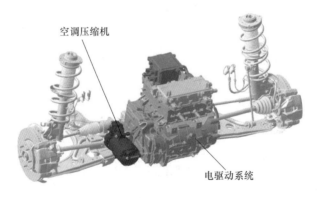

图 2-35　电动压缩机布置示意（见彩插）

3）机舱内高压接口特别是直流母线接口应横向布置，以避开电驱总成与前围板之间的直接挤压，如图 2-36 所示。

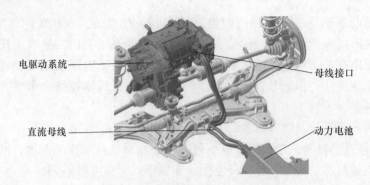

图 2-36　高压接口布置示意（见彩插）

#### 2.1.2.4　车身结构设计要点

由于在电动汽车地板下方布置动力电池，所以其结构与燃油车有较大不同。从图 2-37 可见，传统汽车地板纵梁延伸至后横梁，加上大截面中通道的加强，确保了碰撞力的分解与传递。而从图 2-38 可知，电动汽车地板纵梁只延伸至地板前端，且中通道截面变小。

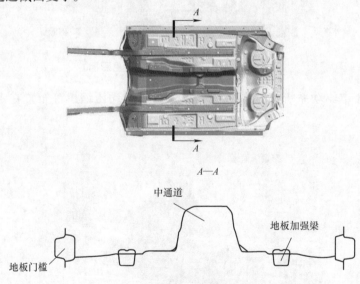

图 2-37　燃油汽车地板结构及截面（见彩插）

为保证前排乘员的生存空间及动力电池安全布置空间，电动汽车车身应满足以下条件：

1）纵梁前后端刚度匹配合理，压溃次序由前向后逐级进行，纵梁段碰撞能量吸收占碰撞总能量吸收的 30% ~ 35%，同时避免纵梁单一传力路径，导致乘员舱及动力电池空间受到侵入，如图 2-39 中区域 I 所示。

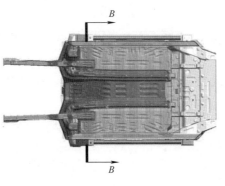

$B$—$B$

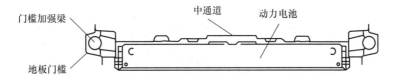

图 2-38　电动汽车地板结构及截面（见彩插）

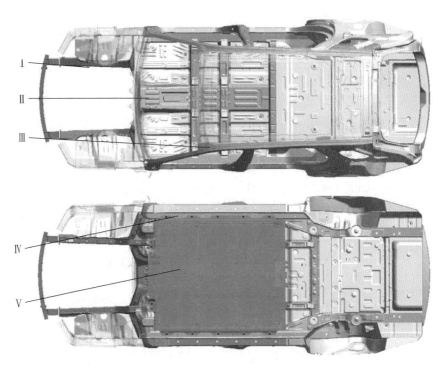

图 2-39　某车型车身布置结构图（见彩插）

2）地板梁、中通道、门槛采用高强钢或超高强钢，构成 H 形支撑结构，如图

2-39 中区域Ⅱ所示。

3）A 柱、B 柱碰撞过程中不发生变形，以保证乘员舱具有足够的生存空间，如图 2-39 中区域Ⅲ所示。

4）动力电池与车身地板梁不变形件连接，以避免电池发生碰撞挤压，如图 2-39中区域Ⅳ所示。

5）动力电池布置在车身底部非变形吸能区，以避免与乘员舱的直接接触，如图 2-39 中区域Ⅴ所示。

针对电动汽车门槛，可在其内部增加防撞钢管和吸能结构，强化门槛传力路径，提高门槛整体刚度和抗弯性能，有效减少门槛变形，确保车辆侧面碰撞时的动力电池安全。图 2-40 所示为某燃油汽车和某电动汽车的门槛结构对比。

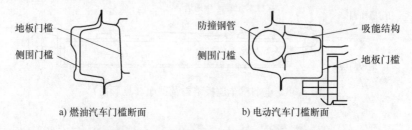

a) 燃油汽车门槛断面　　　　　　b) 电动汽车门槛断面

图 2-40　燃油汽车与电动汽车门槛的结构差异

### 2.1.2.5　底盘结构设计要点

电动汽车与燃油汽车底盘结构设计的主要不同是副车架的结构布置及驱动力的传递形式。燃油汽车副车架上通常安装一个或两个悬置，即发动机前置前驱车型，副车架上安装一个悬置，发动机前置后驱车型，副车架上安装两个悬置，如图 2-41 所示。对于电动汽车，无论是前驱还是后驱或四驱，一般都将三个悬置安装于副车架上。如图 2-42 所示，左侧图为前驱电动汽车副车架的结构布置，右图为后驱电动汽车副车架的结构布置。四驱电动汽车前后各布置一个电机驱动模块，前后轴单独驱动。

图 2-41　燃油汽车副车架示意（见彩插）

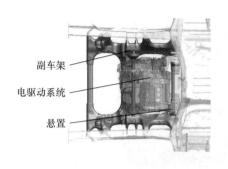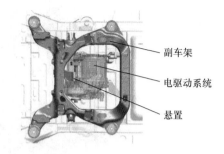

图 2-42　电动汽车副车架示意（见彩插）

电动汽车底盘结构的安全性能设计主要在于动力电池及高压接线柱的防护，要注重以下几个方面：

1）副车架应参与碰撞吸能，占碰撞总能量吸收的 15%～20%，使整车传力路径分配更加均匀，减少对纵梁根部及扭力盒区域的挤压，如图 2-43 中区域 Ⅰ 所示。

2）副车架与纵梁的连接挂点应避免布置在纵梁压溃区间或折弯位置，以防纵梁段刚性封锁，从而保证纵梁段碰撞能量吸收不减少，如图 2-43 中区域 Ⅱ 所示。

3）副车架应避免尖锐结构，以免碰撞过程中对动力电池及高压线束接头造成挤压，导致机械刺穿风险，如图 2-43 中区域 Ⅲ 所示。

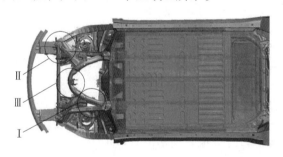

图 2-43　某车型底盘布置结构图（见彩插）

### 2.1.2.6　碰撞仿真分析实例及结构优化

在电动汽车结构安全设计过程中要进行仿真分析和结构优化。准确的仿真结果是基于准确的边界条件、合理的建模方式以及正确的分析方法得出的。对于动力电池的建模，首先要保证相关部件数据的完备，材料、料厚、质量、质心信息齐全；其次是网格的划分应遵循网格尺寸检查标准，局部细节的保留与简化符合碰撞模型需求；最后是材料、料厚、质量、质心属性等赋予准确，连接关系、接触设定合理。作者开发的某动力电池总成有限元模型如图 2-44 所示。

完成有限元建模后，利用 Ls – Dyna 软件对碰撞模型进行求解运算。电动汽车仿真后处理评价要点如下：

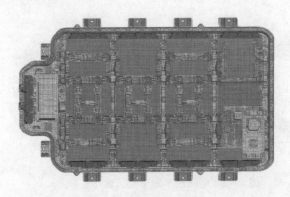

| 网格尺寸检查标准 | |
|---|---|
| 三角形单元比例 | ＜10% |
| 单元基准尺寸 | 5 |
| 最小单元尺寸 | ＞3 |
| 最大单元尺寸 | ＜8 |
| 翘曲度 | ＜18 |
| 四边形角度 | ＞40° |
| | ＜140° |
| 三角形角度 | ＞20° |
| | ＜120° |

图 2-44　动力电池总成有限元模型

1）动力电池总成与车体连接结构保持功能连接，即动力电池总成不整体性脱离车体。

2）动力电池壳体无明显塑性变形，即动力电池壳体应变接近为 0。

3）高压线束接头无明显塑性变形，即高压线束接头应变接近为 0。

下面以几个实际的设计案例具体说明。

【案例1】某车型 A 的正面刚性壁障碰撞工况（FRB）仿真模拟

利用后处理软件 D3plot 提取应力 - 应变云图，满足安全性能要求：

1）动力电池未整体性脱裂，动力电池完好（图 2-45）。

2）动力电池壳体无明显塑性变形，动力电池壳体应变为 0.003（图 2-46）。

3）高压线束接头无明显塑性变形，高压线束接头应变为 0（图 2-46）。

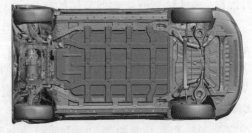

图 2-45　FRB 工况动力电池变形

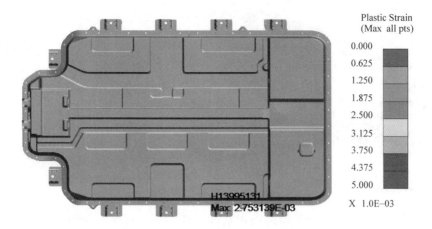

图 2-46　FRB 工况动力电池应力应变云图（见彩插）

【案例 2】某车型 B 的侧面柱碰初始碰撞分析及优化

利用后处理软件 D3plot 提取应力–应变云图，不满足安全性能要求：

1）门槛严重折弯变形，未能对动力电池起到防护作用（图 2-47）。

2）动力电池壳体应变达到 10%，动力电池壳体严重受损（图 2-48）。

针对侧面柱碰性能不达标，优化思路主要从以下两个方面入手（图 2-49）：

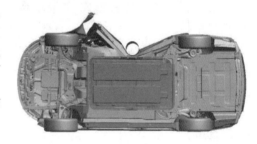

图 2-47　侧面柱碰动力电池变形（见彩插）

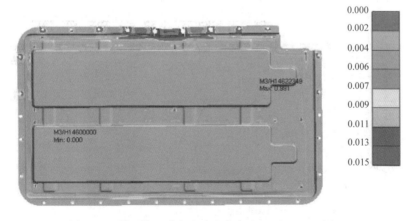

图 2-48　侧面柱碰动力电池应力应变云图一（见彩插）

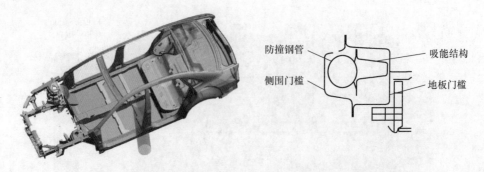

a) 优化区域(见彩插)    b) 电动汽车门槛断面

图 2-49　侧面柱碰环形加强保护区域

1）路径优化：门槛内增加防撞钢管和吸能结构，提高门槛刚度及抗弯性能；地板横梁采用超高强钢对动力电池纵向防护区域进行支撑，地板形成 H 型超高强钢支撑结构。

2）材料、料厚优化：门槛、A 柱、B 柱采用超高强钢对动力电池纵向防护范围进行加强；地板横梁、门槛、A 柱、B 柱通过料厚优化，探寻轻量化及安全性能最优解。

图 2-50　侧面柱碰动力电池完好（见彩插）

该车型整车侧面柱碰区域环形加强后，进行侧面柱碰仿真分析，满足安全性能要求：

1）门槛充分抵抗碰撞冲击，动力电池未发生碰撞挤压，动力电池完好（图2-50）。

2）动力电池壳体无明显塑性变形，动力电池壳体应变为 0.005（图 2-51）。

3）高压线束接头无明显塑性变形，高压线束接头应变为 0（图 2-51）。

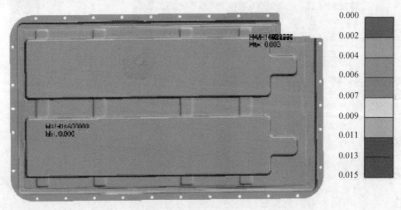

图 2-51　侧面柱碰动力电池应力应变云图二（见彩插）

【案例3】电动汽车误作用安全防护

除常见碰撞模拟分析外，开发中误作用工况也应该考虑。某车型 C 的球击误作用工况如图 2-52 所示，采用动力电池增加聚丙烯（PP）+玻纤夹层的防护设计（图 2-53），进行球击工况，应满足安全性能要求：动力电池壳体无明显塑性变形，动力电池壳体应变 0.005（图 2-54）。

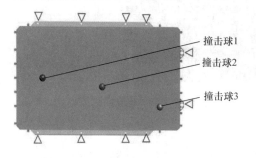

图 2-52　球击工况示意图

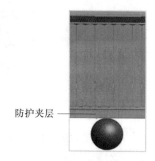

图 2-53　动力电池夹层示意图

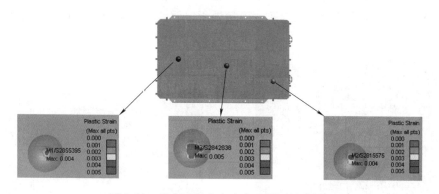

图 2-54　球击工况应力应变云图（见彩插）

### 2.1.2.7　碰撞试验验证

实车试验是整车安全保护性能的最终检验，也是法规、安全认证、用户评价试验所采用的形式。实车碰撞试验主要从车体完整性、内侵压溃变形和乘员伤害等方面评价整车的耐撞性能。

以作者开发的某车型为例，通过相应设计，在正面 100% 重叠刚性壁障碰撞（FRB 工况）下，碰撞后动力电池完好，前端结构不存在侵入动力电池内的情况。结果如下：

1）碰撞试验后动力电池壳体完好，无明显塑性变形，如图 2-55 中区域 Ⅰ所示。

2）碰撞试验后动力电池高压接口完好，无明显塑性变形，如图 2-55 中区域 Ⅱ所示。

图 2-55　FRB 工况下动力电池壳体无明显塑性变形（见彩插）

3）碰撞试验后动力电池未出现爆炸、着火。

4）碰撞试验后前端结构不存在侵入动力电池内的情况，如图 2-56 所示。

5）碰撞试验后动力电池完好地固定在车身地板下方。

6）碰撞试验后动力电池与车身连接处无电解液进入乘员舱的现象，如图 2-57 所示。

图 2-56　FRB 工况下前端无侵入
动力电池（见彩插）

图 2-57　FRB 工况下动力电池电解液
无泄漏（见彩插）

## 2.2　热安全设计

电动汽车的整车热安全，主要是保证各总成在不同的整车运行工况下，都能运行在合理的工作温度范围内。而整车热管理系统设计是实现整车热安全的核心内容，其设计目标一方面是保证整车热部件在允许的温度范围内安全可靠地运行，另一方面是最大限度地降低热管理系统的能量消耗。电动汽车热管理系统设计是

从传统燃油汽车的热管理系统发展起来的，对于传统燃油汽车，整车热管理设计
主要集中在发动机的热管理系统设计，其结构简单，所消耗的能耗占比也较小。
而电动汽车热管理系统设计要复杂得多，这是由于整车热管理回路增多且温度差
异较大，所以对热管理系统设计可靠性提出了更加严格的要求。同时，电动汽车
热管理系统所消耗的能耗占比也逐渐提升，尤其在高、低温环境条件下，电动汽
车热管理系统的能量消耗大幅度缩减了电动汽车续驶里程。在满足电动汽车安全
可靠运行的前提下，为了实现整车能量的合理利用，缓解电动汽车用户的里程焦
虑问题，电动汽车热管理系统的设计和开发成为电动汽车性能开发的重点之一。
本节主要针对电动汽车热管理系统的设计特点和安全性开发过程进行介绍。

## 2.2.1　电动汽车热安全特点

电动汽车消耗的能源为电能，电机是其驱动部件。其热管理系统主要是保证
动力电池、驱动电机和整车电控单元始终运行在安全、合理的工作温度范围内。
此外，电动汽车乘员舱的舒适性也是其设计过程中必须考虑的内容。电动汽车常
见的热管理系统主要包括动力电池回路、电机回路、空调回路和暖风芯体回路，
如图 2-58 所示。

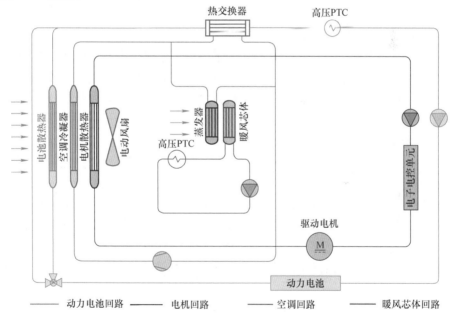

图 2-58　电动汽车典型热管理系统结构示意图（见彩插）

各热管理回路的作用与传统燃油汽车热管理回路类似，但各回路的目标工作
温度差别较大：电机回路的理想工作温度要求控制在 80℃ 以下；动力电池理想工

作温度范围为 15 ~ 35℃。如果动力电池温度过高，将导致热失控，进而发生燃烧、爆炸。

空调系统主要是为乘员舱进行制冷，另外在某些工况下，通过热交换器（Chiller）对动力电池回路进行冷却。在寒冷环境温度下，由于没有传统燃油汽车的发动机废热，为了保证乘员舱舒适性，暖风芯体采用高压正温度系数热敏电阻（PTC）进行加热。PTC 直接消耗电能，这也是电动汽车在冬季的续驶里程大幅减少的一个主要原因。热泵空调系统具有制热能效比高的特点，被越来越多的纯电动车型和插电式混合动力车型所应用，可在一定程度上缓解电动汽车冬季续驶里程缩减的问题。

为了减少电动汽车的能量消耗，提升整车续驶里程，在设计电动汽车热管理系统时，首先要保障系统的热安全，同时也需要从热管理系统能耗利用的角度，对整车热管理系统能耗水平进行优化。对热管理系统设计的要求也由单一维度向多维度转变，设计方式也由粗放型向精益化转变。传统热管理系统主要采用独立式设计方案，各子系统独立控制，这种设计方式较为简单，结构布置方便，控制也较为容易，但难以实现热管理系统的能量优化利用。而集成化设计方案，可实现热管理各子系统之间的交互及热管理系统的能量优化。

## 2.2.2　电动汽车热安全系统设计

相对于传统汽车，电动汽车上装有更多的电子部件，发热源增多。但由于很多电子器件发热量较小，如前照灯、车载娱乐系统等，故可采用自然冷却方式以节约成本。本章节主要针对电动汽车的动力电池、驱动电机和乘员舱这三个主要总成的热管理系统安全性设计进行介绍。

### 2.2.2.1　热管理系统控制功能定义

在电动汽车热管理系统设计过程中，首先需要对热管理系统功能进行定义，明确热管理系统所需要实现的功能。在该部分应对整车热管理拓扑结构进行定义，包括各部件的热管理控制方式，如动力电池的热管理需求定义、驱动电机的冷却需求定义和乘员舱的热管理需求定义。另外，整车热管理拓扑结构作为热管理系统部件选型的基础，也决定了热管理系统控制模式的可实现方案。

图 2-59 所示为某款电动汽车整车热管理的拓扑结构，包含电机回路、动力电池回路和空调回路。

1）电机回路主要是对电机回路中各部件进行冷却，保证各部件的工作温度不超过允许的温度范围。为了便于说明，图中电机回路省略了电机控制器、DC/DC变换器和车载充电机等部件，仅以驱动电机进行代替，采用散热器对回路进行冷却。

2）动力电池回路主要是对高压动力电池进行温度管理：一方面保证动力电池

在高温环境下，工作温度不超过动力电池的最高许用温度；另一方面保证动力电池在低温环境下，能够快速达到理想的工作温度，提升动力电池的性能和使用寿命。

3）空调回路主要是针对乘员舱的温度调节，需要满足在高温环境下，实现乘员舱制冷的功能，同时在低温环境下，实现乘员舱加热的功能。

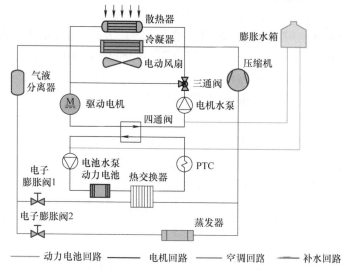

图 2-59　电动汽车整车热管理拓扑结构（见彩插）

针对该整车热管理拓扑结构，可进一步对整车热管理控制功能需求进行细化，为热管理系统控制策略定义提供基础，具体需求如下：

（1）电机冷却系统　保证电机、电机控制器、充电机、DC/DC 变换器处于合理的工作温度，要基于电机冷却系统整体需求对各部件进行细化，形成各部件的需求定义。电机冷却系统应具有两种工作模式：自加热模式（散热器短接）和冷却模式（散热器工作）。电机冷却系统的执行部件包括电机冷却回路中的三通阀和电动水泵，由整车控制器（VCU）根据电机控制器（MCU）上报的驱动电机本体温度、电机控制器本体温度、DC/DC 变换器本体温度、充电机本体温度以及水温传感器监测的冷却液温度，通过脉宽调制（PWM）方式或其他方式控制三通阀的开启状态和电机冷却水泵的转速。

（2）动力电池热管理系统　保证动力电池处于合理的工作温度，同样要基于动力电池系统热管理整体需求对各部件进行细化，形成各部件的热管理需求定义。动力电池热管理系统应具有四种工作模式：主动冷却模式（空调介入强制冷却）、被动冷却模式（电机散热器进行冷却）、主动加热模式（水暖 PTC 进行加热）和被动加热模式（电机回路余热进行加热）。

动力电池热管理系统的执行部件包括：

1）动力电池回路中的电动水泵，根据电池管理系统（BMS）上报的热管理请求以及室外温度信号，由 VCU 通过 PWM 控制动力电池回路中电动水泵的转速。

2）水暖 PTC，需要电池管理系统 BMS 上报加热请求，再由 VCU 判断是否进行加热。

3）四通阀，根据电池管理系统 BMS 上报的请求以及室外温度信号，由 VCU 判断采取的循环方式，通过控制四通阀的开启状态实现。

（3）空调系统　对乘员舱内的空气温度进行调节，包括制冷与采暖两种功能，由空调控制器发出指令，控制空调系统运行；同时介入动力电池热管理系统，当动力电池有主动冷却需求时开启制冷循环，对动力电池进行强制冷却。

（4）电动风扇　VCU 根据 MCU 冷却请求、充电机冷却请求、DC/DC 变换器冷却请求和水温传感器监测温度计算出电机系统冷却请求。VCU 综合判断电机冷却请求、动力电池冷却请求和空调系统冷却请求，根据电机回路和动力电池回路冷却液温度，以及空调系统压缩机出口压力，计算出冷却风扇转速来控制冷却风扇运行，停车后根据电机冷却系统冷却液温度，控制冷却风扇继续运转一定时间。

结合各专业对热管理系统的具体需求，可提出电机冷却系统、动力电池热管理系统和空调系统的触发条件。针对不同的热管理系统触发条件，通过控制热管理系统各子部件的工作状态，可实现不同的整车热管理系统工作模式。为了便于理解，下面以电机回路的两种冷却模式和动力电池回路的四种工作模式进行说明。

**1. 电机自加热模式（Mode 1）**

图 2-60 所示为电机自加热模式，在环境温度较低、整车冷启动的工况下，电机回路通过调节电磁三通阀、控制电机回路冷却液流动方向，对电机回路的散热器进行旁通。这有利于电机回路温度快速升高到合适的工作温度。

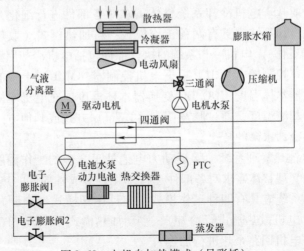

图 2-60　电机自加热模式（见彩插）

**2. 电机冷却模式（Mode 2）**

当电机温度较高、电机有冷却需求，同时动力电池无加热需求的情况下，电机冷却回路进入冷却模式。电机回路通过调节电磁三通阀、控制冷却液流经散热器，对电机回路进行冷却，如图 2-61 所示。

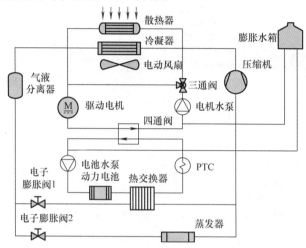

图 2-61　电机冷却模式（见彩插）

**3. 动力电池主动冷却模式（Mode 3）**

当动力电池有冷却需求、环境温度高于动力电池温度时，采用空调系统对动力电池回路进行主动冷却，此时空调系统引入一部分制冷剂到动力电池回路的 Chiller 中进行蒸发吸热，实现动力电池回路的主动冷却，如图 2-62 所示。

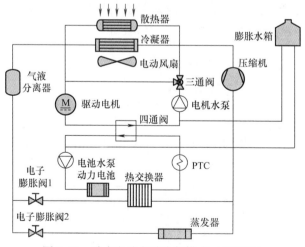

图 2-62　动力电池主动冷却模式（见彩插）

**4. 动力电池被动冷却模式（Mode 4）**

当动力电池有冷却需求同时环境温度低于一定值的情况下，通过控制动力电池回路中电磁四通阀的工作状态，实现动力电池回路与电机回路串联，把动力电池回路的冷却水引入到电机回路中，采用电机回路的散热器进行散热。此时动力电池回路进入被动冷却模式，如图 2-63 所示。

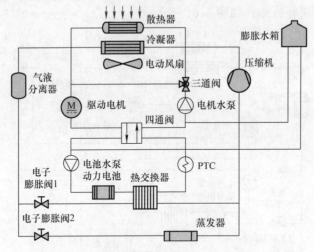

图 2-63　动力电池被动冷却模式（见彩插）

5. 动力电池主动加热模式（Mode 5）

图 2-64 所示为动力电池主动加热模式。当环境温度较低时，为了保证动力电池的正常工作，动力电池回路有加热需求。在该模式下，通过控制电磁四通阀的工作状态，实现动力电池回路与电机回路并联，动力电池回路中的高压 PTC 开始工作，其消耗电能产生热量对动力电池回路进行加热，实现动力电池回路的快速升温，保证动力电池较快进入合理工作温度范围内。

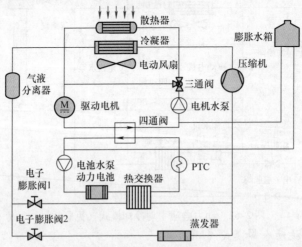

图 2-64　动力电池主动加热模式（见彩插）

## 6. 动力电池被动加热模式（Mode 6）

当环境温度高于一定值但动力电池回路仍有加热需求时，热管理系统控制电磁四通阀的工作状态，实现动力电池回路与电机回路串联，利用电机回路的余热为动力电池回路进行加热。此时高压 PTC 不参与工作，节约电能，动力电池回路进入被动加热模式，如图 2-65 所示。

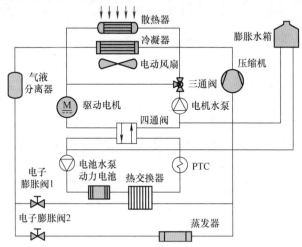

图 2-65　动力电池被动加热模式（见彩插）

### 2.2.2.2　热管理系统部件选型

在完成热管理系统拓扑结构和工作模式设定的基础上，基于各相关总成部件的热管理需求，结合热管理系统部件数据库，对热管理系统部件进行选型。选型原则是在满足整车热管理各子系统需求的前提下，实现尽可能少的能量消耗。

### 1. 热管理系统设计工况

在对整车热管理系统部件进行选型时，首先需要对整车热管理系统的匹配工况进行定义。由于整车运行工况较广，难以对所有工况进行匹配，因而针对电动汽车的特点，常采用几个整车运行较为苛刻的极限稳态工况作为热管理系统的匹配工况和匹配计算的基础，见表 2-2。

表 2-2　整车热管理系统设计工况

| 工况 | | 车速/（km/h） | 爬坡度（%） | 环境温度/℃ |
|---|---|---|---|---|
| 工况 1 | 9% 爬坡工况（40km/h） | 40 | 9 | 35 |
| 工况 2 | 5.5% 爬坡工况（90km/h） | 90 | 5.5 | 35 |
| 工况 3 | 匀速无坡工况（140km/h） | 140 | 0 | 43 |
| 工况 4 | 匀速无坡工况（160km/h） | 160 | 0 | 43 |

### 2. 热管理系统设计需求

基于各总成部件的热管理需求，作为热管理部件选型的边界。各总成自身的热管理系统设计可由各总成专业进行开发，整车热管理系统要保证各总成在运行过程中，能够及时把产生的热量进行有效散出，同时对有加热需求的总成部件（如动力电池）进行加热，使其满足热管理系统需求。

关键总成部件对整车热管理系统的设计需求，可参考表2-3。

表2-3 各总成部件对冷却液进口温度及流量需求

| 部件 | 驱动电机 | 逆变器 | 充电机 | DC/DC变换器 | 动力电池 |
|---|---|---|---|---|---|
| 温度要求/℃ | ≤70 | ≤65 | ≤65 | ≤65 | ≤25 |
| 流量要求/（L/min） | ≥12 | ≥10 | ≥6 | ≥6 | ≥15 |

3. 热管理系统匹配计算

基于热管理系统设计工况，结合各总成提出的热管理系统需求，对热管理系统进行匹配计算。电机回路和动力电池回路的主要匹配部件为电动水泵和散热器，为了便于理解，在此以电机回路为例，从理论分析和一维仿真的角度，对热管理系统匹配进行说明。

（1）基础理论 由于电机回路中包含驱动电机、逆变器、充电机和DC/DC变换器等部件，各部件对热管理系统的需求不一致，所以在综合各部件需求的情况下，设定电机回路冷却液进口条件，如温度小于或等于65℃，流量大于或等于12L/min；在表2-2所示的设计工况1（环境温度35℃、车速40km/h、爬坡度9%）的条件下，假设电机回路整体发热功率为2kW，分别对电机回路的电动水泵和电机散热器进行选型。

1）电动水泵选型：电动水泵作为电机回路冷却液循环的驱动单元，其性能由流量和流阻曲线决定，又称为水泵的扬程曲线。根据电机回路上各部件的流阻曲线和对冷却液流量大小的要求，选取满足条件的水泵。假设电机回路系统流阻曲线和水泵扬程曲线如图2-66所示。

从图2-66可以看出，电动水泵的扬程随着水流量的增大而减小。在水泵转速一定的情况下，需要水泵克服的阻力越高，水流量越小。图中，系统流阻曲线代表着电机回路中所有部件总的阻力特性，随着电机回路的水流量增大，阻力也越大。根据前述热管理系统工作模式的定义可知，在电机低温冷却模式（Mode2）下，电机回路中的发热部件包括驱动电机、逆变器、充电机和DC/DC变换器，而电机散热器也会对液体冷却工质的流动产生阻力，因此电机散热器的流阻曲线也应计入电机回路系统总的流阻曲线。水泵扬程曲线与电机回路系统的流阻曲线的交点，即为电动水泵与系统的流阻特性平衡点。两曲线在交点处的水流量为15.4L/min，大于电机回路的水流量要求12L/min，因而该电动水泵能够满足电机回路的匹配要求。值得注意的是，该图仅为电动水泵匹配示意图，在实际匹配过程中，需要对多个电动水泵进行比较，应在满足回路水流量要求的前提下，结合性能、体积、重量和成本等因素进行综合选择。

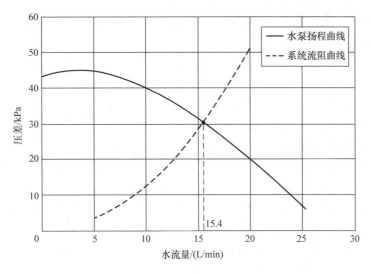

图2-66 电动水泵匹配特性曲线示意图

2）电机散热器选型：电机散热器主要用于电机回路各部件的散热，散热器内部的冷却液通过散热器与外界环境的空气进行热交换，实现热量转移的目的。不同散热器的结构和材料属性均会对散热器的散热性能造成影响，在匹配电机散热器时，需要保证电机散热器的散热能力能够满足电机回路总的散热需求。

如图2-67所示，为某散热器散热特性曲线，其试验条件是液气温差控制在30℃，调节不同的进风速度，采集不同冷却液流量下的换热量，可以看出，随着水流量和进风速度的提升，散热器的换热量也会相应提升。

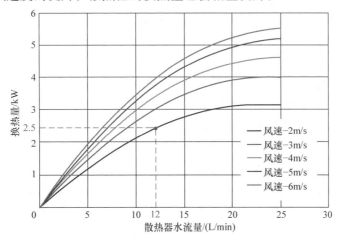

图2-67 散热器散热特性示意图（见彩插）

散热器表面进风速度与车速有关，考虑到风道结构设计和进风阻力，常采用

车速利用系数 $\sigma$ 来表征车速与散热器表面进风速度的关系。散热器表面进风速度与车速的关系为

$$u_r = \frac{\sigma v_a}{3.6}$$

式中　$u_r$——散热器表面进风速度（m/s）;

　　　$\sigma$——车速利用系数，根据经验可设定为 0.18;

　　　$v_a$——车速（km/h）。

假设仍在电机冷却模式（Mode2）下，电机回路总的散热量为 2kW，车速 40km/h，由上述公式可计算出，散热器表面进风速度为 2m/s。从散热器散热特性图上可以看出，在水流量为 12L/min、进风速度为 2m/s 条件下，散热器最大换热量为 2.5kW，满足电机回路散热 2kW 的需求。在实际匹配过程中，需要对多个散热器进行比较，应在满足回路散热需求的前提下，综合结构布置和成本等因素，进行最终选择。

在配备有动力电池快充功能的系统中，动力电池快充过程会产生大量的热量，为了保证动力电池始终处于理想的充电温度范围，应及时把动力电池产生的热量散出去。在充电环境温度较低的情况下，现有的热管理系统或许能够满足动力电池对快充的散热需求，但在环境温度较高或一些极端工况下，现有热管理系统将难以满足动力电池的散热需求，因而常采用制冷剂-水热交换器（Chiller）对动力电池进行主动冷却。通过引入空调系统制冷剂发生相变的方式进行散热，其具有散热功率大的特点。在匹配过程中，需要结合整车热管理与空调的冷却需求进行合理设计，Chiller 的匹配方式同电机散热器匹配过程类似，在此不再进行说明。

（2）一维仿真分析　为了在整车开发初期对整车热管理系统进行匹配预测及优化，详细评价热管理系统匹配方案的合理性，常采用一维仿真软件对热管理系统进行仿真分析。通过一维仿真分析，可对热管理系统中各组成部件的流量分配、压降分析以及冷却液温度等信息进行评估，针对不合理热管理系统方案进行改进和优化，降低整车热管理系统开发成本和开发周期。

目前常见的热管理系统一维仿真软件包括 KULI、GT-Suite 和 AMEsim 等，不同软件的使用方法略有差异，但均是以热管理系统为核心，综合考虑电机回路、动力电池回路及乘员舱系统之间的相互影响。各总成散热量通过各自的热平衡试验获取，输出给热管理系统设计，整车前端散热器的详细空气进气边界条件，通过机舱三维 CFD 分析获取。为了便于说明，在此以表 2-2 所示的设计工况 1（环境温度 35℃、车速 40km/h、爬坡度 9%）为例，采用 AMEsim 一维仿真软件对其进行计算分析。

1）计算模型搭建：AMEsim 是一款多平台多领域应用的一维仿真软件，可进行电动汽车热管理系统和整车级系统模型的搭建。在进行电动汽车热管理系统一

维性能仿真时，对于特定工况，需要由整车系统性能输出热管理系统的热量边界，采用 AMEsim 可实现热管理系统与整车系统性能在同一软件平台下的联合仿真。

图 2-68 所示为该电动汽车在整车热管理电机冷却模式（Mode2）下的一维仿真计算模型示意图，其中包括充电机（OBC）、DC/DC 变换器、逆变器（Inverter）和驱动电机（Motor）。除了上述所需要的各部件散热量以外，还需要各部件的质量、材料属性、流阻曲线、外界环境条件以及电机散热器和水泵的相关参数等。驱动电机的所需输入参数假设见表 2-4。

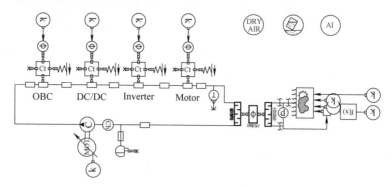

图 2-68　电机冷却回路仿真模型示意图

表 2-4　驱动电机仿真输入参数

| 参数 | 数值 |
| --- | --- |
| 水套容积/L | 0.71 |
| 水套换热面积/m$^2$ | 0.22 |
| 水套进口直径/mm | 15 |
| 水套长度/mm | 2030 |
| 换热系数/（W/m$^2$·K） | 850 |
| 电机质量/kg | 57 |
| 电机发热功率/kW | 2 |

在驱动电机冷却回路仿真计算中，电动水泵主要用于回路冷却水流量的计算，而电机散热器用于电机回路与外界环境热交换的计算。在此模型中，电动水泵采用离心泵模型，电机散热器采用两个通用换热器模块用于模拟电机散热器中的冷却液与外界冷却空气流动部分，采用 NTU 回归分析工具模型。

电动水泵出口压力与进口压力的关系为

$$p_{\text{out}} = p_{\text{in}} + \Delta p$$

式中　$p_{\text{out}}$——电动水泵出口压力（bar）；

　　　$p_{\text{in}}$——电动水泵进口压力（bar）；

$\Delta p$——电动水泵进出口的压差（bar），可从电动水泵的扬程曲线上获取。

水泵的消耗功率为

$$P_{\text{mech}} = \frac{Q\Delta p}{f_{\text{eff}}} \ (0 \leqslant f_{\text{eff}} \leqslant 1)$$

式中　$P_{\text{mech}}$——水泵的消耗功率（W）；

　　　$Q$——电动水泵体积流量（L/min）；

　　　$f_{\text{eff}}$——电动水泵的整体效率，其作为电动水泵模型的输入参数，可为固
　　　　　定数值或曲线。

2）计算结果处理：一维仿真分析的评价目标，是在特定工况下，保证关键冷
却部件的冷却液流量应达到最低流量要求。另外，系统的冷却液最高温度不应超
过其允许的最高使用温度限值。电机冷却回路相关计算结果如图2-69所示。

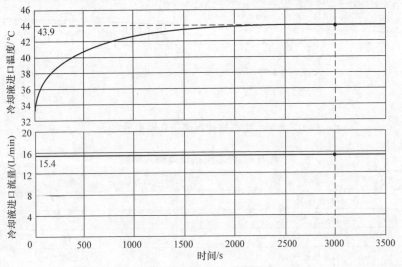

图2-69　电机冷却液进口温度和流量计算结果

从图2-69可以看出，在选定的热平衡工况下，水泵以最高转速6000r/min运
转，电机回路最大冷却液体积流量为15.4L/min，满足所要求的回路冷却液流量需
求；同时，所采用的电机散热器能够使电机冷却液进口温度稳定在43.9℃，满足
该工况下的电机回路散热需求。

### 2.2.2.3　热管理系统控制策略定义

整车热管理系统的主要目的是保证所有热相关部件均工作在合理温度范围内，
对于电机、逆变器和充电机等，要保证最高温度不超过限值，而对于动力电池系
统，其对工作温度要求更为敏感，在保证最高温度不超过限值的前提下，也需要
对最低温度进行调节，增加了热管理系统的控制复杂度。此外，一个完整的热管
理系统也需要对乘员舱的舒适性进行考虑，尤其随着电动汽车节能目标的不断推

进，乘员舱的热舒适性也逐渐与电机回路和动力电池回路的热管理系统集成起来。在保证整车热安全的前提下，尽可能降低热管理系统的能耗。

为了优化整车热管理系统的能耗水平，实现电能的有效利用，热管理系统的工作模式也在向集成化、精细化方向发展。为了实现热管理系统多种工作模式的灵活切换，最大限度地降低热管理系统部件的能量消耗，需要定义一个合理的热管理系统控制策略。在此对电机回路和动力电池回路的热管理控制策略进行说明。

1. 热管理控制策略架构

根据各子系统热管理需求与控制的特点，定义不同子系统控制策略优先级顺序，由热管理系统控制器或整车控制器（VCU）接收整车传感器信号，对热管理系统控制信号进行处理。根据热管理系统的传感器信号变化，对热管理系统的模式请求进行判断，实现不同热管理控制模式的灵活切换。在热管理系统控制功能定义中，已对电机回路的两种冷却模式和动力电池回路的四种工作模式进行了说明。热管理系统控制流程如图 2-70 所示。

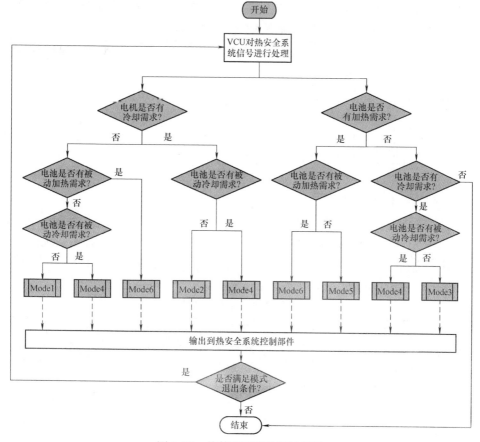

图 2-70　热管理系统控制流程图

根据热管理系统控制流程图，首先由整车控制器（VCU）对整车热管理系统传感器信号进行处理，包括热管理系统的温度和压力信号、环境温度、环境压力、车辆行驶状态以及驾驶员指令等。基于这些输入信号，对热管理系统的模式请求进行判断，把最终的控制模式请求发送给热管理系统的控制部件，对热管理系统控制部件的工作状态进行调整，实现不同的热管理控制模式。如果满足模式退出条件，则重新返回到VCU进行信号处理，重新进行判断。

2. 热管理功能请求定义

在热管理系统控制策略架构的基础上，需要对电机系统和动力电池系统不同工作模式的控制条件进行细化。应从工作模式耗能的角度，对不同能耗水平的热管理控制模式进行分级，保证在满足热管理系统部件可靠运行的基础上，采用能耗最低的热管理工作模式，实现系统最大程度的节能。例如：在动力电池有冷却请求的情况下，优先采用电机回路的散热器进行冷却，当该模式无法满足动力电池回路温度要求时，再采用空调主动冷却，消耗电能。同样，动力电池被动加热模式优先级也高于动力电池主动加热模式。热管理系统的分级控制条件见表2-5。

表 2-5　热管理系统分级控制条件

| 回路 | 模式 | 触发条件 | 退出条件 |
|---|---|---|---|
| 电机回路 | 自加热 | $T_{mot\_coolant} \leqslant 10℃$ | $T_{mot\_coolant} \geqslant 30℃$ |
| | 冷却 | $T_{mot\_coolant} \geqslant 50℃$ | $T_{mot\_coolant} \geqslant 30℃$ |
| 电池回路 | 主动冷却 | $T_{bat\_Max\_T} \geqslant 45℃$，$T_{bat\_Max\_T} \geqslant 40℃$ 及 $T_{rate} \geqslant 0.6℃/min$ | $T_{bat\_Max\_T} \leqslant 40℃$ |
| | 被动冷却 | $35℃ \leqslant T_{bat\_Max\_T} < 40℃$ 及 $T_{mot\_coolant} \leqslant 35℃$ | $T_{bat\_Max\_T} \leqslant 30℃$ |
| | 主动加热 | $T_{bat\_Max\_T} < 0℃$ | $T_{bat\_Min\_T} \geqslant 5℃$ |
| | 被动加热 | $5℃ \leqslant T_{bat\_Max\_T} < 10℃$ & $20℃ < T_{mot\_coolant} \leqslant 30℃$ | $T_{bat\_Min\_T} \geqslant 15℃$ |

3. 热管理部件的控制

由VCU对热管理系统信号进行处理，按照不同工作模式的触发条件，对热管理系统工作模式进行判断。把热管理系统控制模式信号输出给热管理系统控制部件，实现控制部件在不同热管理工作模式下的调节。根据控制部件的工作特性，可采用一个简单的常数、一个数表或控制模块对控制部件进行调节，见表2-6。

表 2-6　热管理系统控制部件调节矩阵

| 项目 | Mode 1 电机自加热模式 | Mode 2 电机冷却模式 | Mode 3 电池主动冷却模式 | Mode 4 电池被动冷却模式 | Mode 5 电池主动加热模式 | Mode 6 电池被动加热模式 |
|---|---|---|---|---|---|---|
| 电机水泵 | 开启 | 开启 | — | 开启 | 开启 | 开启 |
| 电池水泵 | — | — | 开启 | 开启 | 开启 | 开启 |
| 电动风速 | 关闭 | 调节 | 调节 | 调节 | 关闭 | 关闭 |
| 三通阀 | 状态 A | 状态 B | — | 状态 B | 状态 A | 状态 A |

（续）

| 项目 | Mode 1<br>电机自<br>加热模式 | Mode 2<br>电机<br>冷却模式 | Mode 3<br>电池主动<br>冷却模式 | Mode 4<br>电池被动<br>冷却模式 | Mode 5<br>电池主动<br>加热模式 | Mode 6<br>电池被动<br>加热模式 |
|---|---|---|---|---|---|---|
| 四通阀 | 并联 | 并联 | 并联 | 串联 | 并联 | 串联 |
| 高压 PTC | — | 关闭 | 关闭 | 关闭 | 开启 | 关闭 |
| 电子膨胀阀 1 | 关闭 | — | 开启 | 关闭 | 关闭 | 关闭 |

根据热管理系统控制部件调节矩阵，可实现由 VCU 发出的热管理工作模式信号对热管理控制部件的调节过程。基于热管理控制架构和热管理功能请求定义，结合热管理系统控制部件调节矩阵，可在 Simulink 软件环境下，对热管理系统控制策略进行编译，完成热管理系统控制策略定义。

## 2.2.3　热安全实例分析

选用一款纯电动跨界 SUV 车作为实例，该款车型定位于高端市场，采用前、后轴双电机驱动型式，具有卓越的动力性能。此外，为了提升冬季环境下的续驶里程，整车采用先进的热泵系统及管理控制。

### 2.2.3.1　热管理拓扑结构

整车热管理拓扑结构如图 2-71 所示，包括空调系统回路、电机系统回路、动

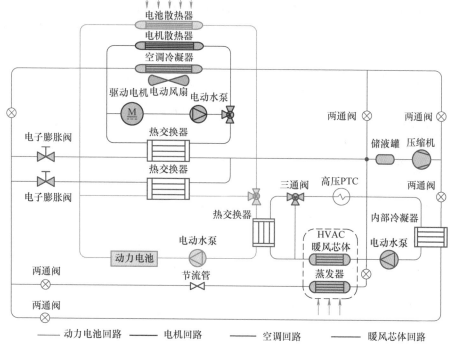

图 2-71　某电动汽车整车热管理系统拓扑结构（见彩插）

力电池回路和暖风芯体回路。空调系统主要负责对乘员舱温度进行调节，采用目前较为先进的喷气增焓热泵空调系统，可实现空调系统的夏季制冷需求和冬季制热需求。

在夏季环境下，空调系统采用传统空调循环回路，通过空调制冷剂的相变过程，实现乘员舱制冷作用，同时可通过动力电池回路的热交换器与动力电池回路进行热交换，实现动力电池回路的主动冷却过程。在冬季寒冷环境下，乘员舱有加热需求，空调系统可通过阀门的控制，实现空调系统热泵循环过程。空调系统通过空调冷凝器或电机回路的热交换器进行相变吸热过程，空调制冷剂再经由压缩机压缩后变成高温高压气体，流入内置冷凝器发生相变放热过程，与暖风芯体回路进行热交换，实现外界环境热量或电机回路废热向乘员舱的转移。

电机回路主要负责对驱动电机、逆变器、车载充电机和 DC/DC 变换器进行冷却。在电机回路温度较高，有散热需求时，经由散热器对电机回路进行散热。

动力电池回路主要负责动力电池的热管理，由于动力电池对温度需求范围比较敏感，要求动力电池回路具有加热和冷却功能。在寒冷环境下，动力电池有加热需求，可通过热交换器与暖风芯体回路之间进行热交换；在高温环境下，动力电池有冷却需求，可通过散热器或热交换器对动力电池回路进行冷却。

暖风芯体回路主要负责对乘员舱和动力电池回路进行加热。在寒冷环境下，乘员舱有加热需求，可通过空调系统的内置冷凝器，实现热量向乘员舱内转移。当热泵制热功率不足时，可采用高压 PTC 进行辅助；同时通过控制比例阀的开启，控制流经动力电池回路热交换器的水流量，实现动力电池回路的加热需求。

### 2.2.3.2　热管理工作模式

整车热管理系统主要工作模式见表 2-7。

表 2-7　热管理系统工作模式

| 项目 | 工作模式 | | | |
|---|---|---|---|---|
| 空调系统 | 空调制冷 | 热泵制热 | | |
| 电机系统 | 自加热 | 散热器冷却 | 热泵散热 | |
| 电池系统 | 温度平衡 | 主动加热 | 低温冷却 | 主动冷却 |

根据外界环境条件和整车运行工况，整车热管理系统可实现多种工作模式，以实现热管理系统能耗的优化，对各种工作模式的详细分析参见参考文献 [6，10]，在此不再单独介绍。

### 2.2.3.3　热管理控制策略架构

该车热管理系统在冷却模块前端配备有主动格栅系统和进气风道，后端配有风道导风口。针对不同的应用场景，结合主动格栅和冷却风扇的灵活控制，可进一步优化整车空气动力学，实现热管理工作模式的细化。

通过热管理系统控制策略，对多种热管理工作模式进行灵活切换，可保证整车热管理系统可靠、稳定、高效运行，节约整车能量消耗。其整车热管理系统控制架构见表 2-8。

表 2-8　热管理系统控制架构

| 回路 | 环境温度 | 整车工况 | 热管理模式 |
|---|---|---|---|
| 驱动电机 | <20℃ | 行驶 | 自加热 |
| | | | 热泵 |
| | | 充电 | 冷却 |
| | >20℃ | 行驶/充电 | 冷却 |
| 高压电池 | <20℃ | 行驶 | 冷却 |
| | | | 温度平衡 |
| | | 充电 | 主动加热 |
| | >20℃ | 行驶/充电 | 主动冷却 |
| | | | 温度平衡 |
| 乘员舱 | <20℃ | 行驶 | 热泵 |
| | | 充电 | 高压 PTC |

另外，为了最大限度地拓展整车续驶里程，该车采用基于驾乘人员数量的智能环境控制系统。该系统可根据乘员舱的舒适性需求，对乘员舱进行温度分区控制，包括驾驶员控制、双温区控制、四温区控制和超低功率消耗四种模式控制。根据热管理系统需求，该系统控制乘员舱温度调节模式，在满足乘员舱舒适性前提下，减少热管理系统能量消耗，拓展整车续驶里程。

# 2.3　高压安全设计

对于电动汽车来说，因存在超过人体安全电压的高电压，所以电动汽车高压安全成为电动汽车产业化的新增要素，而直接与驾乘人员安全息息相关的高压防触电安全则是电动汽车高压安全设计的核心。高压安全需要以驾乘人员安全作为出发点，从整车、系统、部件及控制策略多层级系统的综合考虑，并通过多重冗余设计实现防触电的目的。

## 2.3.1　高压安全概述

高压安全设计首先需要明确高压的定义。高压是高电压的简称，是一个相对的概念，不同行业、不同场合有着不同的定义。高压在工业上是指直流电压 1500V 以上或交流 1000V 以上的电压，而电动汽车高压的定义不同于工业的定义，是基于能否对人体造成触电伤害来定义高压与低压的。

电动汽车同时具有超过人体安全电压的直流和交流电压。

1）一般来说，当人体通过 AC 0.5mA 的电流时就会有生理反应，如图 2-72 所示的 AC-1 区，但此时不会对人体产生任何生理性伤害；当人体长时间通过 5mA 的交流电流时，会有强烈的类似于肌肉收缩的反应，如图 2-72 中 AC-2 区，但依然不会造成生理性伤害；但当人体较长时间通过超过 10mA 的交流电流时，如图 2-72 中 AC-3 的左上区域，将会产生危险的病理生理效应，如呼吸困难、心跳加快等。当电流增加到一定值、时间累积到一定程度时，有可能会发生致命的心室纤维性颤动，进而造成人员死亡。

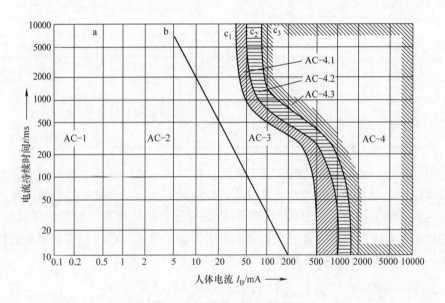

图 2-72　交流电流对人体效应示意图

2）当人体通过直流电流 2mA 时，就已经产生了刺痛的感觉，但不会产生生理性伤害。在长时间经过 20mA 以上的直流电流时，如图 2-73 中 DC-3 区域所示，肌肉和心脏会产生剧烈的紊乱，此时的状态是人体不可接受的。

综上，经过理论计算及人体试验，人们发现在直流小于 60V、交流小于 30V 的电压范围内，通过人体的直流触电电流小于 20mA、交流小于 10mA 时，对人体无器质性触电伤害，标准法规体系将其定义为安全电压，称为 A 级电压。直流大于 60V、交流大于 30V 的电压被认为是可能造成触电伤害的高压，被称为 B 级电压（表 2-9）。

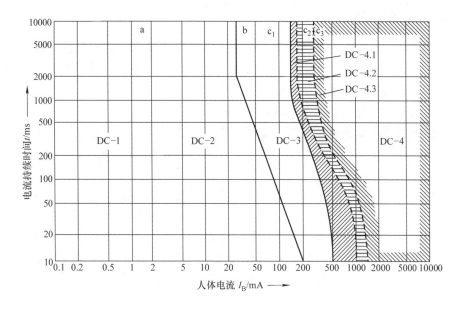

图 2-73　直流电流对人体效应示意图

　　电动汽车具有高压动力电池及高压回路,整车高压系统具有远高于 B 级电压的范围。乘用车的高压系统电压一般为 DC 300 ~ 600V;商用车高压系统电压具有更高的电压范围,一般为 DC 600 ~ 800V。整车上的高压部件如高压线束、驱动电机、DC/DC 变换器、车载充电机等,在高压上电状态下都带有高压电。而动力电池作为车辆的动力源,不论车辆处于上电还是下电状态,都一直带有高压电。因此如果电动汽车没有合理的触电防护措施,就很容易造成人员触电事故。另外,触电除了生理效应,还可能会给驾乘人员带来间接伤害。为了避免发生以上伤害,具备高压回路的车辆需要进行一定的触电安全防护设计,行业中将这些触电防护设计统称为高压安全设计。

　　高压安全设计不仅可以保护驾乘人员的使用安全,也可以保障维修人员、试验人员等从业人员的触电安全,具有十分重要的意义。

表 2-9　电动汽车电压等级划分

| 电压等级 | 最大工作电压/V | |
| --- | --- | --- |
| | 直流 | 交流（rms）[①] |
| A | $0 < U \leqslant 60$ | $0 < U \leqslant 30$ |
| B | $60 < U \leqslant 1500$ | $30 < U \leqslant 1000$ |

① rms 指有效值。

## 2.3.2    高压安全设计理念

整车高压安全技术方案，一般从整车正常使用工况、故障工况及特殊使用工况几个方面来综合考量设计。其中部分要求属于标准法规中的强制要求，即必须要达到的设计目标，其他安全措施可以根据车辆成本与品牌定位进行合理选择。

对于高压安全每项子技术来说，一般都与触电的必要条件相关。触电的两个必要条件分别是构成触电回路及具备电压差。高压安全子系统的详细设计一般都是基于规避这两个方面来进行设计的。

在正常使用情况下，通过接触防护设计能够保障驾乘人员无法直接接触到高压部件内部的高压带电部分，使得车辆在无故障情况下无法构成触电回路；通过绝缘电阻设计，保证高压部件的可导电外壳不带有高压电；通过图 2-74 所示的高压下电后放电设计释放掉系统中电容残存电能，保障下电后高压系统内不残留可导致触电的能量或系统电压低于 B 级电压范围。通过高压标记的设计，提示驾乘人员高压部件的危险性，阻止人员触碰高压部件，避免触电回路的形成。

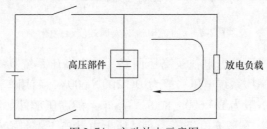

图 2-74    主动放电示意图

其次，在高压系统只出现一个可能导致触电的故障（单点失效故障）时，要具备相应的处理应对措施。这里需要先说明一下电动汽车的高压系统与传统汽车低压系统不同的电路特点。传统汽车的低压系统采用负极接车身地的设计，而电动汽车高压系统与低压系统不同，采用了图 2-75 所示的浮地设计，即高压系统与车身地完全绝缘的设计。采用这种浮地设计，可以很好地提高电动汽车的安全性。这是因为在高压系统与车身地绝缘的情况下，高压正负极其中一极发生故障时，比如单极出现绝缘失效、继电器粘连故障时，车辆仍可以带故障使用。尽管车辆仍可以使用，但高压安全仍设计了绝缘监测、高压互锁、电容耦合等几个安全措施，只是来保证单点失效后直到发生第二个故障前车辆仍可安全使用。其中，绝缘监测设计可以在车辆发生第一个绝缘故障时就检测出来，整车可以采取一定的安全策略并通知驾驶员；高压互锁设计可以在车辆发生第一个高压部件罩盖或插接器脱落故障时予以报警，并执行一定的安全策略，保障驾驶员不会接触到裸露的高压带电部分；电容耦合设计通过限制整车 Y 电容能量或增加附加保护，避免单点失效情况下 Y 电容导致的触电风险。

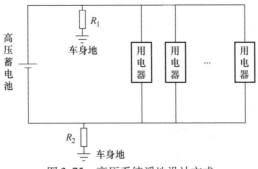

图 2-75 高压系统浮地设计方式

再次，在高压系统出现多重安全故障时，也应进行一定的防护设计。一般来说，除非出现碰撞、高压部件进水等特殊情况，电动汽车很难同时发生多个可能导致触电的故障。但高压安全出于安全冗余的考虑，通过进行电位均衡设计，使得在绝缘双点失效情况下两个故障部位不存在电压差，从而避免了触电的可能。在高压系统发生双点绝缘失效故障时，电位均衡装置可以将短路电流引导到车身地上，以图 2-76 所示为例，当左侧高压部件发生正极绝缘失效故障时，该高压部件可导电外壳带有高压正电；当右侧高压部件发生负极绝缘失效故障时，该高压部件可导电外壳带有高压负电。如果没有电位均衡装置，人同时触摸到两个高压部件的可导电外壳，则触电回路形成，且具有电势差，电流会通过人体造成触点事故。当两个高压部件均具有电位均衡装置，即高压部件可导电外壳接地的装置，则绝大多数电流通过两个等电位装置与车身地联通的回路，从而保护人体免受触电伤害。

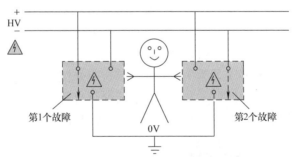

图 2-76 电位均衡装置在双点绝缘失效情况下的作用

最后，高压安全的设计也要考虑一些特殊的工况。比如，车辆使用过程中的遇水工况及碰撞工况。通过合理的防护等级设计，保障车辆遇水之后的绝缘性能，避免出现触电风险；针对车辆碰撞后的安全，对接触防护、绝缘电阻、电位均衡及电能/电压进行可靠性设计，保证驾乘人员在车辆碰撞事故发生后的安全性。

综上，高压安全的设计基于高压系统的浮地设计，针对车辆正常使用工况、故障工况及特殊使用工况展开全面的设计避免人员触电，所涉及的安全设计内容主要包括高压系统结构、电气性能、控制策略等方面，具体要求及解析将在后续章节详述。

### 2.3.3　高压安全设计要求

#### 2.3.3.1　高压标记设计

　　高压标记是警示高压危险的标识，电动汽车上所有的高压部件都应该具有高压标记。其中，高压线束应通过橙色提示高压危险，其他高压部件应具有如图 2-77 所示的高压警告标识。标识应粘贴在易于观察的位置，对于体积较大的高压部件如动力电池，建议粘贴多个标识用于警示。

图 2-77　高压警告标识（见彩插）

　　标识尺寸设计应适当考虑高压部件外形尺寸大小。标识一般都设计为粘贴形式，应当考虑标识的耐蚀、耐磨性能等。

#### 2.3.3.2　高压部件接触防护设计

　　接触防护是防止人直接触碰到高压带电部件的防护措施，主要通过遮拦/外壳、高压连接器、维修断开装置及充电插座几个部分来实现全面的保护。

　　1. 遮拦或外壳接触防护设计

　　电动汽车高压部件的遮拦和外壳应起到隔绝人体触摸到高压部件内部带电部分的作用。对于乘用车产品，所有的高压部件均建议满足 IPXXD 防护等级要求。为了更好地保证人员无法接触到高压部件内部的带电部分，高压部件的上盖可以在满足 IPXXD 防护等级要求的基础上，配合高压互锁或采用特殊螺栓、两种不同螺栓或多个螺栓固定的方法起到提示及保护作用。这种冗余的保护方案同样适用于外壳上有插接器罩盖的高压部件罩盖设计。

　　以图 2-78 所示的某逆变器为例，除了在装配完好情况下满足 IPXXD 外，其高压插接器罩盖还具有高压互锁开关。在上电情况下打开插接器罩盖时，高压系统会迅速下电，以避免人员接触到总成内部的高压带电部分。

图 2-78　高压插接器罩盖的高压互锁

2. 高压插接器接触防护设计

高压插接器在装配完好时，应满足 IPXXD 防护等级要求。现在一般高压插接器在徒手打开后非耦合状态下满足 IPXXB 的防护等级要求，且具备高压互锁功能，在插接器被打开后，高压系统通过下电及主动放电方式，很快将回路电压下降到安全电压以下。打开后不满足 IPXXB 的插接器则需要进行其他机械装置的设计，保证在拆卸高压插接器前需拆卸该机械装置或者需要打开后 1s 内将回路电压下降到安全电压以下的要求。

3. 高压维修断开装置接触防护设计

高压维修断开装置在装配完好时，应当满足 IPXXD 防护等级要求。在高压维修开关被打开或拔出的状态下，一般高压维修开关的车辆端部分应满足 IPXXB 的防护等级要求且触发高压互锁功能。

4. 充电插座接触防护设计

交流充电插座在未耦合状态下按国家标准要求满足 IPXXB，同时需要设计一些控制策略，使其在被拔下后 1min 内将回路电压或能量下降到对人体无害的电压或能量范围。

目前，直流充电座在未耦合状态下无法满足 IPXXB 防护等级要求，因此应有拔下后 1s 内将回路电压或能量下降到对人体无害的电压或能量范围的设计。

### 2.3.3.3 绝缘电阻设计

绝缘电阻是高压安全的设计核心，是高压系统与车身地之间绝缘情况的直接反映。一般整车高压系统由各互相隔离的子系统的构成，各子系统的绝缘电阻由于互相隔离，并不会彼此影响。整车的绝缘电阻取几个子系统的最小绝缘电阻来计算。而子系统的绝缘电阻又由其系统内各高压部件的绝缘电阻并联而得。以图 2-79 所示的某车型高压系统为例，系统中存在三个互相隔离的子系统，分别是交流

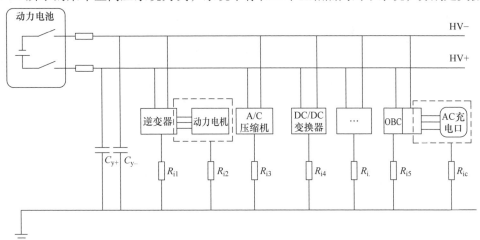

图 2-79 某车型高压系统绝缘电阻的组成

电机回路、高压直流回路及交流充电回路。以交流充电回路子系统为例，其绝缘电阻即为包含交流充电口的充电线束及充电机的绝缘电阻的并联值。

整车的绝缘电阻需要满足严格的要求，对于具备交流电机即交直流回路混合的电动汽车，其整车绝缘电阻应大于 $500\Omega/V$；对于纯直流回路的电动汽车，其整车绝缘电阻只需要满足大于 $100\Omega/V$。

在对系统进行绝缘电阻设计时，应充分考虑每个高压部件对系统的影响，尽量不要出现某个高压部件拉低整车高压系统绝缘电阻的情况。

另外，绝缘电阻需要在全生命周期内保证符合要求，需要通过合理的部件结构及整车布置设计来保障各高压部件的防尘、防水性能，才能保证高压部件内部高压带电部分不会受到雨水、结露及灰尘等的影响而发生绝缘失效故障。

#### 2.3.3.4 绝缘监测功能设计

绝缘监测功能是指整车通过绝缘电阻测量模块对高压系统的绝缘电阻进行实时或间断性地检测，并依据整车的绝缘情况进行合理的处置。

在现行 GB/T 18384—2020《电动汽车　安全要求》中，绝缘监测功能已被列入必须满足的要求之列。

绝缘监测功能包含绝缘电阻的检测及故障处理，可以在整车发生第一个绝缘故障时就提示驾驶员，并辅以其他合理的故障处理策略。实际上，当车辆发生单点绝缘失效时，不会造成触电事故，而短时间内同时发生两个绝缘失效的情况也比较少见，因此绝缘监测功能其实是一种有效的冗余安全设计。

绝缘监测功能的绝缘电阻监测由绝缘监测装置实现，一般来说，主流的绝缘监测装置检测原理有低频注入法和电压比较法。两种方法各有优缺点，低频注入法测量精度高，但测量周期较长，内部电路复杂，成本较高。电压比较法容易受到动力电池电压的波动而影响精度，但测量周期短，成本较低。两种检测方法的基本原理如图 2-80 和图 2-81 所示。

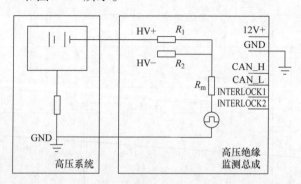

图 2-80　低频注入法

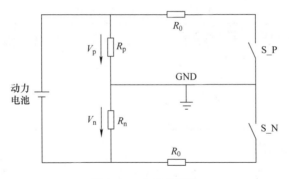

图 2-81 电压比较法

绝缘监测功能的故障处理策略一般包括报警、下电及禁止故障恢复前再次上电几个方式。报警设计应根据绝缘装置的精度调整报警值的阈值，以保证在整车出现低于标准要求的绝缘电阻时可以予以报警。报警的层级可以依据需求进行 1～3 个层级的设计，配合不同的报警方式及其他控制策略，可以更好地保证驾乘人员安全。在进行下电处理设计时，应避免在车辆高速行驶时进行故障后下电操作。

### 2.3.3.5 电位均衡设计

电位均衡是针对任意两个可以被人同时触碰到的外露可导电外壳之间的电阻设计要求，使得所有高压部件的可导电外壳与整车车身地等电势。

电位均衡一般按高压部件和车身之间的等电位电阻 ≤40mΩ 来设计。电位均衡有多种实现方式（图 2-82），可以通过直接与电平台相连的焊接形式，也可以通过导体如线束或者支架与电平台相连。

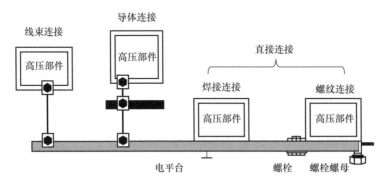

图 2-82 电位均衡实现方式

在进行电位均衡设计时，应考虑其电位均衡装置发挥作用时，即高压系统发生短路故障时电位均衡的可靠性设计，需要其在回路熔丝熔断前不损坏。另外电位均衡装置设计应考虑其连接部位的可导电性，如是否去除了绝缘漆等。

高压线束及电位均衡线束的导线材料如果都为铜，则一般设计要求见表 2-10。

表2-10 电位均衡线束设计

| 高压部件所在回路的高压线束线径 $S/\text{mm}^2$ | 电位均衡线径最小设计值/$\text{mm}^2$ |
|---|---|
| $S < 4$ | 4 |
| $4 \leqslant S \leqslant 16$ | $S$ |
| $16 < S \leqslant 35$ | 16 |
| $S > 35$ | $S/2$ |

### 2.3.3.6 电容耦合设计

高压安全的电容耦合要求是针对Y电容的设计要求，要求整车高压正极或者负极的Y电容所储存电量的总和不会超过0.2J。0.2J是人体安全的能量限制，在整车发生单点失效故障时，如果Y电容总电量超过了0.2J，那么当人一手触摸失效的一极，一手触摸电平台，就会形成触电回路，进而造成触电事故，如图2-83所示。

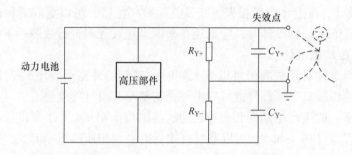

图2-83 Y电容超过0.2J的触电风险分析

整车所有B级电压电路中Y电容存储的最大电量应按以下公式进行计算

$$Q = \int_1^n \frac{C_x U_x^2}{2} \mathrm{d}x$$

式中 $n$——带有Y电容的B级电压单元个数；

$C_x$——某个B级电压单元的Y电容容值（F）；

$U_x$——该B级电压单元的Y电容最大工作电压（V）。

对于Y电容总能量不小于0.2J的情况，为了避免单点失效可能造成的触电事故，需要按照GB 18384—2020《电动汽车安全要求》中的要求，对整个高压回路进行双重外壳/绝缘层的设计或者加强外壳的设计强度，保证在10kPa压强下没有塑性变形。

### 2.3.3.7 防水性设计

在高压安全中对电动汽车的防水设计提出要求是为了保证车辆遇水之后仍可以保证良好的绝缘性能，即绝缘电阻不失效。

1. 整车防水设计

整车应能满足现行 GB/T 18384—2020《电动汽车　安全要求》中的涉水及洗车防水要求，在进行涉水及洗车试验后进行绝缘电阻测试，测试结果仍应该满足相应的绝缘电阻要求。其中，GB/T 18384—2020《电动汽车　安全要求》中的涉水深度为 10cm，是门槛性要求，建议在实际设计验证时，将涉水深度提高到 30cm 或以上。

2. 高压部件防水设计

为了满足整车的防水要求，一般来说，在高压部件装配完好的情况下，针对乘员舱和行李舱外部件的防护等级建议至少达到 IP67，乘员舱和行李舱内部件建议至少达到 IPX4 防护等级的要求。其中，动力电池的安全性尤为重要，建议防护等级至少达到 IP67，但防尘防水的设计应考虑到日后维修可操作性及可恢复性。

充电插座防护等级在插接完好的状态下，应按照相关标准要求达到 IP55，以满足日常使用需求。

### 2.3.3.8　维修断开装置设计

电动汽车上的维修断开装置是用来保证车辆维修/故障时，能够可靠地断开高压回路的装置。目前，主流方案有高压维修开关和低压维修开关两种形式。

高压维修开关：可以通过对高压维修开关的操作，直接实现高压回路的通断，一般具备高压互锁装置，以保证非正常操作时不会造成电弧。

低压维修开关：一般内部串接有高压互锁线及高压继电器电源线，通过断开低压维修开关直接实现高压互锁的触发及高压继电器电源切断，从而间接实现高压回路的断开。低压维修开关提高了操作时的安全性，但无法在主回路高压继电器均粘连时有效断开高压回路，在进行整体设计时应对此问题予以系统考虑。

### 2.3.3.9　高压系统电容放电设计

车辆在每次正常下电后或者故障下电后，高压电压回路电容中的残余能量都需要被释放掉以保障车辆下电后的安全性，这种设计称为高压系统的电容放电设计。放电形式有主动放电及被动放电两种。

主动放电一般由整车控制器控制执行，在高压继电器断开后，通过逆变器内部的放电电阻放电或导通绝缘栅双极型晶体管（IGBT）放电，从而将回路电压或电能下降到安全范围内。一般行业通用性要求是 5s 内完成系统级的放电，放电情况如图 2-84 所示。

相比主动放电的可控，被动放电不依靠控制策略，始终有效。每个带有能量大于 0.2J 的 X 电容的高压部件都需要具备该功能。被动放电由高压部件内的放电电阻实现，应始终有效，不是被触发后有效。当动力电池与高压部件断开后，被动放电电路应在 2min 内将电压降到 DC 60V 以下。图 2-85 所示为主动放电失效情况下被动放电的放电示意。

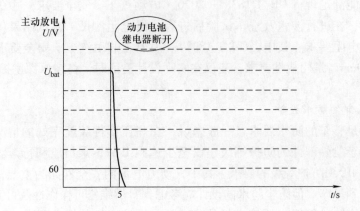

图 2-84    主动放电示意图

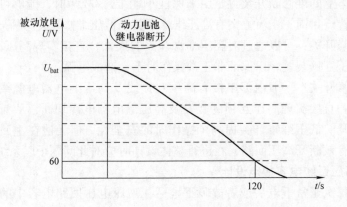

图 2-85    主动放电失效下的被动放电示意图

被动放电由高压部件内的放电电阻实现，部件与动力电池断开后的放电时间与其工作效率有很大关系，放电时间越快，其效率越低。因此，放电电阻的设计应综合考虑放电时间与产品效率的关系。

**2.3.3.10    高压互锁（HVIL）功能设计**

高压互锁功能是通过高压回路中的互锁开关串联，实现被保护部件在被拆卸时，触发高压互锁回路断开，间接实现在人接触到高电压带电部分前将其变为不带电的设计。

高压互锁功能的实现，除了需要在高压部件上设计高压互锁开关，还需要整

车控制器来判断并执行相应故障处
理策略来完成。一般来说，高压互
锁开关设计在高压部件的高压插接
器上或高压部件的罩盖处，所有高
压互锁开关串联在一起，如图 2-86
所示。由整车控制器通过判断回路

图 2-86　高压互锁回路

电压的情况来判断高压互锁故障的发生。互锁故障的处理可以依据整车厂的安全
策略来进行，一般在静止状态下，仪表报警并执行整车下电、禁止再次上电的策
略。在车辆运行状态下，考虑到动力中断的危险性，一般仅做报警处理。

## 2.4　电磁兼容安全设计

电磁兼容（Electromagnetic Compatibility，EMC）是指设备或系统在其电磁环境
中符合要求运行并不对其环境中的任何设备产生无法忍受的电磁骚扰的能力。
EMC 包括两个方面的要求：一是指设备在正常运行过程中对所在环境产生的电磁
骚扰（Electromagnetic Disturbance）不能超过一定的限值；二是指设备对所在环境
中存在的电磁骚扰具有一定程度的抗扰度，即电磁敏感性（Electromagnetic Suscep-
tibility）。

与传统汽车相比，电动汽车电磁兼容问题更加突出，这是由于电动汽车增加
了高压大功率部件。这些部件电压高、电流大、功率大，其高频脉宽调制（PWM）
斩波控制的工作特性造成整车及整车周围电磁环境恶劣程度进一步加剧，整车的
电磁兼容问题变得更为突出。这种特殊性也给电动汽车整车电磁兼容设计提出了
更高要求。本章节着重阐述电动汽车从整车角度进行电磁兼容设计的方法与策略，
相关部件的电磁兼容设计放到具体总成部件设计当中。

### 2.4.1　电动汽车电磁兼容分析

电动汽车工作环境复杂、恶劣，电磁兼容问题涉及自身电子设备的自兼容以
及与外界电子设备及电磁环境的互兼容，如图 2-87 所示。

电磁骚扰有三个要素，即骚扰源、耦合路径和敏感设备，如图 2-88 所示。解
决电磁骚扰要从这三要素入手。

结合电动汽车电子设备特点、设备之间连接和耦合关系，分析电动汽车电磁
骚扰源、耦合路径及敏感设备，电动汽车典型部件之间的三要素关系见表 2-11。

图 2-87　电动汽车工作电磁环境

图 2-88　电磁兼容骚扰机理

表 2-11　电动汽车电磁兼容三要素

| 骚扰源 | 耦合路径 | 敏感设备 |
|---|---|---|
| 驱动电机系统 | 高压线缆 | 整车控制器 |
| DC/DC 变换器 | 低压线缆 | 车身控制器 |
| 充电机 | 车架 | 娱乐多媒体设备 |
| PTC | 容性耦合 | 智能驾驶设备 |
| 空调压缩机 | 感性耦合 | 安全防盗控制器 |
| 动力电池 | 天线耦合 | 人身安全控制器 |

### 2.4.1.1　电磁骚扰源分析

　　电动汽车较传统汽车突出的区别是增加了高压大功率部件。这些部件工作在高电压、大电流和高频 PWM 斩波的工作模式下，高电压脉冲与功率器件开关过程中极高的电压变化率（$dv/dt$）与电流变化率（$di/dt$），带来了较宽的频谱和丰富的谐波，进而形成整车骚扰源，如图 2-89 所示。

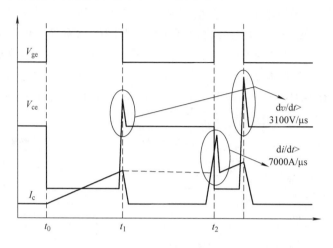

图 2-89  功率器件开关过程（见彩插）

通过分析，骚扰源信号特征主要是不同频率和不同周期的脉冲信号。因此，分析脉冲信号有助于分析电磁发射频谱特征，对降低整车电磁发射以及整改过程中锁定干扰部件、加快分析问题等都非常有益。

1）图 2-90a 所示为典型脉冲信号。该信号特征主要是脉冲宽度（$t_w$）和上升时间/下降时间（$t_s$）。

2）图 2-90b 是经傅里叶变换后获得的理论脉冲波形频谱。该频谱随着频率上升，幅度衰减，衰减的斜率随 $t_w$ 和 $t_s$ 变化。

3）图 2-90c 显示了当脉冲 $t_s$ 变慢（增加）时频谱的变化。当斜率变为 $-40\mathrm{dB}/(°)$ 时，$1/\pi t_s$ 的频率较低，后续幅度减小。简而言之，当 $t_s$ 减慢时，频谱幅度会衰减。

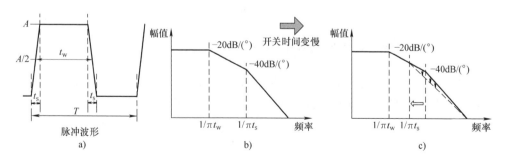

图 2-90  骚扰源信号特征分析

下面以一个具体实例来说明电磁兼容波形变化和频谱变化。图 2-91a 所示是幅度为 10V、频率为 400kHz、占空比为 50%、上升时间/下降时间（$t_r/t_f$）为 10ns 的脉冲波形。图 2-91b 显示了 $n$ 次谐波和幅度（V）。对于作为基波的一次谐波，即 400kHz 分量，幅度大，并且频谱出现在奇数谐波的频率处。仅奇数谐波的存在是占空比为 50% = 1:1 的频谱的特征，每个分量的大小是谐波次数乘以基波分量的倒数。因此，若三次谐波的幅度是基波幅度的 1/3，则 $n$ 次谐波是 $1/n$ 的基波幅度的 1/3 振幅；图 2-91c 所示为幅度的对数图，dBμV 是电压比的分贝值，以 1μV 电压作为参考。

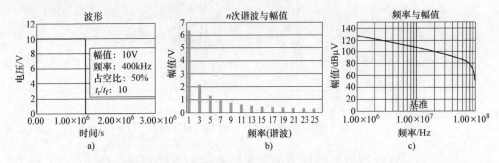

图 2-91　功率器件开关过程及分析（见彩插）

如图 2-92 所示，信号频率变为 2MHz。从频率与幅度（dBμV）图中可以清楚地看出，当频率较高时，整体幅度增加。

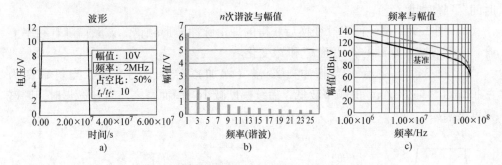

图 2-92　功率器件开关过程及分析 - 条件 1（见彩插）

如图 2-93 所示，信号占空比从 50% 降低到 20%，即占空比不再是 1:1，会出现偶数谐波。但实际上峰值没有变化，通过缩窄脉冲宽度 $t_w$，基波频谱的幅度被衰减。

如图 2-94 所示，信号 $t_r$（上升时间）增加，-40dB/（°）衰减频率降低，并且频谱幅度衰减。

综上可以看出，当频率较低且上升/下降时间较慢时，频谱会衰减，从 EMC 检测的角度来看，较低的频谱幅度是有利的。其基本的规律是若提高频率，则频谱

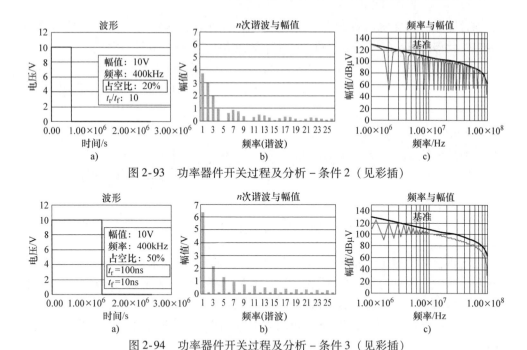

图 2-93　功率器件开关过程及分析 - 条件 2（见彩插）

图 2-94　功率器件开关过程及分析 - 条件 3（见彩插）

幅度会整体增加；若改变占空比，则偶次谐波出现，但对频谱幅度没有影响；若增加上升时间，则 40dB/（°）衰减频率降低，且频谱幅度衰减。

### 2.4.1.2　骚扰耦合路径分析

电磁骚扰传播大多通过辐射与传导，为更好地分析和解决电动汽车电磁骚扰问题，需要了解电磁骚扰的主要传播方式，这样有助于从传播路径上分析骚扰传播，降低整车电磁发射，提高整车电磁兼容性。

1. 骚扰耦合路径分析

空间辐射：环形天线（电流环）或杆天线（引出的导线）以电磁波的方式向外辐射能量，产生辐射干扰，如图 2-95 所示。

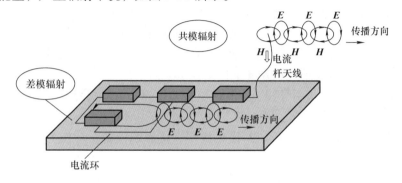

图 2-95　空间电磁辐射干扰

耦合路径分为电感耦合和电容耦合两种，其中电感耦合使得其中一个回路所产生的变化磁通 dϕ 在第二个回路产生电路及感应电动势，如图 2-96 所示。

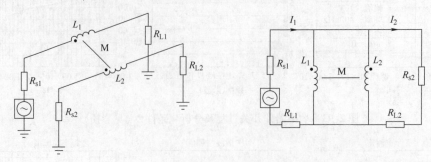

图 2-96　磁场耦合原理及其等效示意图

磁场耦合的关键是"耦合电感"，可以通过屏蔽的方式来抑制磁场感应。对于电流变化非常大的信号线，需要用屏蔽导体包起来进行屏蔽，把屏蔽导体两端接地；对于敏感信号线，需要做屏蔽以减小外部的磁场干扰影响。

另外一种是电容耦合，导线之间的电容使得某一电路对另一电路形成交连，继而形成电场耦合，产生干扰，如图 2-97 所示。

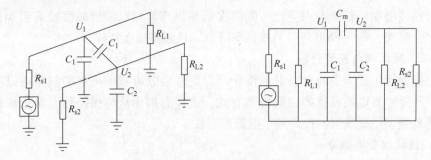

图 2-97　电场耦合原理及等效示意图

电场耦合的关键是"耦合电容"，电容大小与导线的长度成正比，与距离平方成反比。在进行整车线束布置时，高压线束和低压线束应分开走线；在印制电路板（PCB）设计过程中，要避免时钟线和数据线并行走线，以减小电场耦合干扰。

传导路径分为共模干扰和差模干扰。

1）共模干扰主要指两导线上干扰电流振幅相等、相位相同的干扰，如图 2-98 所示。因为 $I_{cm1}$ 近似等于 $I_{cm2}$，而 $Z_1 \neq Z_2$，$U_p = I_{cm2} Z_2$，$U_Q = I_{cm1} Z_1$，所以 $U_p \neq U_Q$，进行转换为差模电压 $U_{pQ}$。共模干扰不直接影响设备，转换为差模电压来影响设备。

2）差模干扰是指两导线上干扰电流振幅相等、方向相反的干扰，如图 2-99

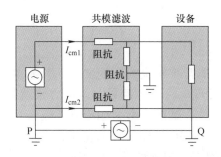
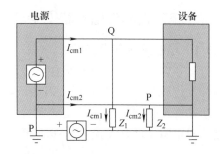

图 2-98　共模干扰及等效示意图

所示。静电荷产生静电场，恒定电流产生磁
场，时变电流产生电场与磁场。一般电动汽
车的差模信号中携带数据或有用信号，比如
LVDS、CAN 等传输信号。

2. 电动汽车耦合路径分析

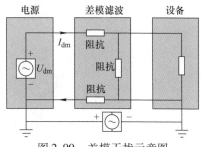

图 2-99　差模干扰示意图

高压系统高压大功率高频斩波的工作特
点，导致骚扰通过高低压电源、信号网络传
导，通过线路间、线与地间互感或电容性耦
合，最终形成复杂的整车骚扰耦合网络，如图 2-100 所示，给整车自身与整车对外
界带来电磁兼容问题。为解决以上问题，需识别关键骚扰源耦合路径，切断耦合
路径即可降低骚扰带来的不好效果，提升电磁兼容性。

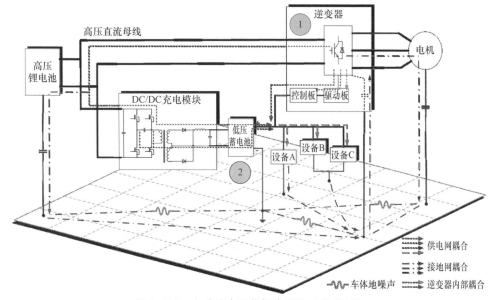

图 2-100　电动汽车骚扰耦合网络（见彩插）

## 2.4.2　电动汽车电磁兼容安全设计

### 2.4.2.1　电磁兼容开发流程

电磁兼容安全是电动汽车在开发过程中非常难解决的问题之一，其成本通常随着开发过程呈指数级增长。因此，越早发现电磁兼容问题，解决方法就越多。若后期才发现问题，解决的措施就会大幅减少，难度也会大幅提升，故建立整车电磁兼容正向设计开发流程十分必要。目前，EMC 性能管理与测试包含于产品 V 字模型开发过程当中，如图 2-101 所示，即从整车电磁兼容指标要求入手，分解子系统及关键部件设计目标，通过部件、子系统、系统及整车不同层级的设计、测试迭代，优化完成整车电磁兼容开发，满足整车强检公告要求。

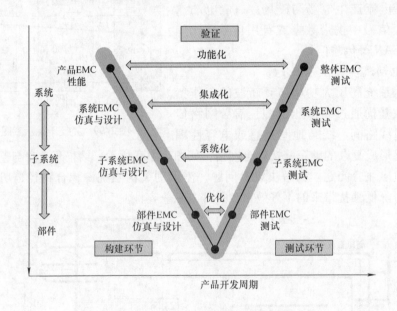

图 2-101　EMC 性能管理与测试流程

### 2.4.2.2　电磁兼容设计目标

电动汽车电磁兼容系列标准是整车是否达到上市标准的检验要求。这些标准分为整车和零部件两大类，见表 2-12。其中，整车标准 2 项，为强检标准；零部件标准 4 项，分别为电机电驱动系统、DC/DC 变换器、车载 OBC 和电池管理系统，为非强检标准。通常，车企都把这些标准要求设定为电动汽车整车及零部件的电磁兼容设计目标。

表 2-12　电动车及零部件电磁兼容标准

| 类别 | | 国家标准号 | 对应国际标准号 | 试验类型 | 是否强检 |
|---|---|---|---|---|---|
| 整车 | | GB/T 18387—2017 | SAE J551-5-2012 | 发射测试 | 强检 |
| 整车 | | GB 34660—2017 | ECE R10.03 | 发射测试和抗扰测试 | 强检 |
| 零部件 | 电机电驱动系统 | GB/T 36282—2018 | CISPR 25/ISO 11452 ISO 7637/ISO 10650 | 辐射发射 辐射抗扰/传导抗扰 静电抗扰 | 非强检 |
| | 直流变换器 | GB/T 24347—2009 | CISPR 25 95/54/EC | 发射测试 抗扰测试 | 非强检 |
| | 车载充电机 | QC/T 895—2011 | IEC 61851 | 发射测试/抗扰测试 | 非强检 |
| | 电池管理系统 | | CISPR 25/ISO 11452 ISO 7637/ISO 10650 | 传导发射/辐射发射 辐射抗扰/传导抗扰 静电抗扰 | 非强检 |

通过标准分析，将整车及零部件电磁兼容标准要求转化为设计指标进行设计。如 GB/T 18387—2017《电动车辆的电磁场发射强度的限值和测量方法》提出了 150kHz～30MHz 范围内整车对外电场和磁场发射的限值要求；GB 34660—2017《道路车辆　电磁兼容性要求和试验方法》提出了 30MHz～1GHz 范围内整车对外电场发射的限值要求，以及 20MHz～2GHz 范围内整车对窄带幅射电磁能的抗扰性能要求；GB/T 36282—2018《电动汽车用驱动电机系统电磁兼容性要求和试验方法》提出了针对驱动电机系统 30MHz～1GHz 辐射发射限值要求、20MHz～1GHz 辐射抗扰限值要求以及静电抗扰等级要求；GB/T 24347—2009《电动汽车 DC/DC 变换器》提出了针对直流变换器发射和抗扰及对应频段限值要求；QC/T 895—2011《电动汽车用传导式车载充电机》提出了针对车载充电机发射和抗扰及对应频段限值要求；电池管理系统目前还未有统一的国家或行业标准，多参考国际标准，或基于企业自身设定发射和抗扰及对应频段的限值要求。

### 2.4.2.3　电磁兼容设计原则

**1. 部件布局**

高压部件的布局对辐射发射、高低压自兼容性、车载射频天线性能有比较明显的影响，并且还会影响高压屏蔽和布线的设计，需遵循下列原则：

1) 高压配电盒、DC/DC 变换器、逆变器、驱动电机、充电机等高压部件尽量布置在一起，以减小高压线束的长度，确保高压线束长度尽量不超过 80cm。

2) 高压部件应该布置在车身金属或金属车架上方，距离不超过 20cm，以实现良好的外壳接地。首选的接地方法是通过装配实现高压部件外壳与车身金属或金属车架的直接电气连接。如果无法实现直接连接，则需设计接地线连接。优选的方案是高压部件外壳的一个金属表面，需要与距离该部件最近的金属车身或车架平行。

3）高压部件布局应该关注插接器朝向，确保高压线束和低压线束可以从不同方向出线，并且避免高低压信号在同一线束中走线。

4）距离高压部件任意表面50mm范围内避免走线，安装有插接器的表面除外。

5）避免将磁敏感元件布置于高压部件和线束附近。

6）高压部件50cm内不可布置无线产品的天线。

2. 屏蔽

整个高压系统必须全部屏蔽起来，包括高压器件的金属外壳屏蔽、高压线缆屏蔽、插接器屏蔽。

高压线束原则上需要屏蔽，且需确保屏蔽效能在9kHz～5MHz时大于70dB，在5MHz时大于65dB，推荐采用覆盖率>85%的金属编织带。

高压插接器必须采用屏蔽插接器，且需确保屏蔽效能在9kHz～300MHz时大于60dB。

高压部件应该使用金属屏蔽外壳，且需确保屏蔽效能在9kHz～300MHz时大于60dB。

高压系统的屏蔽连接，如外壳到插接器、插接器到线束，均需采用360°连接，以确保屏蔽的连续性与完整性。

高压屏蔽系统必须接车身地，以保持整车金属结构的等电位，确保屏蔽效果。

3. 高压部件接地

高压部件接地是指部件金属外壳接车身地或车架/副车架。一般有两种接地方案：单点接地和分别接地。单点接地指的是只有主驱动电机的外壳接车身地，分别接地指的是每个高压部件分别接车身地。

高压系统单点接地的优点是避免各高压件外壳间有直流或低频电压偏移时影响低压系统的工作；缺点是高压部件及其互连线作为发射天线，存在对无线通信设备干扰的风险。

高压部件分别接地的优点是多点接地减小潜在发射天线的长度，减小对无线通信设备产生干扰的风险；缺点是高压屏蔽系统出现问题时，存在干扰低压系统工作的风险。

若高压部件及电气连接的屏蔽性能较好，则建议每个部件分别接地。因为此时高压系统的屏蔽效能非常好，引起低压系统干扰的风险极低。如果高压系统屏蔽性能不理想，则建议采用高压系统单点接地。

高压部件的接地位置，应该选择在距离其最近的车身或车架/副车架的金属平面上。高压系统接地线建议采用编织铜带，以降低其高频阻抗。通常接地铜带长度小于20cm，接地铜带宽度大于其长度的1/10。

高压接地线的主要目的是为高频干扰提供低阻抗的回流路径，由于高频干扰电流非常小，所以对接地线的通流能力没有要求。

#### 2.4.2.4 电磁兼容仿真开发

电磁兼容仿真开发技术应用在整车概念设计和详细设计阶段可从电磁兼容角度有效进行多方案对比分析、设计迭代优化、电磁发射特性预测和电磁骚扰风险评估,以降低整车电磁兼容不达标带来的反复设计与更改。

目前,电磁兼容主流仿真平台有 ANSYS 平台和 CST 平台。这两个平台都可以实现电子电路特性分析、线缆布置、PCB 布局与近场发射预测、机箱屏蔽效能分析以及空间辐射分析等功能。

电动汽车电磁兼容仿真从关键骚扰部件入手,搭建部件级仿真模型,分析对外传导和辐射骚扰特征,将其作为骚扰源注入整车高、低压电源及信号网络,分析整车内部传导骚扰及对敏感部件的影响、内部辐射骚扰及对敏感部件的影响以及对外辐射骚扰是否满足整车标准限值要求等。

电动汽车电磁兼容仿真从部件、总成和整车三个层级进行,下面以设计案例进行说明。

1. 部件级仿真

部件级仿真通常包含开关电源、变流器、无线充电、IGBT、PCB 信号完整性(SI)/电源完整性(PI)/电磁兼容(EMI)、线缆接地等。图 2-102 所示是选型 IGBT 或优化 IGBT 驱动电路及功率主电路设计时进行的电磁仿真。

图 2-102 功率器件仿真(见彩插)

图 2-103 所示为作者开发的以太网网关 PCB 中物理层(PHY)接口。

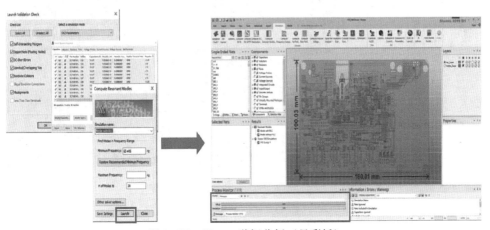

图 2-103 SIwave 谐振分析(见彩插)

1）首先进行 PCB 版图谐振模式分析，通过裸板谐振分析，获得 30 个固有谐振频点。

2）选取与电路工作频率接近的频点进行谐振强度分布的详细分析，以第 24 个谐振频点为例，其裸板谐振模式如图 2-104 所示。图中裸板右上侧谐振强度过大，产生 EMC 风险较大，需要进行去谐处理。

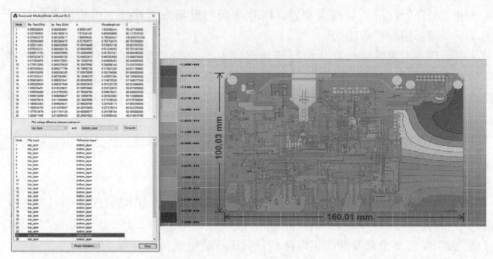

图 2-104　裸板谐振模式（见彩插）

3）通过增加去耦电容和接地设计等消除谐振措施，进而布局器件，再进行谐振分析，如图 2-105 所示，谐振频点往低频转移，电磁兼容性能得到改善。

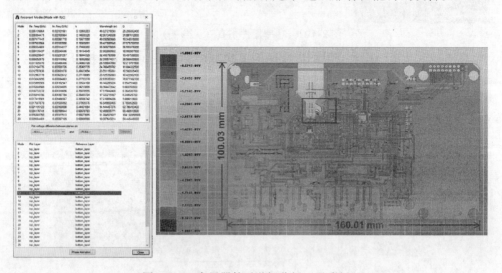

图 2-105　布局器件后谐振分析（见彩插）

**2. 总成级仿真**

总成级仿真包含辐射、传导、抗扰、静电放电（ESD）等，比如电机控制器传导/辐射发射仿真、线缆布局仿真（如线缆/机箱）、高压连接系统屏蔽效能仿真等。图 2-106 所示为总成辐射场仿真及总成布置在整车情况下的水平与垂直方向的辐射场仿真。

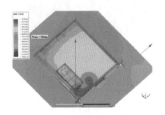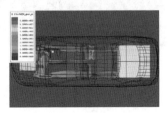

图 2-106　区域电磁场仿真（见彩插）

**3. 整车级仿真**

整车级仿真包含天线布局与射频干扰、整车本征模分析（电磁模态）等。图 2-107 所示为整车上的多射频系统共址干扰仿真。

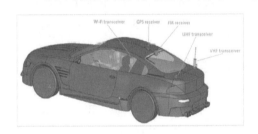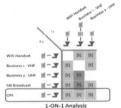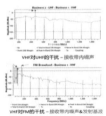

图 2-107　整车多射频系统共址干扰仿真

通过以上 EMC 正向仿真设计，建立仿真模型数据库，并与实际测试结果进行验证，进一步修正模型参数，提高模型准确性。原则上讲，整车级别的辐射超标，多为车载电子电气系统电磁辐射超标导致的，但与整车电子电气部件布局、高低压线路布局及接地、电路阻抗匹配等也有很大关系。因此，管控零部件电磁反射，做好整车零部件布局及线路布置、阻抗匹配尤为重要。

从标准测试上看，系统级的测试主要是对干扰源的管控，尽管测试布置上尽量考虑了实际车辆的布线，但这种差异无法确保系统测试与整车测试的线性相关性。也就是说，即使零部件系统通过了测试标准，但由于实际车辆布线与负载的影响，也可能导致整车测试的超标，反之亦然。但可以确定的是，提前管控系统的电磁干扰性能是整车电磁辐射或抗扰达标的重要保证。

# 第 3 章

# 动力电池安全性设计

动力电池系统作为电动汽车的能量存储部件，其性能关乎整车的经济性、动力性、使用便利性以及最重要的安全性。从近年来电动汽车的事故统计情况及调查结果来看，动力电池已成为电动汽车安全事故的焦点，随着市场规模的不断扩大，续驶里程提升、高比能量密度电池验证不充分等因素更加剧了事故发生。根据《2018 年新能源汽车大数据蓝皮书》所述，在 2018 年的电动汽车安全事故中，电池问题约占 58%，碰撞问题约占 19%，浸水、零部件故障和使用问题约占 23%，因此，动力电池安全是确保新能源汽车产业长期健康持续发展的关键和前提。

一个具有完整功能的动力电池系统由单体电池（或称电芯）、模组、电池管理系统（BMS）、相关机械和电气部件等构成，如图 3-1 所示。其中，单体电池作为最基本的储能单元，其性能直接决定了动力电池系统的各项性能；BMS 作为动力电池系统的大脑，负责管理和控制电芯高效、可靠、安全的使用；高、低压电气系

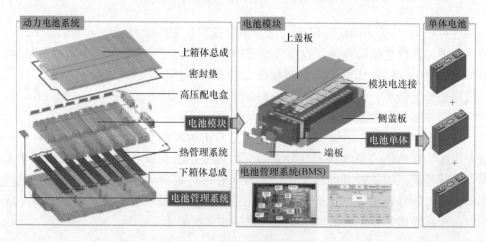

图 3-1　动力电池系统构成

统作为动力电池系统的动力网络和神经网络，负责传输动力能量和各种检测、控制信号；机械部件负责将动力电池系统内各个零部件进行高度集成化的整合，并为之提供稳定、安全的工作空间。

鉴于目前整车企业大多不做单体电池开发，而且单体电池的开发也非常复杂，本书不作介绍，重点阐述如何进行单体电池的安全选型及电池模组、BMS 和动力电池系统的安全性设计。

## 3.1　动力单体电池选型

由于单体电池的开发及制造具有技术密集、资金密集、产业链长等特点，同时，电池技术的研发本质与车企相去甚远，因此，目前国内外的主流车企多选用单体电池选型、系统自主开发的模式，但是单体电池作为电动汽车的关键核心部件，车企深知其重要性，于是近年来车企与电池企业的合资、合作接连不断，试图通过组群联合的方式来实现对单体电池核心资源和技术的掌控。

相比传统燃油汽车，电动汽车中包括三电系统在内的电动系统成本占比较高，可达整车成本的 25%～40%，而单体电池作为电池系统最基本的储能单元，一般可达整车成本的 25% 左右。此外，单体电池更是保障电池系统性能与安全的根本。

由于锂离子电池的性能在整个生命周期过程中是动态的、时时变化的，所以使用条件、使用环境等均会对其各项性能产生影响。特别是大电流快充、过充电、低温充电、大倍率频繁使用、高温条件的使用及存储、外部碰撞或挤压等，都会造成锂离子电池容量和功率的过快衰减，也同样会降低其安全性。这就需要对单体电池高低温性能及一致性进行评价，对全生命周期的安全性能进行识别和预测，特别是在进行单体电池选型时，要制订合理的测试和评价标准，以保证动力电池系统高效、安全的使用。

### 3.1.1　锂离子电池概述

相比其他种类的二次电池，锂离子电池具有工作电压高、比能量大、自放电小、循环寿命长、无记忆效应、可快速充电和低环境污染等优势，目前已经在电动汽车上得到了广泛的应用。

如图 3-2 所示，锂离子电池是通过将两种不同的、能够可逆嵌入和脱出锂离子的化合物分别作为正极和负极组成的二次电池体系。在充电过程中，锂离子从正极中脱出并嵌入到负极中，使正极处于高电位的脱锂态，负极处于低电位的富锂态，放电过程则刚好相反。同时，为了保持电荷的平衡，在充、放电过程中（即锂离子的脱出、嵌入过程中）会有同等数量的电子通过外电路传递，使正、负极分别发生氧化和还原反应，并保持一定的电位，电位的高低取决于正、负极化合物的物理化学特性。

在实际的设计和制造过程中，为了保证锂离子单体电池的使用性能和可靠性，通常在锂离子电池的正、负极上除了将正、负极材料作为活性物质，还需要按照一定配比加入导电剂和黏结剂，并涂覆在集流体上，再经过与隔膜的卷绕或层叠方式构成锂离子单体电池的核心组成部件"裸电芯"，如图 3-3a 所示。在"裸电芯"的基础上，为了能使锂离子

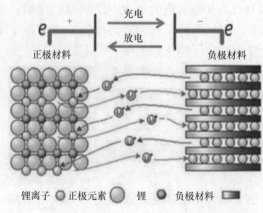

图 3-2　锂离子电池工作原理（见彩插）

电池内部实现离子导通，需要加入具有一定浓度的电解液来保证锂离子在正、负极间的传输。最后，通过设计适合的机械结构部件来保证以上物质的支撑、承载与保护，实现锂离子单体电池的可靠、安全使用，如图 3-3b 所示。

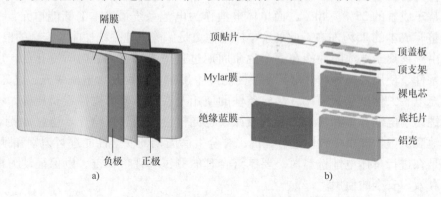

图 3-3　"裸电芯"和锂离子单体电池

其中，正极材料作为锂离子的提供来源，通常会选用富含锂离子、结构稳定、允许锂离子反复脱/嵌、脱/嵌锂电位高、脱/嵌锂容量高的材料。按照材料的化学组成，正极材料可分为金属氧化物系列、磷酸盐系列和其他正极材料。目前已经得到普遍应用的正极材料有磷酸铁锂、钴酸锂、镍钴锰酸锂、镍钴铝酸锂、锰酸锂等。

负极材料作为接收由正极材料提供而来的锂离子的承载体，通常会选用结构稳定、允许锂离子反复嵌/脱、嵌/脱锂电位低而平稳、脱/嵌锂容量高、首次循环过程的不可逆容量小的材料。根据材料的化学组成可以分为无机非金属材料、金属材料、金属-非金属复合材料、金属氧化物和其他材料，石墨类材料、硅基材

料是目前应用较为普遍的锂离子电池负极材料。

导电剂作为锂离子电池电极片中的重要组成部分，虽然使用分量较少，但对于保证电极具有良好的充放电性能起着重要作用。特别是对于具有半导体特性的正极活性材料，导电剂可以显著降低活性物质之间、活性物质与集流体之间的接触电阻，加速电子的移动速率，提高电极片的电子电导率。导电剂主要有乙炔黑、炭黑、导电石墨、碳纤维、碳纳米管等，还有新型石墨烯及其混合导电浆料。

黏结剂作为锂离子电池电极片中的重要辅助材料，是电极片力学性能保证措施之一，虽然本身没有容量，使用的分量也很少，却负担着将活性材料与导电剂及导电集流体之间粘合的作用，对电极的生产工艺和电池的电化学性能有着重要的影响。目前得到广泛应用的锂离子电池黏结剂主要有聚偏氟乙烯（PVDF）、丁苯橡胶（SBR）、羧甲基纤维素钠（CMC）、聚丙烯酸（PAA）、聚丙烯腈（PAN）和聚丙烯酸酯（PEA）等。

集流体作为锂离子电池电极片的载体，负责将正、负极活性材料产生的电流汇集起来并输出，是导通内、外电路的桥梁。目前可用作锂离子电池集流体的材料有铜、铝、镍、不锈钢等金属导体材料及其他柔性的导电非金属材料。通常正极集流体选用铝箔，负极集流体选用铜箔。

隔膜作为锂离子单体电池的重要组成部分，是指在电池正、负极之间的一层薄膜材料，对电池安全性有直接影响，通常选用具有一定机械强度、良好的离子透过能力、电子绝缘性、耐化学腐蚀性的材料。目前，电池隔膜一般是用聚乙烯（PE）、聚丙烯（PP）来制备，通常分为单层膜、多层膜和涂层隔膜。

电解液作为锂离子电池的又一重要组成部分，在电池正、负极之间起着输送和传导电流的作用，是连接正、负极材料的桥梁。电解液通常由电解质、溶剂构成，不同的电解液组分选择及成分配比在很大程度上决定着电池的工作机制，将影响电池的比能量、循环性能、倍率性能、存储性能及安全性能等。根据电解液的状态，锂离子电池分为液体锂离子电池和固态锂离子电池。

依据电芯外观特点，市场上常见的单体电池可分为三个大类，即软包电池、圆柱电池和方形电池，如图 3-4 所示。软包电池由铝塑膜进行封装，其设计灵活、形状可变，其内部一般为叠片式结构，极耳布置在一端或两端。圆柱电池顾名思义，其本身的外形呈现圆柱形的外观，根据壳体材料分为钢壳及铝壳圆柱单体。其中，钢壳通过钳口工艺与圆柱盖帽进行组合密封，铝壳通过焊接实现组合密封，其内部多为卷绕式结构，并采用两端出极耳的形式，正、负极耳分别与壳体的正、负极端子进行焊接。方形电池结构较为简单，生产简便，壳体多为铝合金、不锈钢等材料，内部可采用卷绕式或叠片式工艺，对电芯的保护作用优于软包电池。无论是软包电池、圆柱电池还是方形电池，其结构部件的主要构成都为外壳（外包装），顶盖板（盖帽）以及内部的电连接结构。

a) 软包电池                    b) 圆柱电池                    c) 方形电池

图 3-4    常见的锂离子电池形式

## 3.1.2    锂离子单体电池安全性

虽然锂离子电池相比于铅酸、镍氢电池在工作电压、比能量、自放电、循环寿命、快速充电等方面具有无法比拟的优势，但是其安全性相对偏差，特别是随着电池寿命的不断衰减，其安全性会进一步劣化。

所谓锂离子单体电池的安全性，是指上述各类锂离子单体电池在使用（包含正常使用及滥用）过程中，能抑制外界初始扰动而引起不安全行为的能力。外界的扰动包含机械、电、热等形式。单体电池不安全行为通常表现为单体电池发生热失控导致的冒烟、起火或爆炸，同时往往伴随着有毒性的电解液泄漏，并产生大量有毒气体。当单体电池受到外界扰动时，其温度开始升高，如果此时的温度不足以引发热失控的发生，即为安全状态；但当温度进一步升高或者外界扰动行为进一步加剧时，就会激发单体电池内可大量、快速产热的物理和化学反应，导致单体电池内累积的热量无法及时散出，从而引发单体电池热失控的发生，最终导致单体电池起火或爆炸。

在诱发热失控的过程中，电芯内部从低温到高温将依次经历以下过程：固体电解质界面（SEI）膜分解与再生、负极－电解液反应、隔膜融化、正极分解反应、电解液分解反应、负极与黏结剂反应、电解液燃烧等。不同化学体系的触发温度不同，释放的热量也有很大差别，但是所发生反应的过程顺序是基本一致的，如图 3-5 所示。

热失控可能由机械滥用、电滥用和热滥用等外部条件诱发。如图 3-6 所示，三种滥用诱发方式之间，存在一定的内在联系。机械滥用导致单体电池的变形，而单体电池的变形又导致电解液的漏液或内短路的发生，即导致了电滥用的发生。电滥用伴随焦耳热以及化学反应热的产生，造成单体电池内部热量升高，引发单体电池内热失控，进而发生起火、爆炸等现象。外部热滥用会引发锂离子电池热失控链式反应，最终也会导致热失控的发生。

动力电池系统通常是由数百到数千只单体电池构成的。虽然单个单体电池发生热失控的危害不大，但是庞大数量的单体电池组合在一起，热失控的危害会大

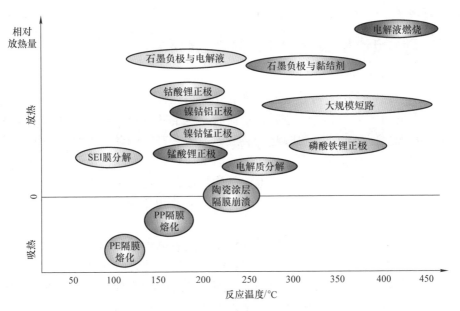

图 3-5　锂电池热失控反应机理（见彩插）

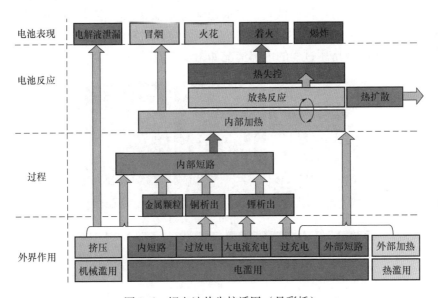

图 3-6　锂电池热失控诱因（见彩插）

大增加。热失控被诱发后，局部单体电池热失控后释放的热量向周围传播，可能
会加热周围单体电池并造成周围电池的热失控，将这一过程称为热扩散。尽管单
个单体电池热失控所释放的能量是有限的，但如果发生链式反应的热扩散，整个
电池模组，甚至是电池系统的能量都将释放出来，这会对电动汽车、驾乘人员甚

至周边环境的安全性产生巨大的威胁。

### 3.1.3　动力电池系统对单体电池的安全性要求

#### 3.1.3.1　机械安全

在汽车碰撞事故中，动力电池有可能受到挤压而产生严重变形，也有可能在无明显变形的情况下发生冲击过载，从而有一定的热失控风险。电动汽车高速行驶时，与地面物体撞击而导致的起火事故原因大多都在于动力电池在外力作用下受到严重挤压，导致隔膜受损，进而发生电池内短路，使得锂离子电池内部短时间内产生大量的热量。受到锂离子电池结构的限制，这些热量无法快速扩散到电池外部，从而导致锂离子电池温度过高，引发活性物质和电解液的分解产热，最终导致热失控。

举例来说，在方形铝壳电池挤压过程中，随着电池变形程度的增加，正负极集流体会首先被撕裂，并沿着45°角失效线发生滑移，活性物质也会进入45°角失效线内；随着隔膜变形程度的不断增加，隔膜最终达到失效点，引起正负极短路的发生。挤压造成的正负极短路主要是以点状短路为主，因此会在短路点产生非常大的电流，热量集中释放，引起短路点的温度急剧上升，引发热失控。因此，整车或动力电池系统对单体机械安全要求通常是其在受到一定外力挤压后不起火、不爆炸、不发生热失控，具体实际操作过程通常是以挤压试验的方式进行选型和判定。方形铝壳电池挤压过程的内部情况如图3-7所示。

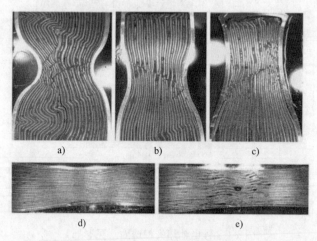

图 3-7　方形铝壳电池挤压过程的内部情况

#### 3.1.3.2　电安全

单体电池的电安全通常包括过充电安全、过放电安全、内短路安全以及外短路安全。不同种类的电安全危害不同，因此整车或电池系统对单体电池的不同种类电安全的要求也不同。

1. 过充电安全

过充电实际上是诱发整车发生安全事故的一大主因。据不完全统计，30%以上的电动汽车着火事故均是由于过充电而引起的。动力电池在实际使用过程中，由于单体电池的不一致性、BMS 策略不合理或失效等原因，均有可能导致单体过充电。由于过多的能量被注入电池内部，可能会造成负极析锂；产生的锂枝晶可能穿过隔膜到达正极，使得电池发生内部短路，进而造成电池过热后发生热失控，如图 3-8 所示。此外，由于过度充电，正极材料中的锂离子大量脱出，材料晶格发生结构坍塌，释放活性氧，加剧了热失控的严重程度。再者，过充电

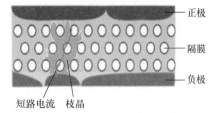

图 3-8　电池过充电后锂枝晶刺穿隔膜示意图（见彩插）

导致电池端电压急速升高，加速电解液的氧化分解反应，电池内部产生大量的气体和热量，热失控速度进一步加大。因此，在单体装车使用过程中，整车通常要求单体能够承受一定的过充电能力，进而在一定区间内单体发生过充电的时候不会发生起火爆炸的现象，从而提升系统安全。该性能通常是以过充电试验进行判定的。

2. 过放电安全

过放电是单体发生热失控的又一诱因。虽然热失控机理与过充电不尽相同，但引发过放电的诱因和过放电后的危害却有相同之处。在单体实际使用过程中，由于不一致性以及 BMS 的失效可能导致单体在使用过程中发生过放电现象。这一过程可能导致电池的电压过低，引起铜箔溶解等风险，溶解的铜转化为铜枝晶后会引发单体的热失控。

德国明斯特大学的 Johannes K 等人利用三电极体系对过放电过程中锂离子电池正、负极电压的变化进行了详细的研究。在充电过程中，随着 $Li^+$ 从正极脱出，正极的电势缓慢升高，负极电势快速下降到 1V 以下，放电过程则正好相反，$Li^+$ 从负极脱出回到正极，正极电势逐渐下降，当负极完全脱锂后，电势迅速升高，并在 3.56V 左右出现了一个电压平台，如图 3-9 所示。从正、负极电压曲线上可以看到，正极电压曲线的变化相对于负极有大约 1h 的延迟，随后正极的电势也开始快速下降，正极电势低于负极石墨的电势，即铜箔溶解，铜箔中的铜元素首先被氧化为 $Cu^{1+}$，$Cu^{1+}$ 迁移到正极表面并在正极表面还原，沉积为金属铜，产生的金属铜枝晶会刺穿隔膜，引起正、负极短路。

在实际使用过程中，虽然过放电发生的概率较小，且产生的危害不及过充电，但整车通常也会要求单体电池具备一定的过放电能力，或者说在一定的过放电区

间内要求单体电池不能发生起火、爆炸等现象，这样才能降低由于单体电池热失控而对整车安全性的影响。该性能通常是以过放电试验进行判定的。

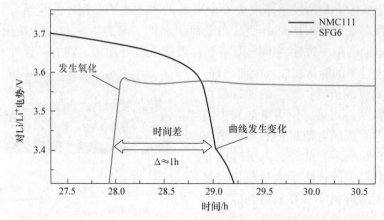

图 3-9　过放电过程中铜箔在负极溶解后在正极析出铜枝晶导致短路

## 3. 内部短路安全

内部短路是最容易引起电池发生热失控的原因。实际上，针刺、挤压、过放电、加热等在内的滥用试验导致电池热失控的根本原因，也都是电池发生了内短路。内短路过程是一个能量集中释放的过程，大的短路电流使得电池的温度急剧升高，进而产生热失控现象。通过中科院宁波材料所刘兆平等人的研究可以看出（图 3-10），未经过安全处理设计的普通单体电池在被针刺时，其内部发生的短路反应在几秒钟内就使电芯电压迅速下降；电芯能量几乎全部以热量的形式释放，使得单体电池温度快速升高，最后导致单体电池的热失控。

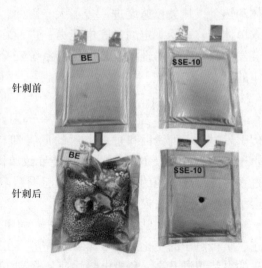

图 3-10　电芯针刺后增加安全设计与普通电芯的结果对比

整车实际上并不会对电池内短路进行要求，单体电池自身的内短路可以在生产时避免。在实际测试过程中会通过针刺这一试验进行内短路的模拟和判定，通常的要求都是希望单体电池针刺后不能发生起火、爆炸等现象，但随着单体电池能量密度的不断提高，一些新型材料，如高镍 NCM811 等材料的使用，这一模拟试验很难通过，很多测试标准都已将这一项目取消。考虑到实际产品的安全可靠，应深入开展电池针刺引起的内短路研究。该性能通常是以针刺试验进行判定的。

4. 外部短路安全

外部短路也是一种常见的诱发单体热失控的重要原因。对于动力电池系统或模组而言，由于混入导电异物或电池包内电连接的误操作，以及电池包在移动或随车运动时触碰到了非绝缘的电池包箱体时，可能会发生外部短路（图 3-11）。短时间的外部短路可能引起电弧或电火花，而长时间外短路所产生的电流会通过电池内部，引发单体的快速升温，造成热失控的发生。整车同样会要求单体可以承受一定的短路能力，即在有外接短路源存在的情况下，电池不应该发生热失控现象。为解决这一要求，在实际设计过程中通常都会在电池包壳体结构上下功夫，比如增加过电流熔丝等。该性能通常是以外短路试验进行判定的。

图 3-11　电池外部短路现象（见彩插）

### 3.1.3.3　热安全

由于电池本身也是热的导体，所以当电池外部受热时也会传导到电池内部，进而引发隔膜收缩、正负极及电解液分解等反应，造成单体电池内热失控。

电池处于整车环境中时，当单体电池受到外部高温冲击或者发生着火时，其热量会传递到相邻的单体电池上，这势必会导致相邻单体也发生热失控。因此，整车通常会要求当一只单体电池发生热失控时，其能量不要传递给周围单体，也就是所说的不发生热扩散。单个单体电池热失控所释放的能量是有限的，但是如果发生链式反应造成热扩散（图 3-12），整个电池组的能量通过热失控释放出来，将会造成极大的危害。该性能通常以热箱试验进行判定。

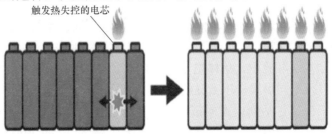

触发热失控的电芯

图 3-12　电池热扩散示意图（见彩插）

### 3.1.4　单体电池安全性选型

车用单体电池的使用特点是其他用途电池不能相比的，存在高温工作、快速充放电、撞击、刺伤、短路、跌落、浸水、火烧，甚至枪击的可能性。因此，电动汽车对动力电池的安全性要求极高，必须充分考虑单体电池在各种极端条件下的安全状态。通常，单体电池的安全性都采用一些滥用的试验进行验证，国内外各个组织、企业也都分别建立了一些安全的标准，从而判断单体电池的安全程度。在这些标准中，通常都会对电池测试后的危险等级进行划分，但大部分的等级分类都参考 SAND 2005—2013，即将动力单体电池在进行安全测试时的安全性分为 0 ~ 7 共 8 个等级，见表 3-1。实际上，我国国家标准 GB/T 31485—2015《电动汽车用动力蓄电池安全要求及试验方法》中所规定的"不漏液、不起火、不爆炸"对应的就是上述标准的 2 级。

表 3-1　电池安全等级分类

| 危险等级 | 描述 | 分类标准和效果 |
|---|---|---|
| 0 | 无影响 | 无影响，无功能损伤，外观无变化 |
| 1 | 启动被动保护（无损害） | 无损害，无泄漏，无气体释放，无起火或火焰，无破裂，无爆炸，无放热反应或热失控，可逆的电池损伤 |
| 2 | 缺损/破坏（电芯有不可逆损害） | 无泄漏，无气体释放，无起火或火焰，无破裂，无爆炸，无放热反应或热失控，电池不可逆损害 |
| 3 | 漏液（电解液质量损失 <50%） | 无气体释放，无起火或火焰，无烟雾释放，单体被打开，无爆炸，电解液质量损失 <50% |
| 4 | 喷气（电解液质量损失 >50%） | 有烟雾释放，无起火或火焰，无爆炸，电解液质量损失 >50% |
| 5 | 起火或火焰（无破裂） | 无破裂，无爆炸 |
| 6 | 破裂 | 无爆炸，电池破裂不受控，有活性物质喷出 |
| 7 | 爆炸 | 爆炸，分解 |

不同的企业、不同的产品对单体电池的安全要求不同，需结合实际需求确定。

#### 3.1.4.1　机械安全选型

考虑到实际碰撞事故中，单体电池受到的挤压工况较为复杂，因此通常在试验研究中需要进行不同形式挤压工况的试验。如图 3-13 所示，列举了几种单体电池典型的挤压工况，包括面内方向挤压、面外方向挤压（球形加载头、圆柱面加载头）和三点挤压等。除了挤压形式，还需要考虑单体电池带电量情况以及挤压速度的影响。

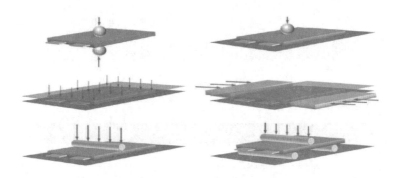

图 3-13    不同单体挤压试验方式示意图

国家标准 GB/T 31485—2015《电动汽车用动力蓄电池安全要求及试验方法》中规定了具体的挤压方法以及要求。在新修订的标准编制说明中，为了更真实地反应单体电池在整车中受到挤压的情形，将挤压力规定为100kN。同时，为了考虑小电池应用情况，也可采用单体电池的挤压变形量来判断，变形量规定为15%。

测试单体受压形变后的安全状态并非仅在国家标准中有规定，IEC 62660 – 2—2010 中同样规定了使用挤压试验测试电池滥用下的安全状态。IEC 62660 – 2—2010 针对纯电动汽车（BEV）、油电混合汽车（HEV）电池分别规定了测试状态，其中 BEV 电池在 100% SOC 下测试，HEV 电池在 80% SOC 下测试，测试仪器等与 GB/T 31485—2015《电动汽车用动力蓄电池安全要求及试验方法》基本一致。IEC 62660 – 2—2010 中规定，单体电池变形量达到15%，或者挤压直至挤压力为电池质量的 1000 倍，或者电池的电压下降至测试前的三分之一，达到其中一条即可结束测试。测试结束后，观察 24h，或者电池下降至最高温度的 80% 后停止测试。综合来看，IEC 62660 – 2—2010 中对于挤压试验的要求较 GB/T 31485—2015 宽松，GB/T 31485—2015 要求电池测试结束后不起火、不爆炸，而 IEC 62660 – 2—2010 中仅要求测试结束后电池不爆炸。对于动力电池安全选型来说，测试要求更严格，其安全性更有保障，因此选型时参考我国国家标准的意义更大。

### 3.1.4.2    电安全选型

1. 过充电安全选型

单体电池过充电试验主要是为了配合系统保护策略的执行而做出要求，即单体电池的过充电需要与系统层级的过充电保护要求相互协调，具体协调关系如图 3-14 所示。按照动力电池系统 SOC 与单体电池 SOC 的关系，单体正常工作区间 （0 ~ 100% SOC）已经覆盖了系统的正常工作区间，同时，在 ISO WD 6949 – 1.6th 中明确了系统层级的过充电保护截止条件为 110% SOC，因此单体电池满足 110% SOC 过充电，可实现配合系统 110% 过充电保护策略的安全要求。在实际选型时，为了提升安全裕度，可以将单体过充电边界要求提高至 115% ~ 150% SOC。

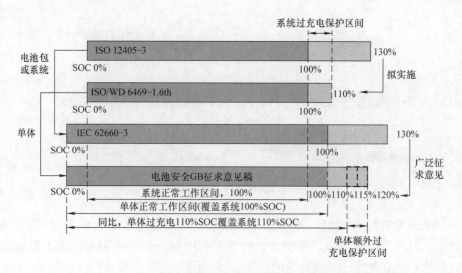

图 3-14　单体电池与系统过充电保护协调关系

**2. 过放电安全选型**

包括国标 GB/T 31485—2015《电动汽车用动力蓄电池安全要求及试验方法》在内的多项标准都对单体电池的过放电提出了要求。大部分标准都要求单体电池在充满电量情况下 1C 倍率进行放电 90min 后，不发生起火、爆炸等事故，这也是充分考虑了过度放电对电池可能产生的危害而设定的。在 IEC 62660 - 2—2010 标准中也有相同的规定，且 IEC 62660 - 2—2010 仅要求单体电池不爆炸。因此，在过放电测试选型时，参考 GB/T 31485—2015《电动汽车用动力蓄电池安全要求及试验方法》更为合理。

**3. 内短路安全选型**

如前文所述，通常采用针刺的方式来模拟电池内短路。在国标 GB/T 31485—2015《电动汽车用动力蓄电池安全要求及试验方法》中，采用 5 ~ 8mm 的钢针对电池进行穿刺试验，要求单体电池不发生起火爆炸等现象。由于高比能量的三元 NCM811 材料很难通过针刺试验，因此在新修行的国家标准中将取消针刺试验。然而，通过针刺试验能够检验出动力电池在使用过程中会发生内短路潜在风险的大小，因此德国大众等企业仍然要求对单体电池进行针刺测试，并要求在室温和 60℃两个温度下，测试结束后单体电池应无起火或火焰，无爆炸。针刺试验还要考虑钢针的大小、针刺速度与深度等。实际进行单体电池选型时，建议保留针刺试验要求，可根据企业实际情况，制订选型标准。如可分为浅刺和深刺，浅刺要求不起火、不爆炸，深刺可允许轻微爆炸等，当然包括前面所说的钢针的粗细、针刺速度与深度也要有明确规定。

**4. 外短路安全选型**

外部短路试验模拟了单体电池在外界出现系统错误，或者其他突发状况下导致的正、负极短接的情况。锂离子单体电池本身的内阻一般在 0.5～100mΩ，在外部正、负极短接的情况下，将会有较大的电流通过电池，导致电池在短时间内释放大量的热，存在引发电池内部热失控的风险。因此，国标以及一些国外的标准也对电池的外部短路提出了不同的要求，如国标 GB/T 31485—2015《电动汽车用动力蓄电池安全要求及试验方法》中明确要求：当使用小于 5mΩ 外部电阻对充满电量的单体电池正、负极进行短路时，电池应当不发生起火爆炸等现象。IEC 62133—2010 标准中规定了充满电量的电池在不同温度下（20℃和55℃）使用（80±20）mΩ 电阻进行短路，要求电池保持 24h 或是电池外壳温度下降到最大温升的 20% 时没有起火和爆炸迹象。IEC 62660－2—2010 中对于外部短路试验要求与国家标准要求基本一致，BEV、HEV 均要求测试前 SOC 为 100% SOC，但其测试结束后单体电池仅要求不爆炸。相对来讲，通过国标 GB/T 31485—2015《电动汽车用动力蓄电池安全要求及试验方法》进行单体电池选型更加合理。

**3.1.4.3　热安全选型**

通常使用热箱试验方法去模拟电池外部过热导致电池被加热而引发的热失控。国标 GB/T 31485—2015《电动汽车用动力蓄电池安全要求及试验方法》中规定了使用 130℃ 热箱对充满电量的单体电池进行加热，要求加热 30min 电池不能发生起火和爆炸的现象。130℃ 这一数值的设定并非整车正向要求，而是由于电池隔膜通常会在 120～150℃ 左右发生收缩，这一数值是根据电池的自身特点而确定的。实际上，当单体电池外部受热时往往会远高于这一温度，但受限于现有电池能力，标准中也只能作此要求。在国外某车企标准中规定了相比国标更加苛刻的此项测试，其测试过程分为三个步骤。第一步：电池在 80℃ 下达到热平衡；第二步：以 2℃/min 升温速度将单体电池升温至 120℃ 并维持 120min；第三步：继续升温至 150℃，维持 120min。测试结束后，要求单体电池无泄漏，无气体释放、无起火或火焰、无破裂、无爆炸或热失控。因此，参考该标准作为选型依据明显更有利于筛选出安全性更优的电池。

## 3.1.5　单体电池部件选型

材料和结构是单体电池的两大核心要素，单体电池的安全往往都是取决于这两个因素。因此，为了更深入地掌握电池的安全要求与选型，如果能在各类滥用安全测试之外，采用拆解或其他手段对单体结构和材料进行深入分析，将有利于实现对单体电池安全的精细选型。这项内容经常被忽视，但多年的实践证明，这个过程非常重要。

### 3.1.5.1　结构分析选型

对于软包电池，因正、负电极和隔膜组合而成的裸电芯以及电解液等材料需要封装在经过冲坑的铝塑膜外壳内，所以具有更高的成型强度、更高的阻隔性、对电解液具备更高耐蚀性的铝塑膜具有更大的优势。另外，由于软包电池的封装强度取决于两层铝塑膜之间在加热熔融之后的粘结强度，因此，铝塑膜具备更高的粘结力或耐剥离能力是软包电池安全选型的依据之一。

对于圆柱电池，如果在盖帽结构内，正极和正极板引线之间设置了串联的正温度系数热敏电阻（PTC），则可以作为选型的重要依据，因为这一结构可以实现因电池短路或过电流而使电池内部温度升高超过一定值时，降低或者切断正极与正极板之间的充、放电电流，从而使锂离子电池停止工作。另外，如果单体电池内装置了电流切断装置（CID）结构和防爆泄压阀，可优先选择，因为锂离子电池因大电流、热、过充电等原因产生大量气体，使得内部压力升高时，CID 结构可切断正极极耳与正极盖帽的电流，实现电池内部裸电芯与电池外部回路断开，从而起到抑制内部反应继续扩大的安全保护作用，如果电路被切断回路后，电芯内部气体压力仍在继续上升，防爆泄压阀能以破裂的形式打开，并实现电池内部与外部连通，迅速释放电池内部气体，有效防止电池因内部气体压力过大而发生爆炸。

对于方形电池，设计有过电流防护熔丝的单体电池可以优先选择，因为单体电池在大倍率放电时，产热量呈指数形式增加。如果充分利用电流流经正极转接片上产生的焦耳热，在诱发电芯热失控前熔断过电流防护熔丝，切断放电回路，则可以防止过电流热失控。与圆柱电池类似，对于电芯内设有防爆阀的也可优先选择。如果防爆阀下再加有安全支架则会更好，因为方形电池体积较大，当防爆阀发生破裂时，其短时间内向外部释放的气体量也是十分巨大的。在这个时候如果释放到外界的气体直接且集中地喷射到某一特定位置，则有可能会引发一些预料之外的二次安全隐患。在一些特殊情况下，方形电池壳体内容物在防爆阀破裂的同时也可能发生一些喷射到外界的情况，这些抛射物通常可能包括电解液甚至火星等，防爆阀安全支架可以有效阻隔喷射物对外界直接冲击，同时对释放的气体进行路径上的分流；另外，对于在单体电池正极端子与壳体之间串联合适内阻的单体电池，也应得到优先选择，因为为防止单体电池铝制外壳在长时间使用或存储后发生粉化腐蚀继而引发电池漏液，部分锂离子电池生产企业会将方形电池的外部壳体设计成带正电的结构，但如果将外部壳体设计为与正极端子直接连接的等电势结构，一旦发生负极端子与壳体异常短接时，含有大量电量的方形电池便会在外部短路处短时间内产生大量焦耳热，出现打火发热等严重的外短路现象，所以在正极端子与壳体之间串联一合适阻值的内阻，既可以保证壳体带正电的特性，又可以保证在负极与外壳发生外部短路时，短路电流的大小及引发的焦耳热可以控制在一个可以接受的范围之内。

#### 3.1.5.2 材料分析选型

利用仪器等分析设备对电池材料进行结构、组分或形貌分析，也是安全选型的另外一种重要途径与依据。通常正极材料颗粒进行了有效的表面包覆，可以降低电池在充放电过程中因正极材料与电解液之间直接接触而引发副反应的可能性，因此，正极材料是否有包覆、包覆的形态与有效性非常重要。对拆解后的隔膜要进行测试，如果其表面进行了相应的无机物如氧化铝、勃姆石等涂层的涂布，又或者是隔膜的厚度相对较厚，那么这些都可以有效地提升隔膜的抗穿刺能力及耐高温性能。此外，拆解分析后，如果发现电解液中含有过充、阻燃等安全性添加剂，那么该类电池在安全方面也同样会具备优势。

除上述常规手段之外，一些新兴设备及手段也逐步在锂离子电池安全选型方面开始发挥各自独特的作用，如加速绝热量热仪（ARC）等。ARC 是由美国陶氏化学公司在 20 世纪 70 年代设计开发，80 年代经美国哥伦比亚科学公司商业化的一种基于绝热原理设计的热分析仪器，早期主要用于化学品的量热测试，近年被广泛应用于电池的热安全特性测试。ARC 能提供一个控制精确的绝热环境，测试中腔体温度保持与样品温度相同，能够模拟电池内部热量来不及散失时放热反应过程中的热特性。其测试参数覆盖初始分解温度、放热速率、反应热、活化能、温度 压力曲线等，能够支撑电池热失控模型的建模以及电池系统的安全设计。同时因其边界条件易于控制，也逐渐成为电池安全性定量评价、选型的关键手段。

## 3.2 动力电池模组设计

电池模组是动力电池总成的核心组成部件，由一组相连的单体电池组合而成，是动力电池系统承上启下的部件，如图 3-15 所示。如前文所述，用于电动汽车的单体电池有圆柱形、方形硬壳、软包等不同的结构形式，从装配设计角度，电池模组内部的构造和外形尺寸都很难达到统一。按电池性能分类，单体电池有能量型、功率型和能量功率兼顾型，相应的电池模组也分为这三种类型。能量型电池模组是指以高能量密度为特点，主要用于高能量输出的 EV 动力电池；功率型电池模组是指以高功率密度为特点，主要用于瞬时高功率输出、输入的 HEV 动力电池；能量功率兼顾型电池模组主要用于 PHEV 动力电池上，既有高能量输入的特点，同时又有高功率输入、输出的特性。尽管这三种类型模组总成都具备电能的储存、输出、单体电压采样、温度采样等功能，但在结构设计中还是有一定差别的，本章节所述模组是指用于纯电动车的能量型模组。

如图 3-16 所示，电池模组主要包括单体电池、固定单体的支架、单体之间的电连接装置、传感器、检测电路以及壳体等零部件。

针对动力电池模组的安全性设计，本节将分别从机械结构设计、电连接设计

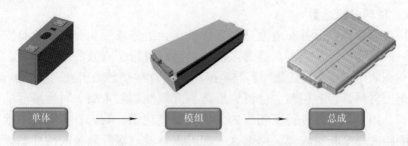

图 3-15    单体/模组/总成三级结构

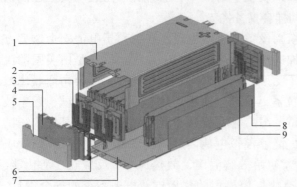

| 序号 | 零部件名称 | 功能描述 |
|---|---|---|
| 1 | 上壳体 | 防护内部零部件 |
| 2 | 支撑架 | 固定汇流排 |
| 3 | 汇流排 | 电连接 |
| 4 | 端盖 | 绝缘及防护 |
| 5 | 端板 | 固定及防护内部零部件 |
| 6 | FPC组件 | 电压及温度采集 |
| 7 | 下壳体 | 防护内部零部件 |
| 8 | 缓冲垫 | 吸收膨胀、隔热 |
| 9 | 单体串并联单元 | — |

图 3-16    电池模组组件示意图（见彩插）

和热管理设计三个方面来介绍。

## 3.2.1    机械结构设计

模组是承接单体电池到电池系统的桥梁，因此模组设计既需要考虑单体电池的性能，同时也要满足动力电池系统的相关需求。

模组设计需要先明确边界尺寸，包括长、宽、高以及高压接口、低压接口、模组固定点位置等。而模组边界尺寸主要取决于电池系统总布置等对模组的需求、单体电池外形、材料体系、电压平台以及热管理方式等因素。单体电池的布置设计一方面考虑自身安全性能和封装方式，另一方面要满足模组安全设计要求及热管理匹配方式。设计过程一般从机械强度、电气、热管理、轻量化、连接可靠性、滥用安全性及可制造性等几方面考虑，见表3-2。

表3-2    模组设计内容

| 序号 | 项目 | 内容 |
|---|---|---|
| 1 | | 振动冲击强度 |
| 2 | 机械强度 | 抗挤压能力 |
| 3 | | 满足单体膨胀力要求 |

（续）

| 序号 | 项目 | 内容 |
|---|---|---|
| 4 | 电气 | 电压及温度采集 |
| 5 | | 电气间隙及爬电距离 |
| 6 | | 防触碰 |
| 7 | 热管理 | 传热路径 |
| 8 | | 温度采样点布置 |
| 9 | 轻量化 | 低密度高强度材料应用 |
| 10 | | 减重设计 |
| 11 | 连接可靠性 | 不同连接的强度要求 |
| 12 | | 生命周期内连接可靠 |
| 13 | 滥用安全性 | 过充、过放、短路 |
| 14 | | 热失控扩散 |
| 15 | 可制造性 | 工艺能力 |
| 16 | | 生产效率 |
| 17 | 其他 | 包装运输要求 |
| 18 | | 成本 |

1. 方形硬壳单体

对于方形硬壳单体，为提高电池系统空间利用率，使得模组形状规整及单体导热一致性好，通常将单体极耳朝上沿单体大面纵向布置，按串并关系调整电芯的正负极方位，如图 3-17 所示。

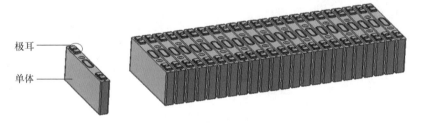

图 3-17　单体单列排布示意图

由于方形硬壳单体外部的金属壳提供了保护结构和强度，所以在成组时，一般不需要做额外的防护结构，通常将单体与四周框架结构通过胶黏剂或其他形式连接固定，保证使用过程中单体在模组内不发生相对位移。

单体电池在充放电循环后会逐渐老化，内部产气导致单体出现膨胀现象。为了提高电池的循环寿命，保证其生命周期内的可靠性和安全性，模组内部单体在成组时需预留一定的膨胀间隙。在单体间填充弹性介质，一方面可以将相邻单体隔开，另一方面为单体膨胀提供了弹性空间。对于有热滥用要求的模组，弹性介质还要具有隔热能力。两单体间隙值 $T$（mm）一般按照单体的膨胀性能设计，如单体初始厚度为 $t$（mm），寿命末期厚度方向的膨胀尺寸根据试验测定，通常约为初始厚度的 3%～5%，则两单体间隙值 $T$ 预留为

$$T \geqslant 2t \times 5\%$$

模组内单体间的串并联一般通过汇流排进行连接，而汇流排与单体极耳的连接方式一般分为两种：螺接和焊接。两种连接方式都要满足模组的过电流能力和结构强度要求，过电流设计在后续电连接设计部分介绍，本部分主要对比两种连接方式的机械结构强度；连接界面的设计要保证全生命周期内振动、冲击、碰撞以及循环膨胀等多种恶劣工况下汇流排与单体接触良好、连接可靠。采用螺接方式设计的模组一致性较差、阻抗较大也易产生电化学腐蚀，应用较少；而焊接方式具有可靠性高，工艺简单，一致性好等优势，应用范围广泛。以激光焊接为例，若焊缝形状如图 3-18 所示，则焊接强度 $F$ 为

$$F \geqslant R_{x\min}S_{\text{焊}} = 60\% R_m \pi \left[ (D/2 + w/2)^2 - (D/2 - w/2)^2 \right]$$

式中　$R_x$——焊缝的拉伸强度（MPa），约为母材拉伸强度的 60%～80%；

　　　$S_{\text{焊}}$——焊缝截面积（mm$^2$）；

　　　$R_m$——汇流排材料的拉伸强度（MPa）；

　　　$D$——焊缝中径（mm）；

　　　$w$——焊缝宽度（mm）。

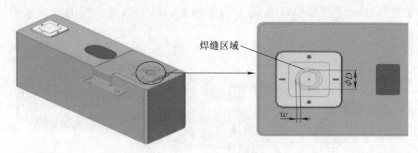

图 3-18　激光焊接焊缝形状示意图

模组固定点一般设计在端板处，固定方式采用螺接。固定点设计要考虑安装工具的使用空间、螺栓的压接面积及扭力值大小等因素。首先，要确保螺栓外径与单体无干涉风险。如果单体与螺栓有贴紧甚至干涉问题，那么在电动汽车行驶过程中可能会发生单体和螺栓动态摩擦，导致单体外壳破裂从而引发电池系统短路。因此，螺栓法兰面外径到单体边缘间隙在极限情况下要大于零，即

$$c = A - \left[ d_c/2 + (D/2 - d_s/2) \right]$$

式中　$c$——螺栓外径到单体的间隙（mm）；

　　　$A$——模组安装孔到单体的距离（mm）；

　　　$d_c$——螺栓法兰面外径（mm）；

　　　$D$——模组安装孔直径（mm）；

　　　$d_s$——螺栓螺杆直径（mm）。

螺栓与单体位置在极限时的状态如图 3-19 所示，需保证 $c > 0$。

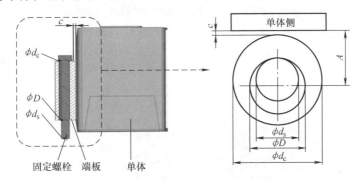

图 3-19　模组固定点螺栓与单体位置示意图

为了保证模组固定螺栓紧固后压接面不产生压溃现象，进而造成模组松动，设计时要确保安装面的面压小于受压件材料的屈服强度，即

$$R_{面} = F_m / S < R_{P0.2}$$

式中　$R_{面}$——安装面的面压（MPa）；

　　　$F_m$——螺栓的正压力（N）；

　　　$S$——承压面的面积（mm$^2$）；

$R_{P0.2}$——受压件材料的屈服强度（MPa）。

单体电池充放电循环后会持续膨胀，过度膨胀会造成相邻模组接触甚至会破坏模组结构。模组通过设计框架结构限制单体过度膨胀，框架结构由端板和侧板构成。侧板与端板的连接主要有螺接、焊接两种方式，前者会增加模组的宽度，一般采用激光焊接的方式来连接端板及侧板。焊缝强度弱于母材强度，因此在评价模组框架结构强度是否能承受单体膨胀时，一般需校核焊缝强度是否高于单体膨胀力，即

$$n F_x / 2 > F_{膨}$$

式中　$n$——焊缝条数；

　　　$F_x$——焊缝可承受拉力（N）；

　　　$F_{膨}$——寿命终止（EOL）阶段单体的膨胀力（N）。

$$F_x = R_{x焊} \times S_{焊} = 60\% h l R_m$$

式中　$R_{x焊}$——焊缝的拉伸强度（MPa），约为母材拉伸强度的 60% ~ 80%；

$S_焊$——焊缝截面积（$mm^2$）；

$R_m$——侧板材料的拉伸强度（MPa）；

$h$——焊缝长度（mm）；

$l$——焊缝的熔深（mm）。

2. 软包单体

软包单体通过铝塑膜封装，在结构强度、刚度以及安全性上都要比方形硬壳单体低很多，因此在成组过程中，要设计防护结构为软包单体提供支撑和保护。一般情况下，防护结构可以包覆单个或者多个单体，构成单体单元结构，如图3-20所示。

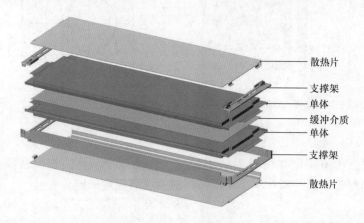

散热片

支撑架

单体

缓冲介质

单体

支撑架

散热片

图 3-20 软包单体单元结构

软包单体单元结构包括单体、支撑架、散热片、缓冲介质等。单体和单体间使用缓冲介质间隔，缓冲介质压缩反弹后可以为软包单体大面提供一定的压力，亦可为单体膨胀提供一定的空间。单体与缓冲介质粘接后放入支撑架内，支撑架为软包单体提供支撑与防护作用。散热片与软包单体大面紧密粘接，是软包单体的导热部件。

软包单体需要设计导热路径，单体可以通过导热胶或散热片来实现与外界热量交互。图3-21a所示为软包单体大面与L型散热片接触，通过L型散热片与外部进行换热。图3-21b所示为单体底部通过导热胶实现与外界的热量交互。

单体通过L型散热片导热，在模组底部换热，换热效率较低，底面平面度较难保证，但工艺简单；导热胶导热的换热效率较高，但工艺较难实现。图3-22所示为−20℃低温加热工况仿真结果。对比两种换热方式，使用L型散热片换热，需要60min左右可以使单体升温到0℃以上；而使用导热胶形式进行换热，只需要40min左右就可以达到同样的效果。

受模组内空间所限，汇流排与单体极耳一般采用焊接方式连接，焊接工艺主

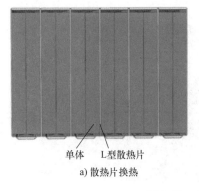

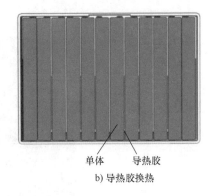

a) 散热片换热 　　　　　　　　　　　b) 导热胶换热

图 3-21　软包单体换热示意图

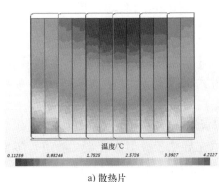

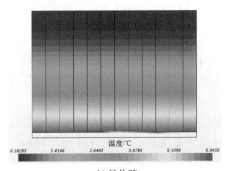

a) 散热片 　　　　　　　　　　　　b) 导热胶

图 3-22　-20℃低温加热工况仿真结果（见彩插）

要使用激光焊接或者超声焊接。图 3-23 所示为汇流排与软包单体极耳激光焊接示意。

图 3-23　汇流排与软包单体极耳激光焊接示意图
（见彩插）

软包模组固定点一般设计在端板处，使用螺栓固定，外部使用三面或者四面框架，通过焊接工艺连接端板及框架。软包单体做成结构单元后与方壳单体结构相近，因此，两者外部具有相似的框架结构。

软包单体相对方壳单体膨胀力较低，由于单体堆叠放置，沿着厚度方向的膨胀力主要靠中间缓冲物吸收，靠侧板及端板保证强度。如图 3-24 所示，软包单体 EOL 阶段膨胀尺寸约为厚度方向的 6%～8%，当侧板中部位移达到 6mm 时，最大应力为 224MPa，小于材料的屈服极限 245MPa，材料未发生塑性变形。

图 3-24　软包单体膨胀后侧板强度仿真结果（见彩插）

3. 圆柱单体

圆柱单体的两端是正负极，固定方式与方壳和软包单体都有所不同。圆柱模组的单体一般都通过圆柱形凹槽和胶粘的方式来固定，凹槽的直径尺寸一般略大于单体直径，缝隙中填有胶水固定。为了提高模组内空间的利用率，单体通常按照串并形式交错布置，单体间采用蛇形冷却板增加导热面积，如图 3-25 所示。为了保证冷却板与单体充分接触，可以局部填充导热胶，但涂胶量、胶道、零部件尺寸精度都会影响胶水与单体及冷却板的贴合程度。

　　　　　　　　　　　　　　　　　　　　　　　圆柱单体

　　　　　　　　　　　　　　　　　　　　　　　蛇形冷却板

图 3-25　圆柱单体间蛇形冷却板示意

汇流排与极耳一般采用焊接形式连接，焊接工艺主要是电阻焊、键合焊和激光焊。电阻焊和激光焊工艺较成熟，对设备要求较低。但圆柱单体由于自身容量较低，为了满足电池系统的用电需求，通常将大量单体并联供电，传统焊接方式很难保证焊接一致性。键合焊相对于电阻焊是一种新兴的焊接工艺，如图 3-26 所示，使用铜丝或者铝丝焊接在极耳和汇流排上，对设备要求较高，具有制程检测能力，自动化程度高；但受限于设备能力和单体极耳的焊接接触面积，焊接后的过电流能力较电阻焊要低。

## 3.2.2 电连接设计

模组内的电连接主要包括单体间的串并联回路以及低压采样连接，低压采样主要是电压和温度采样。

图 3-26 铝丝键合焊接

1. 单体间的串并联回路

不同种类单体的极耳和汇流排连接形式在上一节已介绍，在此不做赘述。汇流排在设计过程中，除了连接形式外还需要从过电流能力、装配定位以及焊接工艺能力等几方面考虑。汇流排的过电流能力与其截面积和材质有关。如图 3-27 所示，汇流排的截面面积为

$$S = ab$$

式中　$S$——截面面积（$mm^2$）；

　　　$a$——截面的宽（$mm$）；

　　　$b$——截面的长（$mm$）。

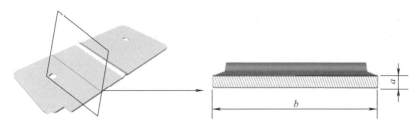

图 3-27 汇流排截面示意

汇流排基体材料选择铜或者铝，截面载流量见表 3-3。

表 3-3　25℃时铜和铝的载流量

| 横截面积/$mm^2$ | | 2.5 | 4 | 6 | 10 | 16 | 25 | 35 | 45 | 70 | 95 | 120 | 150 |
|---|---|---|---|---|---|---|---|---|---|---|---|---|---|
| 载流/A | 铝 | 15 | 30 | 45 | 75 | 96 | 150 | 158 | 203 | 263 | 356 | 360 | 450 |
| | 铜 | 30 | 45 | 75 | 96 | 150 | 158 | 203 | 263 | 356 | 360 | 450 | 555 |

汇流排的温升计算需要考虑不同的使用工况，除了峰值放电、持续放电功率外，还要结合整车工况需求，完成不同充放电工况的温升仿真分析。在过电流能力满足使用的情况下，应尽量设计成厚度小、表面积大的形状，易于焊接及散热。汇流排的使用温度一般不超过 80℃，温度过高会影响模组内其他零部件的使用安全。对温度采集点布置在汇流排上的模组，采集点附近的温度不能超过单体的使

用温度，否则会造成整车限功率，影响乘客的驾驶体验。确定汇流排结构形状后，即可对其进行稳态或瞬态的电 – 热耦合仿真来验证汇流排的温升，图 3-28 所示为 10s 瞬时大电流放电的温升仿真结果。

图 3-28　汇流排 10s 瞬时大电流放电的温升仿真结果（见彩插）

　　方形硬壳、软包及圆柱单体的汇流排形状相差较大，需结合各自单体种类的特性区别设计。如方形硬壳单体由于充放电后会发生膨胀，EOL 阶段极耳的相对位置会改变，需要汇流排设计一定的凸凹结构来吸收膨胀。汇流排中部凸凹结构如图 3-29 所示。圆柱单体成组后 Z 向的高度公差较大，设计时铝丝需要预留一定的长度补偿公差。

图 3-29　汇流排凸凹结构

2. 电压和温度采样

电压采样点布置在汇流排上，采集电芯正负极两端的电压。电压采样点数量为一个模组内串联数 +1，并布置在并联单体的中间位置附近，例如以 3 并 4 串模组为例，电压采集点个数为 5 个，布置在每三个并联单体中第二个单体位置的附近。

电压采样的精度会直接影响电压、SOC 估算及充放电保护阈值等数值，因此既需要选取高精度的电压传感器，也需要选用阻抗小且一致性、可靠性高的连接方式，如焊接、压接等。

因为受到单体排布方式和模组内空间的限制，温度传感器很难直接布置在单体最高或者最低的温度点处，所以要根据温度传感器的布置位置进行温度补偿：

如温度传感器布置在单体电池本体上，则可做升温补偿；如温度传感器布置在汇流排上，则可做降温修正。

采样线束可以使用传统线束或者柔性电路板。设计线束时不但需要考虑其过电流能力和绝缘电压的要求，还要满足使用性能要求，比如耐高温、耐磨、阻燃、耐老化等。目前多采用柔性电路板。

模组低压采样输出端口，一般会使用多针插接器，选型过程中要考虑尺寸、插拔力、插拔次数、绝缘耐压、阻燃性及抗老化等要求。

### 3.2.3　热管理设计

以冷却方式划分，电池模组的热管理主要分为自然冷却、强制风冷和液冷三种方式。

自然冷却模组结构无特殊设计散热风道或液冷散热面，而是采用热辐射或自然对流方式将热量散出，结构紧凑简单。这种冷却方式换热系数低，电池模组温差较小。

对于强制风冷模组热管理设计，无论是软包单体还是方形单体，其强制风冷结构均需要设计风道，如图 3-30 所示，利用空气的强制对流将电池热量带走。这种方式换热系数比自然冷却方式高，但会造成电池模组内单体间存在较大温差，如图 3-31 所示。

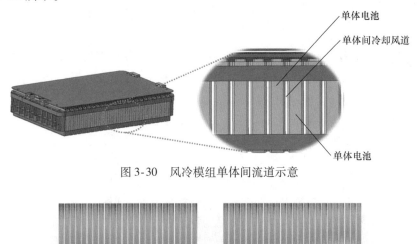

图 3-30　风冷模组单体间流道示意

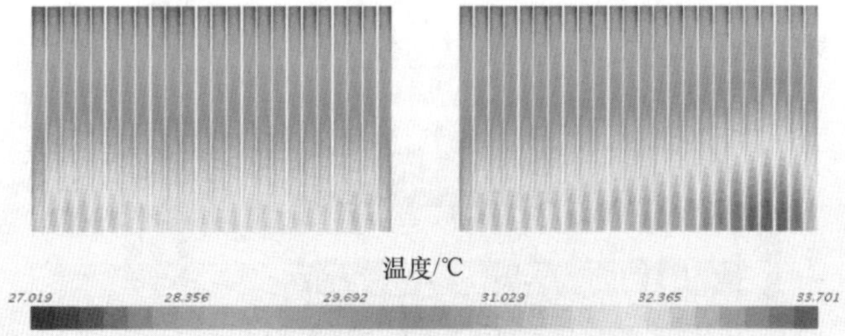

图 3-31　某款方形单体风冷电池总成温度分布（见彩插）

对于液冷模组热管理设计，软包单体和方形单体略有不同。软包单体由于有铝塑膜封边，热量必须通过两单体相邻贴合面进行散热，所以将软包单体集成模组时，需要在单体之间设计导热铝片或灌封导热胶，如图 3-32 所示，通过导热片或导热胶将单体热量传导到模组底部散热面，再通过电池包热管理系统进行换热。

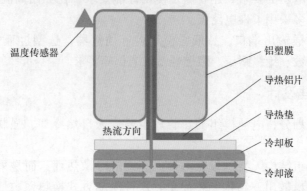

图 3-32　软包单体模组热流传播路径示意图

软包单体热管理设计除前文所介绍的方式外，还有一种方式是在单体与单体之间布置具有微流道冷却板的热管理设计方式，如图 3-33 所示。这种散热方式热流路径短，可极大降低热阻，但对于模组成组效率不利。另外，热管理管路设计和密封设计较为复杂，有泄漏风险，成本略高。

图 3-33　软包单体微流道冷却板设计

方形硬壳单体导热系数具有各向异性，即 $X$、$Y$、$Z$ 三个方向的导热系数不同，受到模组成组效率、电池系统成组效率和散热一致性等因素影响。单体集成为模组后，底部设计为散热面，即单体热量传导到模组底部，再通过电池包热管理系统进行换热，如图 3-34 所示。

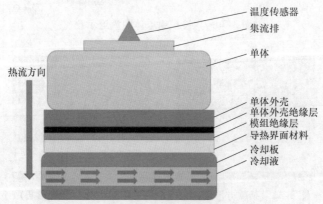

图 3-34　方形单体模组热流传播路径示意图

# 3.3　动力电池管理系统（BMS）设计

动力电池管理系统（Battery Management System，BMS）是动力电池系统的核心部件，其作为连接动力电池与车辆负载之间的重要控制纽带，集动力电池的状态监测、管理与安全保护于一体，从而确保动力电池能够安全可靠地工作，并以最佳状态输出动力。BMS能够实现动力电池的实时监控、电池状态估算、智能充放电、电池热管理等重要功能，其核心就是把动力电池控制在安全窗口内（图3-35），在有效保障动力电池安全输入、输出能量的同时，实现电池状态监测及寿命预估。

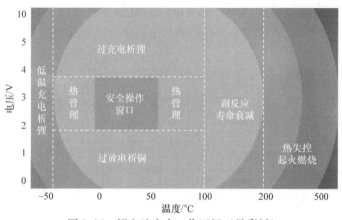

图3-35　锂电池安全工作区间（见彩插）

## 3.3.1　BMS总体架构

BMS作为管理动力电池的电子控制系统，其结构包括传感器、执行器、控制器（含硬件及底层驱动）及控制软件等。其功能在不同的应用环境下可能有一定差异，但其基本功能可总结为状态监测、状态估算、控制管理、信息管理和诊断保护等，如图3-36所示。

| 电池管理系统(BMS) | | | | |
|---|---|---|---|---|
| 状态监测 | 状态估算 | 控制管理 | 信息管理 | 诊断保护 |
| ·电池状态监测<br>·高压状态监测<br>·高压部件监测 | ·SOC估算<br>·SOH估算<br>·SOP估算 | ·充电管理<br>·放电管理<br>·高压管理<br>·热管理<br>·均衡管理 | ·通信管理<br>·显示管理<br>·人机交互<br>·远程交互<br>·数据存储 | ·电池诊断保护<br>·传感器诊断保护<br>·执行器诊断保护<br>·控制器诊断保护<br>·高压诊断保护<br>·通信诊断保护<br>·故障管理 |

图3-36　BMS基本功能架构

### 3.3.2　BMS 硬件拓扑

根据动力电池系统结构、特点和安装方式，BMS 可以分为集中式、分布式和半分布式三种主流拓扑结构。随着域控制器的发展，BMS 主控和整车控制器（VCU）集成会成为未来的发展趋势。BMS 的拓扑结构直接影响 BMS 系统的成本、性能、可靠性、易维护性及系统整体安全性。下面分别简单对这三种拓扑结构进行描述。

1. 集中式

集中式 BMS 是将实现 BMS 所有功能的模块都集成在同一个控制板上，不仅包含单体电池电压和温度采样模块、动力电池总电压和电流的采样模块，同时还包含接触器、电池均衡及热管理等执行器的控制模块。其拓扑结构如图 3-37 所示。

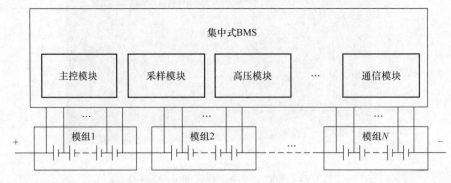

图 3-37　集中式 BMS 拓扑结构

采用这种拓扑的 BMS 的结构相对比较简单，成本较低，整体尺寸较小。由于它所有的采集模块和控制模块均在同一个控制板上，所以其内部通信也较为简单可靠。但是高低压同时布置在同一个控制板上，对高低压的隔离设计提出了较高的要求。此外，这种集中式设计也导致了动力电池采样线束较长，线束设计和排布较为复杂，增加了失效点并且延长了失效路径；同时由于动力电池的电压平台及能量与整车需求密切相关，导致模组串并联数量不同，电压采样数量不同，很难以一种规格覆盖所有产品的平台需求，所以这种集中式 BMS 拓扑在适用性和扩展性上有明显的短板。通常，这种拓扑结构多用在性能适中、成本较低且体积较小的电池包上，如应用在大部分 HEV 车型以及少量 EV 和 PHEV 车型上。

2. 分布式

分布式 BMS 由一个主控单元（BMU）和若干个电池从控单元（CMC）组成，其拓扑结构如图 3-38 所示。其中，CMC 主要完成电池单体电压、温度的采样及均衡等功能。根据电池模组结构的不同，一个电池模组可根据需求匹配一个或多个 CMC，多用于标准模组设计方案；BMU 则负责充放电控制、高压管理、热管理、通信管理及故障保护等控制功能。BMU 和 CMC 之间可通过 CAN 或 SPI 等多种方式进行通信。

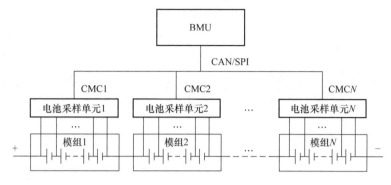

图 3-38　分布式 BMS 拓扑结构

这种拓扑是近年来应用较为广泛的一种结构,与集中式拓扑相比,其成本相对较高,整体布置空间要求较大。但由于它所有的 CMC 与电池模组直接匹配,其线束及电气安全性可以得到大幅提升。同时,CMC 上配备独立芯片可很好地平衡 BMS 的整体性能,此种拓扑更灵活,通用性和扩展性更强,并具备更高的安全性。这种拓扑结构对 BMU 和 CMC 之间通信的可靠性要求较高,随着电池采样模拟前端(AFE)的发展和性能的不断提升,基于 AFE 的菊花链分布大大降低了分布式 BMS 的成本压力,因此这种拓扑结构发展前景广阔,通常运用于性能及可靠性要求较高且体积较大的电池包。目前,越来越多的 EV 和 PHEV 车型上的 BMS 都采用了这种控制结构。

3. 半分布式

半分布式 BMS 是介于分布式和集中式之间的一种拓扑结构,由一个 BMU 和几个集成式 CMC 组成,或者有独立的高压采样单元(HMU),其拓扑结构如图 3-39 所示。其中,集成式 CMC 主要集成了多个独立的 CMC,一般一个电池包配备 1 ~ 3 个集成式 CMC 即可,其通信方式与分布式拓扑类似;具有独立 HMU 的方案也是目前相对应用较多的一种拓扑。它将原有 BMU 上的高低压功能完全分开,所有高压部分均由 HMU 实现,这样 BMU 上无须隔离,在技术实现上也更容易可靠,但这也会导致须在 HMU 上配备独立的 MCU 和通信电路,带来了一部分成本压力。

这种拓扑结构作为一种折中方案很早就得到了应用,多用于 EV、PHEV 电池包以及无模组动力电池包(CTP)上。

三种 BMS 拓扑结构各有利弊,电池包具体选择什么拓扑结构的 BMS,还需依据车型、产品平台、开发能力、成本要求等多方面因素确定。

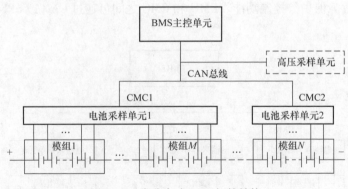

图 3-39　半分布式 BMS 拓扑结构

### 3.3.3　BMS 软件架构

　　BMS 软件包含底层软件和应用层软件，本章节仅介绍应用层软件。BMS 应用层软件是基于车辆对动力电池系统的功能需求出发的，常见的动力电池功能需求见表 3-4。围绕功能需求，可建立图 3-40 所示的 BMS 软件架构。

表 3-4　BMS 功能列表

| 序号 | 功　能 | 说　明 |
|---|---|---|
| 1 | 单体电压监测 | 实时监测单体电池电压信息 |
| 2 | 模组电压监测 | 实时监测电池模组电压信息 |
| 3 | 电池包电压监测 | 实时监测电池包的电压信息 |
| 4 | 工作电流监测 | 实时监测电池包工作电流信息 |
| 5 | 电池温度监测 | 实时监测电池温度信息 |
| 6 | 电池包阻抗监测 | 实时监测电池包的阻抗 |
| 7 | 绝缘电阻监测 | 实时监测车辆高压系统绝缘电阻并进行安全控制 |
| 8 | 碰撞状态监测 | 实时监测车辆碰撞信号并进行安全控制 |
| 9 | 高压回路监测 | 监测高压回路状态 |
| 10 | 电池 SOC 估算 | 实时估算电池当前剩余电量 |
| 11 | 电池 SOH 估算 | 实时估算电池健康状态 |
| 12 | 电池 SOP 估算 | 实时估算电池可允许充放电功率 |
| 13 | 高压管理 | 根据不同高压模式控制高压状态 |
| 14 | 充电管理 | 根据电池不同状态进行充电管理，在充电过程中对电池安全控制 |
| 15 | 放电管理 | 根据电池不同状态进行充电管理，在放电过程中对电池安全控制 |
| 16 | 均衡管理 | 具备主动或被动均衡及均衡失效诊断功能 |
| 17 | 热管理 | 根据电池温度协调整车进行加热或冷却管理 |

（续）

| 序号 | 功能 | 说明 |
| --- | --- | --- |
| 18 | 通信管理 | 与整车其他控制器、外部充电等设备进行通信 |
| 19 | 显示管理 | 显示信息计算并发送给车辆或终端显示设备 |
| 20 | 数据存储 | 运行数据、故障数据、历史数据存储 |
| 21 | 故障保护 | 安全风险识别和故障诊断，如过温、过电压、过电流等 |
| 22 | 系统自检 | 控制器、传感器、执行器自检 |
| 23 | 休眠唤醒 | 支持 IG、通信、定时多种唤醒方式 |

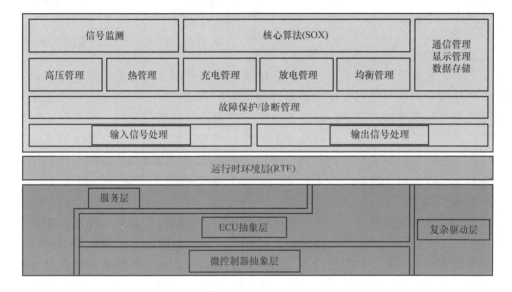

图 3-40　BMS 软件架构

　　BMS 所有功能的实现都是在保证电池安全的前提下，始终保持动力电池工作在最佳状态，最大限度延长动力电池寿命，并将动力电池系统的信息传输给整车相关子系统，保证整车安全可靠的运行。随着近年来电动汽车保有量的不断攀升，电动汽车安全事故也屡见不鲜，有很大一部分来源于动力电池安全设计不足。如何保证动力电池安全或当存在安全风险时，尽早通知整车及用户是亟待解决的问题。BMS 作为动力电池系统的核心大脑，其安全设计尤为重要。

　　在讨论 BMS 安全设计前，需要对涉及动力电池安全的因素和路径进行分析。动力电池作为能量传输和存储的载体，单体电池是动力电池系统所有安全风险的根本来源。前面章节对单体电池安全已进行了相关分析，其主要的安全风险来源于动力电池的过充电、过放电、内短路及热安全等方面，最终导致的危害是热失控。因此，BMS 安全设计的最终目的是如何保证电池的热安全。为实现动力电池系统的热安全，要保证电气、机械的安全路径以及控制系统自身的安全性，由此可以得出 BMS 安全设计的关联示意图，如图 3-41 所示。

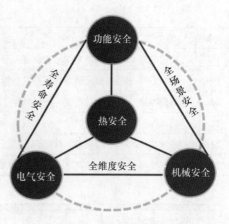

图 3-41　BMS 安全设计联系示意图

为了保证动力电池系统全寿命、全场景和全维度的安全，在 BMS 的安全设计中须充分考虑热安全、电气安全、机械安全及功能安全等几个方面。

1. 热安全

动力电池的热安全是由电池的材料体系、化学特性、机械结构等多重因素决定的，在现有的动力电池技术体系下，单体电池的热安全是不满足需求的。因此，把动力电池控制在安全边界内，且在动力电池发生安全风险时能够及时报警或提前预警是 BMS 安全设计的重点。由于动力电池的电化学模型相对复杂，涉及的电化学参数众多且难以获取，所以在工程运用中多采用其物理模型及工作过程中的物理参数来监控和识别动力电池的热状态（如温升速率），从而进行状态估计。BMS 正是基于对动力电池状态的监控和估计来进行安全控制与预警的。

2. 电气安全

动力电池系统的基本功能就是对电能进行输入和输出，而为实现此功能必须有相关的电气部件、线束以及高压系统的支持，因此电气安全在整个安全设计中也是极其重要的部分。BMS 可以整合自身传感器获取的高压系统监测信息和车辆其他控制器提供的高压状态信息，有效识别出动力电池和车辆潜在的电气风险。在车辆方面，BMS 能实现对车辆高压回路的绝缘、高压互锁、漏电流等高压状态的监测以保证车辆端电气安全；在动力电池包方面，可以实现动力电池内部模组状态、连接阻抗等状态的监测以保证动力电池端的电气安全；同时也可对高压接触器、熔断器及各类高压传感器的状态和故障进行监测以保证高压部件的安全。

3. 机械安全

机械安全上也同样会对 BMS 起到相当重要的辅助作用。机械安全往往是导致电气安全风险和热安全风险的直接原因。由机械原因引起的动力电池外短路或内短路、高压系统绝缘性能的下降、高压部件的直接暴露等，都会危及车辆和人员的安全。通过在动力电池包内布置压力、气体或湿度等各类传感器来及时检测由机械装置带来的安全风险，并采用合理的故障预警和保护机制，可以使车辆在最短的时间内进入安全状态。

4. 功能安全

要保证 BMS 热安全、电气安全和机械安全设计的可靠实现，最基本的前提是保证 BMS 安全可靠地运行。针对电控系统的可靠性已经有了完备的标准和流程，功能安全可以作为 BMS 全生命周期安全设计的基础和方法论。在进行功能安全设计时，可以根据整车的危害分析和分解到动力电池系统的功能安全目标及等级，开展 BMS 功能安全设计。

综上所述，在 BMS 安全设计中，可以从热安全、电气安全、机械安全及功能安全几个方面，结合 BMS 的基本功能进行详细安全设计。

## 3.3.4　BMS 功能设计

根据图 3-36 可知，BMS 要具备状态监测、状态估算、控制管理、信息管理和诊断保护等功能。

### 3.3.4.1　状态监测

状态监测作为 BMS 功能实现的基础，如何保证其测量与监测的信号可靠、准确是首先要解决的问题。以锂离子电池为例，SOC 估计是 BMS 所有功能中极其重要的核心功能，为了满足 SOC 精准估计的需求，对电压、温度、电流等输入信号的精度和可靠性提出了非常高的要求。由于 BMS 的状态监测大部分是基于传感器获取数据，所以需要选择能够满足设计精度的器件或传感器，而有效性和可靠性则可以从信号冗余校验、故障检测和诊断两个方面开展。

信号冗余校验是一种最直接和有效的手段，以单体电池电压监测为例，单体电压信号不仅与 SOC 的状态估算紧密相关，同时也是充放电管理、均衡管理、热管理以及诊断保护等功能最直接的控制依据。单体电压监测的主要方案是采用 AFE 实现，可以选用具备双路冗余检测且满足 ASIL D 等级的芯片来解决。但对于一些不具备此功能的芯片，则可以选择双芯片方案来保证信号的冗余校验功能以达到信号的可靠性要求。实际设计时，可根据资源、成本、可靠性要求等权衡。又例如，对于动力电池总电压的冗余校验，通常 BMS 都会配备至少一路的硬件检测回路，也可以利用单体电压之和获取总电压信号，还可以从电机控制器、DC/DC 变换器或车载充电机端获取总电压信号。

故障检测和诊断是保证信号可靠性的另一个重要手段，其故障检测和诊断既可以通过硬件实现，也可以通过软件实现。仍以单体电压和总电压为例，在单体电压的故障监测和诊断上，大多数依赖 AFE 自身具备的诊断功能，如单体电压采样线开路、AFE 自身采样故障、均衡开关故障等；而总电压信息可以对总电压的采样线路进行诊断，外部获取的总电压信息也可以对通信信号进行诊断。同样，对各类传感器类信号，都可以对器件、线路、供电以及通信进行有效的诊断，以此来确保信号的有效性和可靠性。动力电池数据采样功能典型故障检测列表见表

3-5，整个系统的状态监测可根据其详细功能和信号需求确定。

表 3-5　BMS 对动力电池数据采样功能典型故障监测列表

| 序号 | 功能名称 | 故障监测类 |
|---|---|---|
| 1 | 单体电压采集 | 单体电压采集线路故障、单体电压采集芯片故障等 |
| 2 | 温度采集 | 电池温度传感器故障、温度传感器开路故障、温度传感器短路故障等 |
| 3 | 高压采集 | 高压采集线路故障、高压采集芯片故障等 |
| 4 | 电流采集 | 电流传感器故障、电流采集线路故障等 |

### 3.3.4.2　状态估算

1. SOC 估算

电池的荷电状态（SOC）作为电池的状态参数之一，通常定义为剩余容量占电池总容量的比值，常用百分数表示，其取值范围为 0～100%，当 SOC = 0 时表示电池完全放电，当 SOC = 100% 时表示电池完全充满。

$$SOC = \frac{Q_{Residual}}{Q} \times 100\%$$

式中　$Q_{Residual}$——电池剩余容量（A·h）；

$Q$——电池额定容量（A·h）。

电池是一个复杂非线性的、柔性的电化学系统，在不同 SOC 点对应的电池功率及能量性能是不同的。因此，准确估计电池 SOC 不仅能充分发挥电池的性能，还能够保证电池工作在合理区间内，防止出现过充电、过放电以及过电流的风险。保证全寿命周期 SOC 估计精度是安全、高效及精确管理电池的基础。

SOC 基本估算方法主要有安时积分法、神经网络法、基于电池等效电路模型的卡尔曼滤波法等。

（1）安时积分法估算　该估算方法的计算公式为

$$SOC = \left( SOC_0 - \frac{1}{Q} \int I dt \right) \times 100\%$$

式中　$I$——充、放电电流（A），放电为正，充电为负；

$Q$——电池最大可用容量（A·h）。

（2）卡尔曼滤波法　该方法是美国数学家卡尔曼（R. E. Kalman）在 20 世纪 60 年代初发表的论文《线性滤波和预测理论的新成果》中提出的一种新型最优化自回归数据滤波算法。该算法的本质在于可以根据最小均方差原则，对复杂动态系统的状态做出最优化估计。美国科罗拉多大学教授普莱特（G. L. Plett）将卡尔曼滤波算法引入电池 SOC 估计领域，并取得了很好的效果。

首先，对电池建立等效电路模型，常用的一阶 $RC$ 电池等效电路模型如图 3-42

所示。

图 3-42 中，$I_p$ 是极化电阻上通过
的电流（A）；$R_p$ 是极化电阻（Ω）；
$C_p$ 是极化电容（F）；$R_0$ 是欧姆内阻
（Ω）；$U$ 是电池端电压（V）；$I$ 是电池
上经过的电流（A）；$U_{oc}$ 是开路电压
（V）。

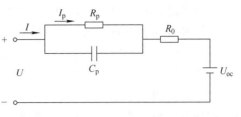

图 3-42　一阶 $RC$ 电池等效电路模型

对以上等效电路模型建立状态空间方程

$$x_{k+1} = A_k x_k + B_k u_k + w_k$$
$$y_k = C_k x_k + D_k u_k + v_k$$

式中　$x_k$——系统在采样点 $k$ 处的系统状态向量；

　　　$u_k$——采样点 $k$ 处的系统确定性输入；

　　　$y_k$——系统的输出观测方程；

　　　$w_k$——随机的系统噪声，描述一些由于系统建模不精确或者一些未知输入所
　　　　　　引起的状态噪声；

　　　$v_k$——传感器噪声等引起的观测误差，该噪声不直接影响系统的状态。

（3）神经网络法估算　该方法是利用神经网络的非线性基本特性、并行结构
和学习能力，合理地选取输入参数和输出参数。输入与输出的关系可以在网络训
练过程中确定，对于外部激励能给出相对应的输出响应（图 3-43）。但神经网络输
入变量的选择是否合适，变量数量是否恰当，直接影响着模型的准确性和计算量。
神经网络法需要大量的参考数据进行训练，估算误差受训练数据和训练方法的影
响很大。

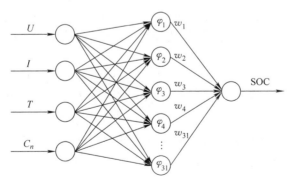

图 3-43　用于估计电池 SOC 的典型神经网络结构

在 BMS 设计开发过程中，为提高 SOC 估计精度，需要从以下几个方面考虑。
（1）不同电芯材料体系　不同材料体系采用不同的 SOC 估计方法，以匹配不

同材料体系的 SOC – OCV 曲线特点，也应有不同的 SOC 估计精度要求。

（2）单体电池（电芯）不一致性　电芯由于生产水平、使用条件、老化等因素造成的一致性变差给 SOC 估计精度带来较大影响，应充分考虑电芯不一致性带来的影响。对电芯的最大 SOC 及最小 SOC 分别估计，并在充电过程中用最大 SOC 作为充电截止的参考条件之一，在放电过程中用最小 SOC 限制电池的放电功率，避免部分电芯长期处于过电流状态带来的安全风险。

（3）电池老化　随着电池的使用，电池会发生不同程度的老化。SOC 估计方法应该具备适应电池全生命周期使用的高精度估计能力，但不同老化阶段的 SOC 估计精度可以不同。建议寿命开始（BOL）阶段 SOC 全工况误差在 3% 以内，寿命结束（EOL）阶段 SOC 全工况误差在 5% 以内。

（4）电池使用工况　电池的使用工况对电池 SOC 估计精度有较大影响，SOC 估计方法应具备对电池使用工况的适应能力。不同电池使用工况的影响可以通过 SOC 估计方法予以消除。

（5）硬件　SOC 估计精度的直接影响因素有电池电流、电压及温度的采集精度。对于依赖等效电路模型参数矩阵的 SOC 估计方法，SOC 估计精度强烈依赖于电池电流、电压及温度的采集精度；对于等效电路模型参数在线辨识的 SOC 估计方法，SOC 估计精度强烈依赖于电池电流和电压采集精度，对温度采集精度不敏感。

（6）大数据　运用大数据可以更有效地识别电池寿命与状态，也可以在边缘计算的基础上引入云计算。

目前国内主流电池管理系统的 SOC 估计精度相差不大。BOL 阶段在 3% ~ 5%，采用的 SOC 估计方法也大都是基于安时积分结合开路电压（OCV）修正的方法，这种方法对电池的最大可用容量的依赖程度很高。随着电池的老化，SOC 的估计精度也会明显下降，在全寿命周期范围内，很难保证精度一直在 3% ~ 5% 这一范围内。

也有部分整车厂采用安时积分与扩展卡尔曼滤波算法相结合的 SOC 估计方法。该方法结合了安时积分稳定不跳变的优势以及扩展卡尔曼滤波算法快速修正 SOC 初值误差的优势，能够更准确地估计电池 SOC。在卡尔曼滤波法中，电池被看成一个动态系统，SOC 是系统的一个内部状态变量。系统的输入变量一般包含电流、温度等，系统的输出参数一般为电池的工作电压。当前在实车上应用的安时积分与扩展卡尔曼滤波算法相结合的 SOC 估计方法都是基于离线电池等效电路模型参数。随着电池老化，首先电池容量会发生改变，给安时积分得到的 SOC 变化量引入了不可忽略的误差；其次，电池等效电路模型参数也会发生变化，会给扩展卡尔曼滤波算法得到的 SOC 初值带来误差；最终，这两个 SOC 误差来源使得基于安时积分与扩展卡尔曼滤波算法相结合的 SOC 估计方法得到的 SOC 精度随着老化逐渐下降。

因此，无论是基于安时积分结合 OCV 修正方法，还是安时积分与扩展卡尔曼滤波算法相结合方法，SOC 估算精度都会随着电池老化而逐渐下降。因此，如何提高全寿命周期内 SOC 估计精度将是未来的研发重点。

2. SOH 估算

电池健康状态（SOH）是衡量电池老化及健康程度的重要指标。在过去十年里，SOC 估算被广泛研究并取得了突破性进展，但 SOH 却没有引起人们足够的重视。电池的老化是一个长期渐变的过程，电池的健康状态受温度、充放电电流倍率、放电深度等多种因素的影响。表征电池性能及健康状态的指标较多，目前 SOH 的定义主要体现在容量、电量、内阻及循环次数等几个方面。

SOH 一般定义为

$$SOH = \frac{电池当前最大可用容量}{电池标称可用容量} \times 100\%$$

随着电池的老化，对电池外特性的影响主要体现在内阻的增加和容量的衰减，导致电池的可用容量减少。电池特性随电池老化的变化趋势示意图如图 3-44 所示。

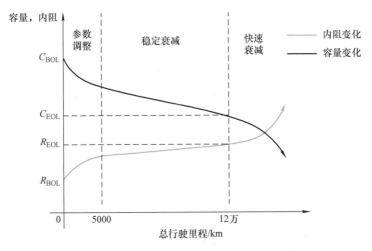

图 3-44　电池特性随电池老化的变化趋势示意图

SOH 除了能够体现锂离子电池相对初始状态下的最大能量存储能力和功率输出能力，还能在一定程度上反映电池的安全性能，比如 SOH 较低时，电池的失效概率会显著增加。因此合理准确地估计 SOH 对于新一代 BMS 至关重要。SOH 估计通常基于电池的容量或内阻，估计方法主要可以分为两大类：第一类是基于衰退机理的电化学模型；第二类则是将智能算法与大数据相结合的 SOH 估计方法。基于衰退机理的电化学模型要求准确理解电化学过程并运用电化学方程对 SOH 进行估计，这类模型需要对电化学反应过程进行简化，对边界条件进行一些合理假设。这类方法不仅计算非常烦琐，且精度严重依赖于电池的老化路径。因此，该方法很难在 BMS 系统中得到实际运用。而将智能算法和大数据相结合的 SOH 估计方法由于不需要理解复杂的电池老化过程且计算量相对较小而被广泛研究：Lin Ho – Ta 使用了一种基于概率密度神经网络的方法估计钴酸锂电池的 SOH，在恒流充放电的循环工况下，SOH 的平均估计误差为 0.28%，标准差为 1.15%；Zhiwei He 应用动态贝叶斯网络估计锰酸锂电池的 SOH，在较大的温度范围和倍率条件下，SOH 的估计误差小于 5%。但在电动汽车实际使用过程中，循环工况往往比上述研究中的恒流充放电工况更加复杂；与此同时，电池的老化路径和工况是密切相关的。因此，这些方法运用在实际 BMS 中难以保证 SOH 的估计精度。

目前，实车上用的 SOH 估计方法主要是基于充放电的累计电荷量进行查表或者是基于行驶里程累计查表，但这是粗略的估计方法，没有考虑具体驾驶行为对车辆寿命的影响。将此种方法应用到具体车辆上，不同驾驶行为以及工况条件会导致相同累计电荷量或者行驶里程下，实际 SOH 相差较大。目前 SOH 估计精度在 ±8% 以内，尚有很大的提升空间。基于 SOH 表征参数的在线计算进而得到准确的 SOH 将是可以突破的方向。除此之外，基于历史数据进行 SOH 准确预测也是未来的主流方向之一。

3. SOP 估算

电池功率状态（SOP）通常用短时峰值功率值来表示，即电池最大允许的充放电电流或最大允许的充放电功率。电池输入、输出的峰值功率直接影响车辆的快速起动、加速和紧急制动能力，进而关系到整车运行的安全性和可靠性。因此 SOP 的准确估算对电池包和整车安全及性能都至关重要。

目前，SOP 估算方法主要有脉冲响应法和电化学模型法。

1）脉冲响应法通过给电池在不同 SOC 下施加特定的脉冲激励，得到相应的电压来进行功率预测。但是这种方法仅考虑了电池的静态特征，在动态工况中的预测精度很低。

2）电化学模型法使用了大量的化学偏微分，利用各种近似组合来估计，但是简化后的适用范围很有限，难以满足应用的要求。

因此，现有模型均无法兼顾复杂程度和准确度。

在实际应用过程中，常采用 5s、10s、30s 或者 60s 的充电/放电峰值功率来表征电池在不同持续时长下的功率输出/输入能力。在不同温度下得到的不同持续时长的功率表，并结合实际的电池电压和电流变化估算 SOP：

$$Power = table(SOC, T)$$
$$SOP = f(Power, U, I)$$

式中　$T$——电池温度（℃）。

为了满足整车性能及电池安全、长寿命的目标，电池功率常常由整车厂与电池厂共同确定，因此电池的 SOP 精度很难表征。为了发挥电池的功率性能，考虑电池当前的温度、电压、SOC、SOH、电芯一致性、持续时间等因素对电池 SOP 进行多参数约束估计将是未来的方向。

### 3.3.4.3 控制管理

1. 充电控制

随着近年来电动汽车充电事故频发，充电控制在 BMS 安全设计中越来越重要。究其原因，大多数充电安全事故都来源于充电控制失效或策略不完善而导致的电池滥用，尤其在低温充电控制、大倍率快速充电控制以及过充电的预警和保护几个方面。

电池的低温充电能力和大倍率充电能力主要取决于电池体系材料及其电化学特性，过快或过多充电均会对电池产生损害。BMS 可以实现不同温度、不同工况、不同 SOC 下实时计算充电能力并对其进行控制，保证电池充电能力发挥到最大化，同时将对电池的损害降至最低。

另外，电池的过充电预警和保护控制会直接影响电池充电过程中的安全性。电池长期过度充电会损坏电池内部结构，释放气体并产生热量，缩短电池的使用寿命，严重时会导致电池出现热失控。在电池容量衰减或一致性劣化的情况下，充电时电压加速上升，并且由于电池内阻的增大，电池温升速度也会加快，甚至导致局部高温，存在电池热失控风险。

BMS 需要实时监测动力电池充电时的单体电压、电池总电压、电池温度、电流，并结合对电池 SOC 和 SOH 精确的在线估算及均衡控制，自适应调整电池的充电电流，减缓温度上升速度，有效降低电池过充电引起的过温风险；同时，在识别到电池系统或整车控制严重异常时，BMS 应及时、主动断开充电回路，防止其他故障引起的电池过充电，提高电池充电的安全性。

2. 放电控制

放电控制是实现车辆行驶功能的基础，将电池控制在合理的放电区间是放电控制研究的关键。电池的过度放电会对电池内部产生影响，在低 SOC 状态下尤为明显，不仅会导致电池容量加速衰减，缩短电池使用寿命，同时会增加安全风险。BMS 可根据实时估算的电池放电能力限制其放电深度，同时结合电池状态监测，在发生过放电风险前及时预警并对车辆进行合理的控制。放电控制根据车辆和电池运行状态可以分为全功率放电模式、功率限制模式和高压断电模式。

在放电控制设计中，BMS 应考虑电池电压、电流、温度变化，以及单体的一致性，对电池进行多级防护，并结合车辆运行模式和状态，在确保整车安全的情况下，限制电池的放电功率及放电深度。

3. 高压管理

BMS 要实时监测、管控高压系统的安全状态，主要包括高压系统绝缘安全、碰撞安全及高压部件安全等。

电动汽车工作环境复杂，振动、温度、湿度以及部件老化等都会使整车绝缘性能下降，严重时会导致漏电，如果单点绝缘失效，那么将会给维修人员带来较大的触电风险；如果多点绝缘失效，则可能造成电池局部或整体短路。电池和将电池短路的导电体可能出现剧烈发热甚至起火爆炸，因此 BMS 要进行绝缘电阻检测。BMS 绝缘电阻检测方法主要有两类：一是交流信号注入法；二是外接电阻法。目前通常采用外接电阻法进行测量。

BMS 需要实时监测高压系统绝缘情况。在车辆高压系统开启时，BMS 可监测整车高压系统的绝缘状态；当监测到绝缘电阻低于高压系统绝缘异常诊断值时，将上报车辆并通过仪表发出预警。此外，在车辆高压系统关闭时，BMS 还可以监测电池包自身的绝缘状态；当监测到绝缘阻值低于电池包绝缘异常诊断值时，可根据绝缘故障的严重程度进行相应的故障处理和保护。为确保 BMS 监测绝缘阻值的可靠性，BMS 还需要对自身绝缘检测机制进行诊断，避免因 BMS 绝缘检测机制异常而导致绝缘故障误报或漏报。

车辆碰撞可能破坏动力电池结构，出现高压漏电、电池电解液泄漏以及绝缘失效等故障，严重时会导致电池短路甚至起火等危害。根据电池的受损程度和内部化学反应速度的不同，碰撞造成的危害可能是显性的，也可能是隐性的。为避免碰撞引起电池绝缘失效甚至短路起火等严重危害，BMS 应及时切断接触器，断开高压系统连接，如图 3-45 所示。

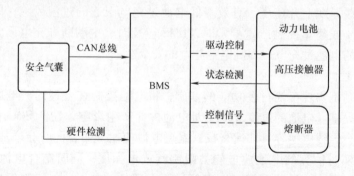

图 3-45　BMS 碰撞控制示意图

为确保防护措施的响应时间，BMS 需要检测安全气囊控制器发出的碰撞状态信号。判断车辆发生碰撞后，BMS 主动断开高压接触器，从而确保动力电池与车辆负载设备用电回路断开。为防止碰撞导致的通信失效，BMS 可增设碰撞硬件信号冗余检测。如果遇到高压接触器触点粘连、无法通过常规控制断开高压的情况，那么 BMS 应触发熔断器或高压系统的其他开关，及时断开高压回路，确保碰撞后的高压安全。在动力电池未被维修人员检查和维修前，BMS 需要维持高压系统断开状态，禁止车辆再次启动高压系统上电。

为了保证高压系统部件安全，预充电管理是必不可少的重要环节。其主要作用是给电机控制器（即逆变器）的电容进行充电，以减少高压接触器触点闭合时火花拉弧，降低大电流冲击，提高安全性。BMS 监控正负极接触器触点状态，监测逆变器电容端电压变化，对预充电过程进行安全管理，防止由于高压接触器触点粘连以及预充不充分产生的对高压部件的冲击，以提高整车高压安全性。

除上述情况外，如果车辆在行驶中高压回路意外断开，也可能会造成车辆碰撞等严重后果。如果电池模组间的连接虚接，而 BMS 没有及时检出，则会产生很大的接触内阻，导致虚接处出现烧蚀，严重时可能引发电芯起火，造成严重危害。鉴于这些工况，BMS 还应实时监测动力电池总电压、高压回路两侧电压、熔断器端电压以及电池工作电流等，判断当前高压回路的连接状态，防止高压线路意外断开造成的危害。

4. 热安全管理

BMS 对电池热状态进行安全监测和有效管理，使电池工作在合理的温度状态，不仅能够增加车辆续驶里程、延长使用寿命，还能保证电池运行的安全性和可靠性。BMS 的热状态安全监测与管理主要包括电池高温安全、低温安全以及热失控的安全预警，如图 3-46 所示。

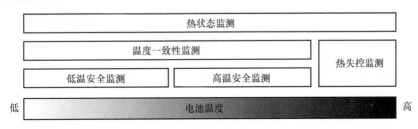

图 3-46　BMS 热状态监测

对于电池高温安全，大多数电池在 25 ~ 40℃ 的温度范围时使用效率最高。为保障电池工作在最佳温度范围内，需要在电池高温时进行冷却处理。常用的冷却方式有水冷或风冷。BMS 根据电池系统的进出水（风）口的温度，对电池冷却过程进行有效管控。此外，BMS 还需对电池系统的进出水（风）口温度数据的有效性和温度传感器状态进行检验和诊断，同时也需要对实施冷却措施的执行器（如冷却风扇等）的状态实时监测，防止出现冷却装置误启动或不启动的情况。

对于电池低温安全，一般低于 0℃ 后电池性能会大幅下降，充放电能力降低。因此，为了提高电池低温的使用效率，需要对其进行加热。BMS 需要监测电池低温的加热速率以及电池温差的变化，对加热过程进行安全管理，在电池温度出现异常变化时停止加热，防止电池温度不均产生的安全问题。

对于电池热失控，由于引起动力电池热失控的因素主要有内部短路、外部高温和外部短路等，且热失控状态直接体现在外特性上，不同体系电池的状态数据变化趋势是不同的，所以 BMS 可通过实时监测单体电池电压、温度等电池数据的变化趋势及变化速率，结合当前电池系统运行工况（如加热、充电、放电等）预测电池热状态是否异常。同时，还需考虑在电池热扩散或热蔓延过程中导致的传感器失效或通信异常等情况，避免热失控的误报或漏报。此外，BMS 可增设定时唤醒功能，在车辆休眠的状态下也可定期唤醒并实时监测电池热状态，通过手机或其他通信设备进行预警。

5. 均衡控制

单体电池参数的不一致程度会随着电池运行环境变化，或者连续的充电/放电循环而不断累加，导致电池使用一段时间后每个单体电池状态（容量、电压等）的差异变大，进而在某些情况下使某些单体电池性能加速衰减，产生"木桶效应"，最后导致电池系统过早失效。

为防止单体电池的一致性劣化，BMS 会实时监测单体状态，用主动均衡或被动均衡的方法避免单体电池过充电或过放电，平衡电池的一致性。BMS 除了具有正常的均衡控制功能外，还需要考虑增设实时检测自身均衡控制电路的功能，识别由于均衡线路短接、开路以及其他原因导致的均衡控制电路异常，防止因 BMS 自身均衡电路引发的电池均衡误启动甚至单体电池过放电，或均衡不启动导致的一致性持续劣化引发的危害。

### 3.3.4.4　信息管理

通信状态监测是 BMS 信息管理的基础，数据传输的安全性和可靠性影响着 BMS 对电池系统的控制功能。通信状态的异常会导致 BMS 功能失效，引起整车安全问题。BMS 的通信交互数据主要来源于车内其他控制器、外部充电设备以及 BMS 系统内部的数据采样，如图 3-47 所示。

1. BMS 与车辆通信安全

BMS 主要通过 CAN 总成与车辆其他控制器（如整车控制器、车载充电机、电机控制器、车载显示系统等）进行实时数据交互。通信状态的正常与否，关系到电池系统的充放电工作能否正常进行。BMS 需要实时监控与车辆其他控制器的交互数据，并对接收的相应数据进行校验，防止在车辆控制状态异常时对电池系统的误操作。此外，需考虑增设硬件冗余校验机制，确保在 BMS 与车辆数据通信失效时，能够及时识别并采取保护措施，防止或避免电池过放电、过充电、过温等异常状态出现。

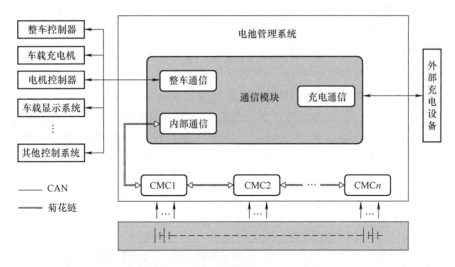

图 3-47　BMS 典型通信拓扑示意图

**2. BMS 与外部充电设备通信安全**

根据国标及相关法规要求，BMS 需要与外部充电设备进行通信数据交互，以安全地完成对电池快速充电。与外部充电设备通信异常，会导致 BMS 快速充电功能失效。BMS 通过判断与外部充电设备通信线路、通信数据的状态，采取安全防护措施，确保不会对电池过度充电，降低安全风险。

**3. BMS 系统内部通信安全**

BMS 对电池数据的监测和对电池状态的管理依赖于内部通信的可靠性和数据传输的实时性。BMS 系统内部通信异常，对电池数据无法实时监测，不仅会影响电池状态的估算精度，还会产生对电池过度使用的安全风险。基于不同的 BMS 拓扑结构，BMS 系统内部采样数据的传输模式可分为板内（集中式）和板外（分布式、半分布式），传输方式主要有 CAN 通信和菊花链通信。BMS 需要针对不同的数据传输方式，对其通信线路进行实时监测，识别线路短接、开路或其他原因导致的数据中断，同时需要对接收到的内部采样数据的有效性进行校验，防止因内部采样数据传输异常导致电池过度使用情况的出现。

**3. 3. 4. 5　诊断保护**

诊断保护是 BMS 安全设计中最重要的一个功能。BMS 必须具备完善的故障诊断和保护机制，才能够通过对故障的有效诊断，确保高压电池系统的安全，其设计的好坏直接影响着整车的安全性和可靠性。在故障诊断和保护设计时至少应考虑故障检测、故障分类、故障处理和故障显示几个方面。

**1. 故障检测**

故障检测是整个故障诊断和保护设计的前提，在前面章节已经介绍了 BMS 相关故障检测的基本内容和检测原则，本节不再赘述。这里主要考虑针对故障确认和故障恢复两个部分。

故障确认与故障自身触发机制紧密相关，通常是根据其诊断原理和方法确定的：例如对于实时性很高的故障，需要立即确认；对于长期性的故障，可以经过几个周期甚至多个驾驶循环确认；为保证故障诊断的可靠性，需要对关键的诊断信号或诊断结果进行必要的滤波。因此故障确认方案需要根据具体故障而制订。

故障恢复与故障确认类似，但由于故障恢复直接影响故障处理和故障显示，需要重点关注故障严重程度。故障恢复分级如图 3-48 所示。

图 3-48　故障恢复分级

2. 故障分类

对故障进行分类时，一般是根据故障的严重程度分为几个固定的级别，并且每个级别可以对应不同的故障响应和处理策略。此种分类对于同级别的故障可进行统一处理，但是在故障的覆盖度上可能会存在遗漏。而根据电池控制系统构成可以将故障大致分为传感器、执行器、控制器、电池系统、高压电气和通信六大类故障，其中每一类故障又可以根据 BMS 应用场景和其功能定义具体细分和完善。合理的故障分类可以让 BMS 的故障诊断更清晰，而且可以使故障诊断设计更完整。

3. 故障处理

故障处理在整个故障诊断和保护设计中占有最重要的地位，只有将已确认的故障合理处理，电池系统才能正确地响应，才能保证车辆安全可靠地运行。基于行驶模式以及故障的严重程度和对整车及人员的影响，故障处理有不同的处理分级，如图 3-49 所示。

图 3-49　基于行驶模式故障处理分级

随着 BMS 故障诊断策略的不断完善，其故障诊断项也越来越多。不同的故障项所对应的处理方式也各不相同，不仅体现在行驶模式和功率限制方面，还涉及交直流充电、热管理、均衡等功能的使能与禁止。因此，为了更好地实现对车辆和电池最优控制的目标，在 BMS 内部故障处理模块中可以利用故障矩阵来优化故障处理策略。

### 4. 故障显示

故障显示是车辆与用户最直接的交互方式，可通过车辆仪表、手机应用或其他远程设备在最短的时间内将动力电池系统的状态和车辆状态反馈给用户。一般车辆仪表都会配置动力电池系统专属的一个或多个故障灯，也有少部分车辆是与整车故障灯共用。针对不同严重程度的故障，还可以通过文字、声音、图像或其他感知方式进行提示预警。故障显示并不是电池系统独立决策和实现的，需要结合整车的具体需求和定义进行设计。

## 3.3.5　BMS 控制策略

BMS 控制策略是电池管理系统软件开发的核心。根据 BMS 功能设计，其核心的控制策略主要包括模式管理、高压上下电控制、充电控制、SOX 估计策略等。

### 3.3.5.1　模式管理

模式管理是 BMS 功能实现的前提与各控制系统能够可靠运行的基础，它包含动力电池系统在各种环境和工况下运行时所涉及的工作模式，决定了 BMS 的功能调度与分配。清晰高效的工作模式能够极大地简化 BMS 运行的复杂度。

模式管理控制框图如图 3-50 所示。工作模式主要分为初始化模式、安全模式、服务模式、充电模式、放电模式和默认模式，其中服务模式又可根据动力电池的使用需求分为维修模式、存储模式和运输模式，而充电模式则可细分为交流充电模式、直流充电模式、无线充电模式和远程充电模式。

### 3.3.5.2　高压上下电控制策略

高压上下电控制策略是充放电控制功能实现的基础。在 BMS 的所有功能中，对高压上下电控制策略的可靠性和安全性要求等级是最高的。动力电池系统作为整车高压系统动力的来源，高压上下电控制直接影响整车动力的传输和系统安全。不同车辆可根据其不同的高压拓扑对 BMS 高压上下电控制策略进行控制。但无论是哪种高压拓扑，都离不开最基本的正极、负极和预充接触器控制。图 3-51 所示是一种典型的高压上下电控制框图，包含高压上下电诊断、高压上下电控制和高压安全控制。

1）高压上下电诊断是保证车辆安全可靠地完成车辆高压上下电措施的重要组成部分。在高压上下电过程中需要对接触器的状态进行诊断，对预充电过程进行监控和诊断，以及实现高压回路和高压状态的监测。当接触器发生粘连或预充不完全时，很有可能损害其他高压部件或动力电池，同时有可能导致外部高压接口

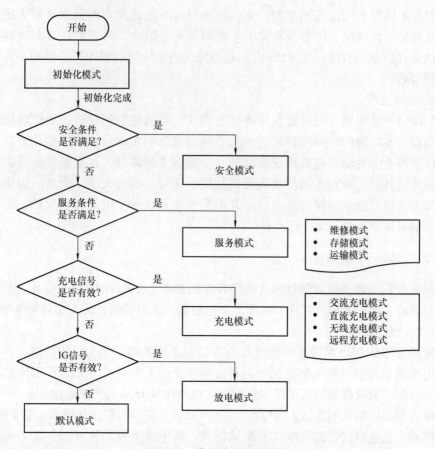

图 3-50　模式管理控制框图

带电，使人员产生触电风险。高压上下电诊断主要包含高压上电前诊断、预充诊断、高压上电后诊断和高压下电诊断。

2）高压上下电控制主要是通过对接触器的控制实现不同的系统功能，如车辆放电、车辆充电、DC/DC 变换器高压部件供电、热管理高压部件的供电等。上述功能均可根据具体控制需求和高压拓扑，通过闭合或断开不同高压回路来实现其功能的高压上下电控制。

3）对高压上下电控制，安全模式的设置是必不可少的。当系统自检失败、系统发生严重故障或关键高压执行部件发生故障时，系统必须在最短的时间内切断所有高压部件，使其进入安全状态，确保车辆及人员安全。

### 3.3.5.3　充电控制策略

充电控制主要包括直流充电、交流充电、无线充电以及远程充电等多种充电模式。在充电控制策略开发中，最关键的就是关于充电流程的设计。由于充电过

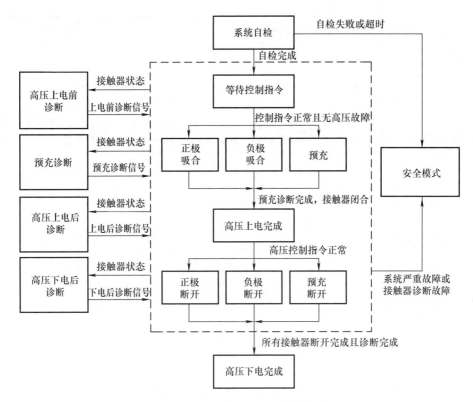

图 3-51　BMS 高压上下电控制框图

程中逻辑复杂且对时序要求很高，合理的充电流程及架构不仅可以大大简化策略开发的复杂度，同时也能够提升充电控制的可靠性。充电控制策略的另一项重要内容是热管理系统平衡和低温充电效率优化。

以直流充电为例，BMS 直流充电控制是在满足相应充电国标要求的前提下，通过与外部充电设备、整车控制器进行数据交互，完成动力电池的快速充电功能。此外直流充电功能还需保证电池系统在各种环境条件下能够正确开启和停止直流充电过程，并对不同外部充电设备进行兼容性处理。如果充电过程发生故障，那么 BMS 应能够及时记录上报并采取相应处理措施，保证充电过程安全进行。

典型的直流充电控制流程框图如图 3-52 所示。整个直流充电控制可分为充电计算、充电流程控制及充电交互。其中，充电计算负责充电需求的识别、充电桩信号的处理、充电电流的计算和充电结束的判断。充电电流的计算是整个计算功能的核心，常用的方法包括恒压充电、恒流充电、分阶段恒流充电、脉冲充电和基于模型的充电方法等。充电流程控制主要包含启动阶段、握手识别阶段、参数配置阶段、充电加热阶段、正常充电阶段、充电结束阶段和系统休眠的控制。以上各阶段的功能实现需要 BMS 同时与充电桩及车辆其他控制器进行通信交互。

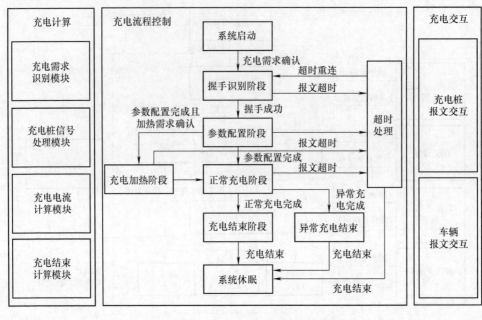

图 3-52　典型的直流充电控制流程框图

### 3.3.5.4　SOX 估计策略

SOX 估算作为 BMS 的核心算法，是 BMS 软件策略开发的重点，各个企业都把这一算法作为核心技术，各个研究机构也都将其作为研究重点。前文也阐述了不同电池体系 SOX 的基本算法，也说明了在实际应用当中单一算法是不能满足工程需求的，通常都是多种算法的融合。图 3-53 所示为当前最优的一种基于融合算法的 SOX 估算架构。

图 3-53 中的 SOC 估计是基于近年来 BMS 工程应用最多并经过充分验证的算法开发的，融合了开路电压法、安时积分法、基于试验数据的电池模型离线估计以及基于模型的在线估计方法。基于以上几种方法构建了多边界条件的权重分配模型和修正模型，可以在不同工况下自适应算法匹配，以满足全生命周期下 SOC 估算精度需求。同时可以在 SOC 估算的策略中加入 SOC 显示计算模型，在满足 SOC 实时精度的同时考虑人机交互体验，保证 SOC 精准估计的同时提升用户的驾乘体验。SOH 估算中同样融合了基于内阻和容量的在线估计和基于试验数据的离线估计算法。在保证 SOH 精准估计的同时，通过离线 SOH 对在线估算精度进行校准和修正，防止在极端情况下在线参数辨识异常导致的估计误差。SOP 估算基于 SOC、SOH 及车辆运行一定时间内的电压、电流、温度等参数进行动力电池许用充放电功率估算。图 3-53 中融合了基于模型参数在线辨识的 SOP 估算、基于试验数据的功率 MAP 估算两种算法，同时增加了基于多边界条件的 SOP 修正模型，以确保动

力电池时刻运行在最佳工作区间，保证车辆的最优动力匹配。

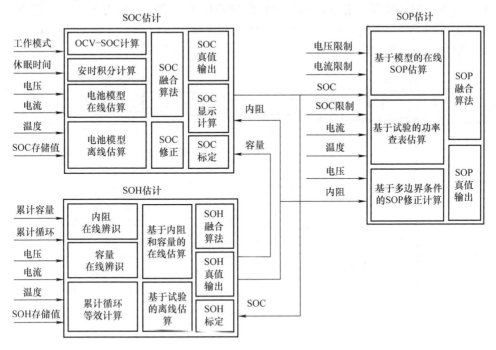

图 3-53　SOX 估算控制框图

## 3.3.6　BMS 功能安全设计

对于锂离子动力电池而言，受限于现有电池体系发生危害的化学动力学不可控性（热失控），急需在化学、机械和电气安全设计的基础上，全寿命周期、全维度和全场景辨识电池管理系统的危害与风险，并基于危害分析与风险评估得到的电池管理系统的功能安全目标和安全状态导出功能安全需求。

功能安全需求和安全目标在系统层面细化、延伸和拓展分析得出技术安全要求，并分配给电池管理系统的系统架构设计中的要素。通过实现技术安全要求的电池管理系统的软硬件设计，对电池过电压、欠电压、过温、过电流和电池碰撞等进行有效的监控和预警，提高电池管理系统安全机制实施的完整性、正确性和时序性，降低不同驾驶场景、不同环境条件下电池管理系统失效的发生概率，提高动力电池安全性。

### 3.3.6.1　相关项定义

一般来说，电池管理系统的相关项定义（item definition）有两类：一是单独的电池管理系统；二是包含电池管理系统的电池系统。以第二类为例，定义电池管理系统相关项的边界、部件和交互接口等，以形式化框图（图 3-54）表述电池管理系统与其他部件之间的联系以及电池管理系统内部部件之间的联系。电池管理系统范围包括接触器、电池本体和电池管理系统等；部件主要有电池、电池管理系统主板和子板、温度传感器、电流传感器和接触器等；交互接口包括高压接口、唤醒信号接口、整车通信接口、充电通信接口以及电源等接口。

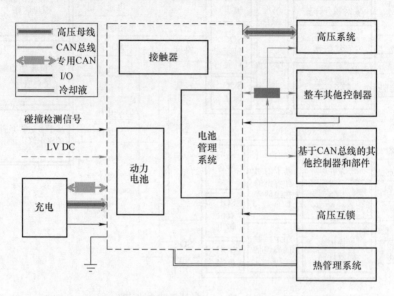

图 3-54　电池管理系统相关项的边界、部件和接口示意图

从整车角度定义电池管理系统的功能，包括提供电能和存储电能（表 3-6）。进一步细分电池管理系统子功能包括驱动供电、低压负载供电、热管理系统供电、外部供电、直流充电、交流充电和回馈充电。同时，要充分考虑车辆运行场景的非功能要求和法律法规限制。

表 3-6　电池管理系统的功能定义

| 整车功能 | 子功能 | 功能描述 |
|---|---|---|
| 提供电能 | 驱动供电 | 根据 VCU 的指令，通过接通相应接触器控制整车高压系统上电，为动力电机提供驱动能源；通过动力电机为整车提供驱动力 |
| | 低压负载供电 | 根据 VCU 的指令，通过接通相应接触器控制整车高压系统上电，为 DC/DC 变换器提供能源；通过 DC/DC 变换器为整车低压用电器供电 |
| | 热管理系统供电 | 根据 VCU 的指令，通过接通相应接触器，控制高压系统上电；VCU 根据电池温度开启制冷和水泵 |
| | 外部供电 | 通过车载双向充电机，将动力电池直流电转换为 220V 交流电，为负载提供单相交流电 |

（续）

| 整车功能 | 子功能 | 功能描述 |
|---|---|---|
| 存储电能 | 直流充电 | 连接直流充电枪，根据 VCU 的指令，通过接通相应接触器，控制整车充电上电；非车载充电机输出直流电，通过直流充电口为动力电池供电 |
| | 交流充电 | 连接交流充电枪，根据 VCU 的指令，通过接通相应接触器控制整车充电上电；车载充电机通过交流充电接口为动力电池供电 |
| | 回馈充电 | 根据 VCU 的指令，通过接通相应接触器控制整车高压系统上电；在滑行和非紧急制动时，驱动电机以负转矩的形式产生一定的制动力，回收制动能量，为动力电池提供回馈充电 |

### 3.3.6.2　危害分析与风险评估

对电池管理系统进行危害分析与风险评估（HARA）的目的是辨识电池管理系统的相关项定义中因故障而引起的危害并对危害进行归类，制订防止危害事件发生或减轻危害程度的功能安全目标（SG）。描述电池管理系统的可引起相关项失效的故障行为导致的危害事件发生时所处的运行场景及运行模式，既要考虑正确运行车辆的情况，也要考虑非预期车辆运行的情况，通过足够的技术手段确定危害。例如：基于失效事故链模型的危害和可操作性研究法（HAZOP）、失效模式和影响分析法（FMEA）、失效模式、影响和诊断分析法（FMEDA）、预先危险性分析法（PHA）和故障树分析法（FTA）等，以及基于系统理论事故模型与过程（STAMP）的系统理论过程分析方法（STPA）或者几种方法结合，从整车层面分析危害对车辆和人员产生的影响，根据风险定义的三个参数：严重度（S）、暴露率（E）和可控性（C），确定电池管理系统的可引起相关项失效的故障行为导致的危害的 ASIL A、B、C、D 等级。

以 HAZOP 方法对电池管理系统驱动供电功能故障进行危害分析与风险评估（表 3-7）：车辆在高速行驶，电池管理系统根据 VCU 的指令，通过接通相应接触器控制整车高压系统上电，为动力电机提供驱动能源；通过动力电机为整车提供驱动力；由于电池过放电导致电池过热，引起电池起火。

表 3-7　电池管理系统的危害分析与风险评估

| 功能 | 子功能 | 模式 | 故障 | 整车行为 | 可能的整车层面危害 |
|---|---|---|---|---|---|
| 提供电能 | 驱动供电 | 高速行驶 | 电池过放电 | 过放电导致电池过热 | 电池起火 |
| | | …… | …… | …… | …… |

车辆从出现电池起火征兆到发生爆燃时间短，大部分驾驶员在此过程中不能操纵车辆停车并逃离，车内人员很难从燃烧的车辆中逃生。综合风险定义的三个参数 S、E 和 C，该危害安全级别为 ASIL D，见表 3-8。

表 3-8　电池管理系统过放电导致电池起火的危害事件的 ASIL 等级

| 场景 | 危害 | 严重度（S） | 暴露率（E） | 可控度（C） | ASIL |
|------|------|-----------|-----------|-----------|------|
| 高速行驶 | 过放电导致电池起火 | 3 | 4 | 3 | D |

　　从整车角度看，有防止电池起火、防止电池喷射有害气体、防止人员触电和防止非预期减速等电池管理系统功能安全目标。从系统角度看，可以包括防止电池过电压、防止过放电后充电、防止电池过电流和防止过温等，对应的电池管理系统功能安全目标最高等级为 ASIL D。

### 3.3.6.3　功能安全需求

　　功能安全概念（FSC）的目的是从安全目标中导出功能安全需求（FSR），并将其分配给相关项的初步架构要素或外部措施。为了满足安全目标，功能安全概念包括安全措施（含安全机制）。这些安全措施将在相关项的架构要素中实现，并在功能安全要求中规定。功能安全概念（FSC）规定了每个安全目标在故障状态下的行为，需要考虑多种安全机制，功能安全概念基于初步架构设想和危害分析结果。

　　表 3-9 为从防止电池过放电导致电池起火的电池管理系统功能安全目标导出功能安全需求的一个简单例子。防止电池过放电导致电池起火的安全目标导出的安全需求分配给电池管理系统的相关项的要素，通过采集单体电池电压来监控过放电，并且实施安全机制。电压采集精度（$U_1$，$U_2$）为安全需求精度，持续时间 $t$ 由试验确定。

表 3-9　防止电池过放电导致电池起火的安全目标的功能安全需求

| SG1 | FSR 编号 | 功能安全需求 | ASIL |
|-----|---------|-------------|------|
| 防止过放电导致电池起火 | FSR_1_1 | 电压采集精度在（$U_1$，$U_2$）范围内 | D |
| | FSR_1_2 | 为了防止电池过放电导致电池起火，当监测到单体电池电压小于放电截止电压 $U_{截止}$ 且持续 $t$ 时间时，切断高压回路 | |
| | …… | ……… | |

### 3.3.6.4　功能安全设计

　　功能安全需求分配给电池管理系统的系统架构的要素，各要素继承功能安全需求的最高 ASIL 等级。根据功能安全概念、相关项的初步架构和外部接口、限制条件以及系统配置要求定义技术安全要求。技术安全要求定义必要的安全机制，在系统层面需要考虑技术安全要求与电池管理系统基础功能的兼容性，设计出合理的电池管理系统的系统架构。电池管理系统的系统架构可从失效后是否需要继续提供措施来维持安全状态，可分为"失效安全"和"失效可运行"，对应的功能安全系统架构分别为德国汽车工业协会提出的 E – Gas 架构（图 3-55）和冗余架构（图 3-56）。通过实现技术安全要求的电池管理系统的软硬件设计，完成电池管理系统的功能安全设计。

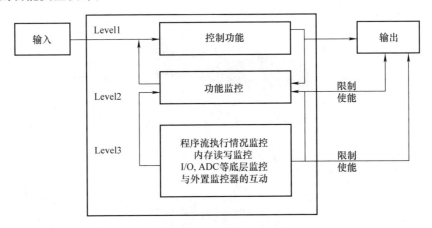

图 3-55　失效安全对应的系统 E – Gas 架构框图

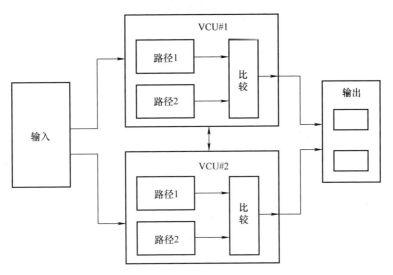

图 3-56　失效可运行对应的系统冗余架构框图

## 3.4　动力电池系统安全性设计

动力电池系统作为电动汽车电能存储部件，是一个集化学、电子、电气、机械于一体的复杂系统，如图 3-57 所示。动力电池系统主要由电池模组、电气系统、机械系统、热管理系统及控制系统组成。动力电池系统使用环境苛刻、生命周期较长，因此它的设计要兼顾各方面要求。前文已经讲述了单体电池、模组及 BMS 等部件的安全设计内容，本节将重点围绕动力电池系统，分别从机械安全设计、电气（高压）安全设计和热安全设计三个方面展开介绍。

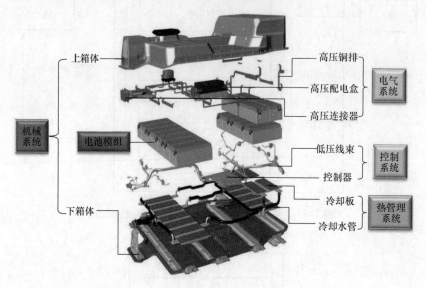

图 3-57　动力电池系统组成示意图（见彩插）

## 3.4.1　机械安全设计

### 3.4.1.1　电池系统布置设计要点

动力电池系统布置既要兼顾车辆安装空间的尺寸以及固定要求，又要便于内部模组固定、高低压走线等，主要基于以下布置原则：

1）电池系统外形规则，避免异形、尖角。

2）系统内部各区域载荷及承重要分布均匀，避免局部承重过大或过小，系统质心应处于边界几何中心区域内，如图 3-58 所示。

3）高低压分开走线，避免产生电磁干扰。

4）电气件与模组分开布置，避免模组工作产生热量影响电气件性能。

5）优先布置电池模组。

1. 电池模组布置

动力电池系统内部包含多个电池模组。电池模组排布应最大化利用系统内部的有效空间，保证系统内部的机械安全和电气安全。动力电池系统应尽量使用同一种规格的模组，以达到简化生产管理和售后更换的目的。如果不能避免选用多种规格的电池模组，则一般选用的规格种类不超过三种。如图 3-59 所示，布置电池模组要结合安装工艺、电气连接、模组膨胀及功能性等几方面综合考虑：

1）模组安装便捷、固定可靠。

2）模组间电连接避免出现交叉、跳线，连接形式简单可靠。

3）液冷模组温度传导路径相同，可提高模组间单体温度的一致性。

4）风冷模组按降低风阻的方向布置，提高换热效率。

5）电池模组间、模组与箱体、模组与其他零件的最小距离应不小于模组寿命终止时的膨胀尺寸。

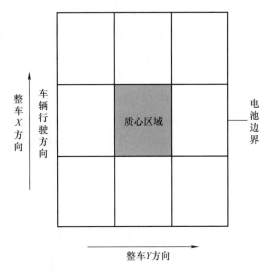

图 3-58　动力电池系统质心位置示意

6）结合寿命终止阶段的模组尺寸边界校核系统内的电气安全间隙。

7）风冷应结合模组寿命终止阶段的尺寸分析，确保冷却系统的有效性。

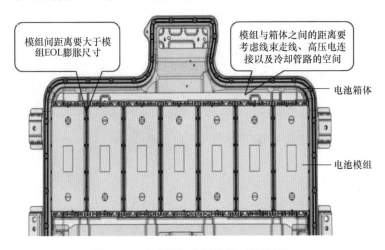

图 3-59　电池模组布置示意（见彩插）

2. BMS 和高压配电盒总成布置

布置设计 BMS 时应结合拓扑方案（集中式或分布式）特点，布置在有利于低压线束走线的位置，缩短低压线束的走线长度；控制各单体采样线束的长度，保证采样线束长度相近，减小因导线内阻差异引起的测试数据偏差。预留 BMS 走线通道及固定点，固定点选取间隔为 200～300mm，避免线束在整车行驶过程中自由摆动或与系统内其他零部件发生干涉摩擦而出现短路等安全问题；线束弯折处应预留较大空间，确保弯曲半径尺寸。

　　高压配电盒总成布置在便于进行动力电池总成内部高压连接方案实现的位置，避免出现高压跳线的情况。如图 3-60 所示，BMS 和配电盒应尽量分开布置，在总成内部划分出高压器件和低压器件布置区域，保证高压和低压单独走线，以避免相互干扰，保证电气安全。

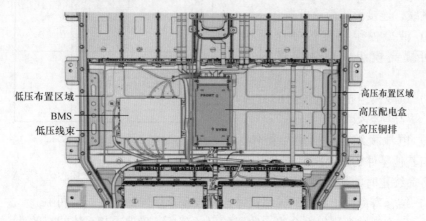

低压布置区域
BMS
低压线束

高压布置区域
高压配电盒
高压铜排

图 3-60　BMS 及高压配电盒布置示意（见彩插）

### 3. 维修开关布置设计

高压维修开关布置在便于人员操作的位置，装车前后都可以不借助工具或设备进行断开，如图 3-61 所示。

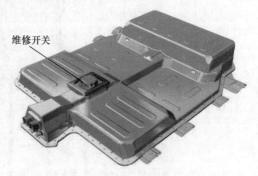

维修开关

图 3-61　电池维修开关布置示意（见彩插）

高压维修开关应处于整个高压回路中间的位置，尽可能满足如下分压要求：

　　若 $n$ 为偶数，有

$$U_1 = U_2 = U \times n/2$$

　　若 $n$ 为奇数，有

$$U_1 = U \times (n-1)/2$$
$$U_2 = U \times (n+1)/2$$

式中　$U_1$、$U_2$——动力电池系统高压回路被高压维修开关断开后形成的两个子回路电压（V）；

　　　　$U$——动力电池系统总电压（V）；

　　　　$n$——动力电池总成中单体的串联数。

　　对于没有机械维修开关的动力电池系统，应设置额外的控制回路，以保证对车辆进行维修前可以通过控制回路切断动力电池内部高压回路。

4. 溢流口和透气阀布置设计

溢流口的主要作用是当动力电池系统内部单体电池电解液泄漏、热管理系统冷却液泄漏或总成内部意外进水后，可尽快排出电池包内的液体，如图 3-62 所示。布置原则如下：

1）溢流口布置在动力电池下箱体 $Z$ 方向的最低处，有利于液体流出。

2）便于拆装和密封，一般采用螺接方式。

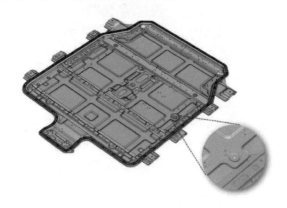

图 3-62 溢流口位置示意

透气阀的主要作用是在保证动力电池系统满足 IP 防护等级的要求下，动力电池内外可自由进行气体交换。当内外存在压差时，实现电池系统内外压力平衡。为避免在整车行驶过程中灰尘、泥渍和道路积水等杂物附着于透气阀表面，影响透气效果，一般将透气阀布置于动力电池总成箱体的侧立面上，如图 3-63 所示。

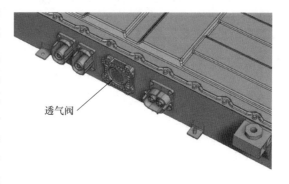

图 3-63 透气阀位置示意

### 3.4.1.2 电池箱体设计

电池箱体承载了动力电池系统内部所有部件的重量，是电池模组、热管理系统、控制器等核心部件最重要的防护和承载部件。汽车在行驶过程中，安装在底部的动力电池易碰到地面凸出物，如汽车减速带、坡顶、坑洼路面、砖块、石头等，出现托底工况，电池箱体受到剐蹭和撞击会导致开裂破坏、密封失效甚至安全事故。因此从材料选择和结构设计上都需要确保有足够的机械强度，保证动力电池系统的稳健性和可靠性，满足 GB/T 31467.3—2015《电动汽车用锂离子动力

蓄电池包和系统　第3部分：安全性要求与测试方法》中关于振动、冲击、挤压、碰撞等的要求，如图 3-64 所示。电池箱体包括底部托盘、挂点、加强梁和防撞梁等结构。

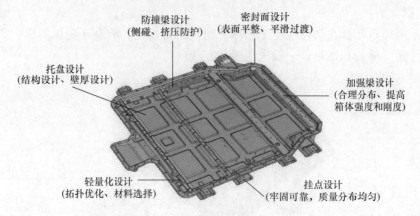

防撞梁设计
(侧碰、挤压防护)

密封面设计
(表面平整、平滑过渡)

托盘设计
(结构设计、壁厚设计)

加强梁设计
(合理分布、提高
箱体强度和刚度)

轻量化设计
(拓扑优化、材料选择)

挂点设计
(牢固可靠，质量分布均匀)

图 3-64　电池箱体示意

电池箱体一般采用金属材料，如结构钢、铝合金。金属外壳确保支撑电池组件重量所需的坚固性，也有部分箱体为了进一步轻量化设计，采用碳纤维等复合材料。电池外壳常用材料的对比见表 3-10。

表 3-10　电池外壳常用材料对比

| 材料 | | 工艺 | 优点 |
| --- | --- | --- | --- |
| 金属材料 | 结构钢<br>铝合金 | 冲压<br>挤出<br>压铸 | 机械强度高<br>防火性能好<br>电磁屏蔽效果好 |
| 复合材料 | 片状成型材料<br>玻璃纤维材料<br>碳纤维材料 | 模压成型<br>注塑成型 | 制造成型简单<br>绝缘性好<br>轻量化好 |

图 3-65 所示为结构钢钣金箱体。局部设计加强筋结构可以增加钣金件强度、减少箱体受力变形，使动力电池系统在发生挤压、跌落、碰撞等情况时，箱体只会适度变形，不会出现破裂或压缩导致内部电池模组、控制器等核心部件失效。常用的加强筋设计尺寸见表 3-11。但加强筋并不是越多越好，过多的强化

图 3-65　结构钢钣金箱体示意

设计会造成电池箱体成形困难、局部翘曲等问题。

表3-11　常用加强筋尺寸

| 加强筋截面示意 | $R$ | $H$ | $r$ | $D$ | $\alpha$ |
|---|---|---|---|---|---|
| 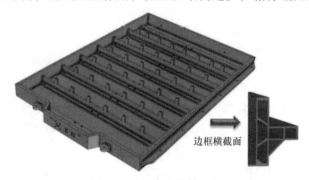 | $(3\sim4)T$ | $(2\sim3)T$ | $(1\sim2)T$ | — | — |
|  | — | $(1.5\sim2)T$ | $(0.5\sim1.5)T$ | $\geqslant3H$ | $15°\sim30°$ |

注：$T$ 为钣金厚度。

随着动力电池系统的能量密度成为电动汽车补贴的重要指标，轻量化优势明显的铝合金箱体逐渐成为主流方案。如图3-66所示，铝合金电池箱体在边框或底板上增加了型腔结构，起到加强作用，但型腔结构越多，箱体增加的重量也越多。

边框横截面

图3-66　铝合金箱体示意

电池箱体的安装挂点通常是对称设计，并采用螺栓连接，可靠性受固定点数量、接触面摩擦系数、动力电池系统重量、系统受到外界冲击作用力的大小等因素影响，可以用下式作为判断和设计依据

$$n\mu F\geqslant fMa$$

式中　$n$——螺栓数量；

　　　　$\mu$——螺栓连接接触面摩擦系数；

　　　　$F$——螺栓压紧力（N）；

　　　　$f$——安全系数；

　　　　$M$——电池系统重量（kg）；

　　　　$a$——系统受到冲击的加速度（m/s²）。

　　以作者开发过的电池箱体为例，从随机振动、机械冲击、挤压等几个维度快速评价电池箱体结构强度性能。其中，随机振动分析的目的是评价汽车行驶在凹凸不平的路面时电池箱体结构所受激励而产生的振动疲劳。图 3-67 所示为电池箱体 $Z$ 方向随机振动分析，并进行疲劳损伤计算得到损伤云图。

　　机械冲击主要是考察电池箱体在遭遇加速度突变的情况下是否会破坏，以评价车辆急加速、急减速、掠过凹坑或石头凸起等工况下动力电池的结构强度性能。图 3-68 所示为动力电池 $Z$ 方向三次冲击过后的等效塑性应变结果。

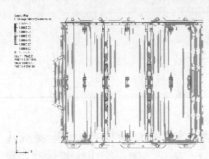
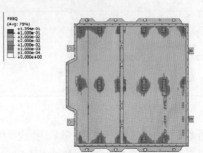

图 3-67　电池箱体 $Z$ 方向随机　　　　图 3-68　$Z$ 方向三次冲击过后的
振动损伤云图（见彩插）　　　　　　等效塑性应变云图（见彩插）

　　挤压分析主要用于确定动力电池在承受挤压的状态下是否会发生危险，即是否会发生电池箱体失效破坏，或箱体严重变形导致模组挤压破坏和失效。主要判别是在规定的挤压力或挤压变形条件下，动力电池包箱体或其他结构件是否对电池模组产生挤压力，或产生的挤压力能否导致模组出现安全危险。如图 3-69 所示，按照国标进行的 $X$ 向挤压变形导致下箱体变形小于 2mm，并未接触电池模组，电池模组具有足够的安全空间，不会发生模组挤压失效。

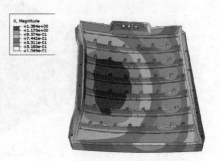

图 3-69　动力电池包 $X$ 向
挤压结果（见彩插）

### 3.4.1.3　IP 防护设计

　　IP 防护对于动力电池系统来说至关重要，是保证动力电池系统安全工作的必要条件。如果 IP 防护等级设计不合理，则会直接导致动力电池系统触发绝缘报警而影响整车使用，甚至会造成动力电池系统腐蚀、短路，从而引发起火、爆炸事故。

　　动力电池系统 IP 防护等级要求与安装位置密切相关。如布置在乘员舱或行李舱，则动力电池系统要求在 IP54 或以上；如布置在车身底板下方，则要求在 IP67

以上。动力电池系统涉及密封的零部件主要有上箱体、下箱体、箱体连接界面、高压插接器、低压插接器以及高、低压插接器与箱体的连接界面等。

　　目前，动力电池上箱体和下箱体的制造工艺较为成熟，采用常规的工艺和检验方法可避免由于制造缺陷（如砂眼、裂缝或焊接工艺缺陷）而造成的动力电池系统泄漏问题。高压和低压插接器一般采用现有的成熟产品，保证插接器与箱体连接界面的 IP 防护等级，密封结构设计满足插接器的配合要求。本节将重点介绍箱体连接界面密封和透气阀密封。

1. 箱体连接界面密封

　　该类密封通常有两种密封设计形式：密封条密封和密封胶密封。密封条根据材料又可分为橡胶密封条和泡棉密封条。泡棉密封条由于需要具备极其优良的反弹性、柔软性、防水性、耐候性等，故一般采用闭孔发泡材料。密封条密封采用的是压缩密封原理，即密封条在两个连接界面的压力作用下发生弹性形变，密封条形成适当的压缩量，借助于材料的反弹力压紧密封面从而起到密封作用。在设计电池包密封条和密封面时，若预留压缩量过小，则会导致密封失效；而压缩量过大会，则造成密封材料的永久变形导致密封条应力松弛，引起泄漏。因此，设计时要充分考虑密封条的压缩率。压缩率 $C$ 按下式计算

$$C = \frac{(h_0 - h_1)}{h_0} \times 100\%$$

式中　$h_0$——密封条自由状态下的厚度（mm）；

　　　$h_1$——密封条压缩后的厚度（mm）。

　　设计时，需要权衡压缩率的大小，以保证密封条的使用性能和寿命为前提，尽量选择较大的压缩率。密封条的有效密封宽度也对密封效果有直接影响。如果密封宽度过大，则会导致成本上升，影响其他零部件的设计空间；如果密封宽度过小，则可能会导致密封效果达不到 IP 防护要求。因此，合理选择有效的密封宽度是十分必要的。如果按 IP67 要求，电池包在水下 1m 处测试，则电池包内应无水进入。如图 3-70 所示，水对密封条的压力应远小于密封条与上下界面之间的摩擦力，即

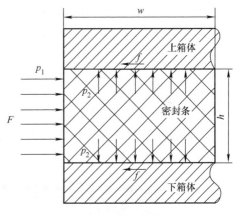

图 3-70　水下 1m 密封条受力分析

$$\frac{2f}{F} > n$$

式中　$f$——密封条所受摩擦力（N）；

　　　$F$——水对密封条的压力（N）；

　　　$n$——安全系数。

密封垫理论上的最小宽度 $w$ 可按下式计算

$$2p_2w/p_1h > n$$

$$w > np_1h/2p_2$$

式中　$p_2$——密封垫对密封面的压强（Pa）；

　　　$p_1$——1m 深处水压（Pa）；

　　　$h$——密封条压缩后的厚度（mm）。

为了防止密封条压缩量过大而造成材料的永久变形，一般在连接界面增加限位结构设计，以控制密封件的最大压缩量。图 3-71 所示为双唇式橡胶密封条的限位结构示意。

密封胶密封原理是通过胶的粘合作用把连接界面结合在一起，从而起到阻隔作用。密封胶根据组分不同可分为单组分密封胶和双组分密封胶。单组分密封胶需要湿气固化，固化时间长；双组分密封胶有固化剂，因此固化时间较短。

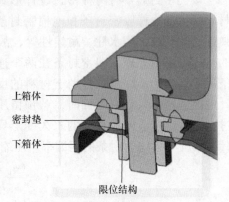

上箱体

密封垫

下箱体

限位结构

图 3-71　双唇式橡胶密封条的
限位结构示意（见彩插）

应用密封胶密封对连接界面材质有要求，应尽量选择表面自由能高的材质，如钢材、铝材、SMC 复合材料等。对于表面自由能低的材质，如 PP 材料、长纤维增强热塑性材料等，不适合用密封胶进行粘接密封。若有粘接需求，则应提前对其表面进行火焰处理、等离子处理或施加底涂，提高表面自由能。

图 3-72 所示为具有不同表面自由能的材质施涂密封胶固化后的拆卸情况。表面自由能高的材质施涂密封胶固化拆卸后，胶体不易脱落，粘接力强。表面自由能低的材质施涂密封胶固化拆卸后，胶体脱落，基本无粘接力。

a) 表面自由能高的材质　　　　　　　　b) 表面自由能低的材质

图 3-72　具有不同表面自由能的材质施涂密封胶固化后的拆卸情况

## 2. 透气阀密封

防水透气装置是利用气体分子与液体及灰尘颗粒的大小数量级差，让气体分子通过，而使液体、灰尘无法通过，从而平衡由于温度、海拔等因素造成动力电池系统内外的压差。在极端情况下，例如单体泄压、热失控、动力电池内部压力急剧升高等，都会造成电池箱体破裂，加剧爆炸损坏程度，因此防水透气阀需要兼顾防爆功能。如图 3-73 所示，目前行业内主流的防水透气阀一般有三种形式：透气贴、透气阀和透气塞。

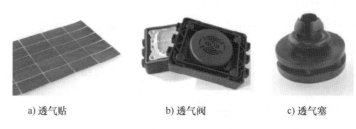

a) 透气贴　　　　　　b) 透气阀　　　　　　c) 透气塞

图 3-73　防水透气装置类型示意

透气贴采用背胶粘贴方式装配在电池箱体上，在极端工况时，箱体内部急剧升高的压力使背胶剥离，迅速释放压力；透气阀采用螺接固定方式装配，在发生极端情况时，阀体内部的顶针刺破防水透气膜或推动阀体弹簧，从而迅速释放压力；透气塞一般通过卡接过盈方式固定，在极端情况下，箱体内部压力大于防水透气塞的摩擦力，将塞体推出安装孔，迅速释放压力。

防水透气阀依据单位时间透气量 $Q$ 进行选型，依据理想气体状态方程计算

$$PV = nRT$$

式中　$P$——气体压强（Pa）；

$V$——气体体积（$m^3$）；

$n$——气体物质的量，通常在标准状态下 1mol 气体占体积约为 22.4L（$6.02 \times 10^{23}$ 个气体微粒为 1mol）；

$R$——普适气体常量，$R = 8.314 J/mol \cdot K$；

$T$——气体的热力学温度（K）。

假设动力电池系统需要在内外压差为 $P_0$ 的情况下，在 $t_0$ 时间内达到平衡，由理想气体状态方程可推导出在动力电池系统内前后空气体积差值 $\Delta V$ 为

$$\Delta V = \left( \frac{T_2}{T_1} - 1 \right) V_1$$

式中　$\Delta V$——温度变化后需要放出或者吸入的空气体积（$m^3$）；

$T_1$——动力电池总成内气体初始温度（K）；

$T_2$——动力电池总成内气体变化后温度（K）；

$V_1$——$T_1$ 温度下动力电池总成内空气体积（m³）。

因此，泄气流量为

$$Q = \lambda \frac{\Delta V}{t_0}$$

式中　λ——安全系数，通常 $\lambda = 1.5 \sim 2$。

以计算得到的 $Q$ 值进行透气阀选型。

### 3.4.2　高压安全设计

动力电池系统的高压原理如图 3-74 所示。电池模组及电气部件连接形成高压回路，整个高压回路经由配电装置实现放电输出及充电输入。配电装置主要由继电器、熔断器、预充电阻、电流传感器等组成，具有高压电路保护、控制和分配等功能。

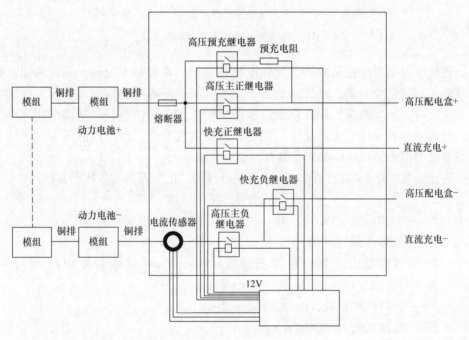

图 3-74　动力电池系统的高压原理

动力电池系统高压安全设计以保护人员及部件设备免受高压电危害为目的，通过隔离带电部件、降低电压电流至安全范围内，或通过实时监控实现预警阻断电危害的发生与扩展，主要包括以下措施：绝缘监控设计、等电位设计、电气隔离、主动防护设计等。

1. 绝缘监控设计

GB/T 18384.1—2015《电动汽车　安全要求　第 1 部分：车载可充电储能系

统（REESS）》中对电动汽车车载可充电储能系统的安全要求，直流电路绝缘电阻≥100Ω/V，交流电路绝缘电阻≥500Ω/V。由于整车上各高压部件是并联的，针对整车的绝缘电阻需求，可以分解到各零部件总成的绝缘电阻要求。一般动力电池系统在全生命周期内的绝缘阻值要求大于 2.5MΩ。

动力电池系统长时间在恶劣环境下工作，如坑洼路面、高温高湿、温度湿度剧烈变化、酸碱环境等情况，系统内部水蒸气含量过高、绝缘层腐蚀老化，存在系统绝缘性能下降的风险。高压输出端与车身构成漏电回路，将对人身安全造成威胁，因此动力电池系统的绝缘监控尤为重要。本书以作者开发过的动力电池产品为例，说明动力电池系统绝缘电阻的计算方法，如图 3-75 所示。

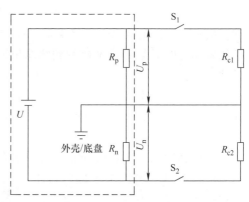

图 3-75　绝缘电阻测试原理

通过开关 $S_1$、$S_2$ 的闭合和断开测量各电阻两端电压，通过电路定律可计算得到电池正负极母线到壳体/底盘之间的绝缘电阻。动作方式包括：开关 $S_1$、$S_2$ 全部断开和开关 $S_2$ 断开、开关 $S_1$ 闭合；开关 $S_1$、$S_2$ 全部断开和开关 $S_1$ 断开、开关 $S_2$ 闭合；开关 $S_1$ 断开、开关 $S_2$ 闭合和开关 $S_2$ 断开、开关 $S_1$ 闭合。这里以其中一种开关动作方式举例分析。

当开关 $S_1$、$S_2$ 断开时，测量正极母线与外壳/底盘电压为 $U_1$、$U_2$，可得

$$\frac{U_1}{R_p} = \frac{U_2}{R_n}$$

当开关 $S_1$ 闭合、开关 $S_2$ 断开时，在电池正极和外壳/底盘之间加入测量电阻 $R_{c1}$，测量电池正极母线与外壳/底盘电压为 $U_{p1}$、测量电池负极母线与外壳/底盘电压为 $U_{n1}$，可得

$$\frac{U_{p1}}{R_p} + \frac{U_{p1}}{R_{c1}} = \frac{U_{n1}}{R_n}$$

通过上述两种开关状态可得

$$R_p = \left( \frac{U_1 U_{n1}}{U_2 U_{p1}} - 1 \right) \times R_{c1}$$

$$R_n = \left( \frac{U_{n1}}{U_{p1}} - \frac{U_2}{U_1} \right) \times R_{c1}$$

式中　$R_p$——电池正极母线与外壳/底盘之间的绝缘电阻（Ω）；

$R_n$——电池负极母线与外壳/底盘之间的绝缘电阻（Ω）。

　　当动力电池系统与外壳/底盘之间存在短路点时，最大的泄漏电流所对应的电阻即为整个系统的绝缘电阻；当动力电池系统未发生绝缘故障时，由于 $R_p$ 和 $R_n$ 中阻值较小的电阻允许更大的电流经过系统另一端电极母线与地相连的外部电路，所以动力电池系统绝缘电阻值为

$$R_i = \min\{R_p, R_n\}$$

式中　$R_i$——动力电池系统绝缘电阻（$\Omega$）。

　　如果动力电池监测系统检测到绝缘电阻异常，则可采取分级报警的策略：当 BMS 系统检测 $R_i$ 发生异常时，BMS 上报 VCU 报警信号，动力电池系统等待 VCU 发送断开高压回路指令；当 BMS 系统检测 $R_i$ 低于系统设定临界值时，BMS 直接上报并记录严重绝缘故障，断开继电器，整车下高压电。

　　2. 等电位设计

　　等电位联结作为动力电池系统最基本的保护措施，首先要求电池箱体与车辆壳体等电位联结，可以采用编织导线或者粗螺栓联结；其次需要满足电池箱体内部等电位设计。由于电池箱体能够供给和接受大量电荷，故把电池箱体作为系统的联结"地"，将电池内各零部件均通过等电位联结"地"，形成等电位体，如图 3-76 所示，从而实现人体触电防护、零部件的静电防护和电子器件的 EMC 防护。

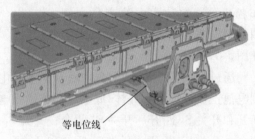

图 3-76　动力电池内部等电位联结示意图

　　1）如果人体同时接触动力电池外露导电的两点，且这两点等电位联结，可以保证两点压差低于人体安全电压，实现人体触电防护，如图 3-77 所示。

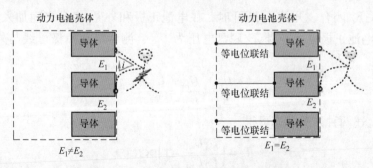

图 3-77　等电位实现人体触电防护原理

　　2）通过将动力电池内部零部件与电池箱体的等电位联结，可以将零部件表面的静电及时传导接地，避免由静电积聚产生火花，消除静电危害，实现静电防护。

3）通过将电子设备屏蔽层与电池箱体等电位联结，最大限度地减小电位差，可以有效防护较大脉冲电流对周围电子设备产生的电磁干扰。

动力电池系统等电位联结设计要点包括：

1）等电位联结点需要保证表面导电性，无弱导电性的喷漆或氧化物存在。

2）等电位联结点通过螺接、压接、焊接等方式实现，需保证在动力电池总成发生振动时保持可靠连接。

3）等电位联结线需要尽可能短。

4）等电位联结所用螺栓或者线束截面积应大于等于动力电池高压连接排截面积。

GB/T 18384.3—2015 要求"电位均衡通路中任意两个可以被人同时触碰到的外露可导电部分之间的电阻应不超过 0.1Ω"。电位均衡测试方法如图 3-78 所示。对于待测任意两个外露导电部分两端加测试直流电压，其中测试电压小于 60V，测试电流大于 1A，测试持续时间不少于 5s。通过测量外露两点之间的电压和流经电流，由欧姆定律计算得到绝缘电阻小于或等于 0.1Ω，则动力电池系统满足等电位要求。

3. 电气隔离

动力电池系统一般通过设计合适的电气间隙和爬电距离来实现高压电气隔离。GB/T 18384.1—2015 给出了可充电储能系统电气间隙和爬电距离设计的建议值。

（1）电气间隙　两导电部件之间在空气中的最短距离为电气间隙。如图 3-79 所示，导体Ⅰ和导体Ⅱ的电气间隙为 AB 直线距离与 BC 直线距离之和。电气间隙越大，系统电气性能越稳定，安全性越高。当电气间隙过小时，系统瞬态冲击电压易过大而发生放弧现象，造成安全隐患。同时需要考虑动力电池系统在受到外界冲击或剧烈振动的情况下，部件间的间隙会发生变化。因此在设计过程中，需要考虑在变化范围内的最小间隙应满足系统电气间隙要求。

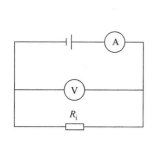

图 3-78　电位均衡测试原理

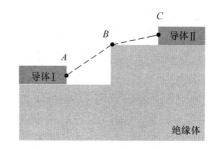

图 3-79　电气间隙示意

GB/T 16935.1—2008《低压系统内设备的绝缘配合　第 1 部分：原理、要求和试验》中定义了电气间隙受系统中可能出现的电压（包括冲击耐受电压、稳态电压有效值、瞬时过电压、再峰值电压等）、气压、污染等级等因素的影响。考虑动力电池系统满足 IP67 防护要求，污染等级选择 2 级；考虑电池系统内部复杂的放电情况，可以选择内部非均匀电场；针对动力电池系统内部可能出现的不同电压情况，可以分别对应用于海拔 2000m 以下、2000m 以上的动力电池系统确定最小电气间隙。

1）动力电池系统应用于海拔 2000m 以下。确定电气间隙需要重点考察动力电池系统的四个典型电压：冲击耐受电压、稳态电压有效值、瞬时过电压和再现峰值电压。根据 GB/T 16935.1—2008，通过查表法可以确定系统各电压值对应的最小电气间隙，见表 3-12。

表 3-12　动力电池系统不同电压对应的最小电气间隙

| 序号 | 系统电压 | 系统电压的确定方法 | 根据系统电压确定电气间隙的方法 | 电气间隙 |
|---|---|---|---|---|
| 1 | 稳态电压有效值 | 表 F.3a[①] | 表 F.4[①] | $L_1$ |
| 2 | 冲击耐受电压 | 表 B.1[①] | 表 F.2[①] | $L_2$ |
| 3 | 瞬时过电压 | 试验测量 | 表 F.7a[①] | $L_3$ |
| 4 | 再现峰值电压 | 试验测量 | 表 F.7a[①] | $L_4$ |

① 请查 GB/T 16935.1—2008。

根据表 3-8，动力电池系统允许最小电气间隙为

$$L_{min} = max\{ L_1, L_2, L_3, L_4 \}$$

2）动力电池系统应用于海拔 2000m 以上。需要通过 GB/T 16935.1—2008 中表 A.2 规定的海拔修正倍增系数 $x$，对电气间隙进行修正。海拔越高，相同电压等级的系统需要满足的电气间隙越大，此时动力电池系统允许的最小间隙为

$$L'_{min} = xL_{min}$$

（2）爬电距离　两导电部件之间沿固体绝缘材料表面的最短距离是爬电距离。如图 3-80 所示，导体 I 和导体 II 中爬电距离为 $AB$ 直线距离、$BC$ 直线距离与 $CD$ 直线距离之和。由于动力电池布置空间紧凑，所以各带电部件间没有足够空间，仅通过电气间隙来实现电气隔离，此时需要通过爬电距离的设计来满足电气隔离的要求。爬电距离受电池系统电压及电压作用时间、环境污染等级、绝缘材料组别等因素的影响。

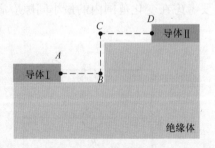

图 3-80　爬电间隙示意

对于动力电池系统中不会发生电解液泄漏的部件，如支撑板、螺栓等金属机械连接部件，两裸露部件间的爬电距离应满足 GB/T 16935.1—2008 表 F.4（避免

由于电痕化故障的爬电距离）中最小爬电距离要求。以作者前期开发过的某款动力电池总成为例，满足 IP67 密封性要求，污染等级选择 2 级，材料组别选择Ⅲ，动力电池系统最大电压有效值为 600V，通过查表可以得到在该电压有效值所在范围内的爬电距离，见表 3-13。

表 3-13 避免由于电痕化故障的爬电距离

| 电压有效值/V | 最小爬电距离/mm | | |
|---|---|---|---|
| | 污染等级：2 级 | | |
| | I | II | Ⅲ |
| 500 | 2.5 | 3.6 | 5.0 |
| 630 | 3.2 | 4.5 | 6.3 |

通过插值法可以得到该系统最小爬电距离为

$$5.0 + \left[ \frac{(600 - 500)(6.3 - 5.0)}{630 - 500} \right] = 6.0(\text{mm})$$

当动力电池系统发生严重事故和故障时，有发生电解液泄漏风险的部件，如电池模组、动力电池总成等，其爬电距离需满足 GB/T 18384.1—2015 中的要求。

1）储能单元高压输出端子间爬电距离满足

$$d \geqslant 0.25U + 5$$

式中　$d$——两裸露导电部件间设计需满足的爬电距离（mm）；

　　　$U$——两裸露导电部件间的最大工作电压（V）。

以某款三元电池模组为例，如果模组电压范围为 11.2 ~ 17.2V，则此模组正负极之间的最小爬电距离为

$$0.25 \times 17.2 + 5 = 9.3(\text{mm})$$

2）带电部件与电平台之间的爬电距离满足

$$d \geqslant 0.125U + 5$$

式中　$d$——裸露导电部件与系统电平台间设计需满足的爬电距离（mm）；

　　　$U$——两裸露导电部件间的最大工作电压（V）。

若动力电池系统的电压范围为 268 ~ 412.8V，则此电池总成的带电部件，如输出电极，需要与系统电平台间的最小爬电距离为

$$0.125 \times 412.8 + 5 = 56.5(\text{mm})$$

4. 主动防护设计

动力电池系统主动防护设计主要包括过电流保护、高压互锁、预充电保护等。

（1）过电流保护　在生产、安装、使用和维修过程中，电池系统如果出现长时间异常大电流，瞬时产生并释放巨大能量，就会引起火灾或爆炸。为了保障人员与用电设备安全，需要实时监控高压回路的电流状态。动力电池系统过电流保

护逻辑设计如图 3-81 所示。当电流超出规定限值范围和持续时间时，BMS 将发送异常信号给整车控制器，通过强制降功率运行限制电流值。若在规定时间内未将电流降至规定范围内，则将断开动力电池系统高压输出继电器，保证整个高压回路无长时间过电流出现，从而有效防止电动汽车起火爆炸事故的发生。

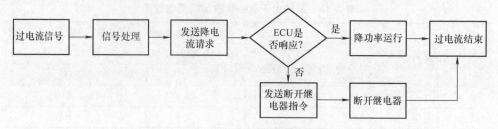

图 3-81　过电流保护逻辑设计原理

如果动力电池系统发生运行故障导致继电器断开失效，则高压回路中的熔断器作为最薄弱环节，也可以起到保护回路中其他部件的作用。

（2）高压互锁　动力电池系统高压互锁是指 BMS 通过低压信号来检查高压母线回路中使用插接器插接处的电气插接完整性。一旦检测到高压插接器未达到要求的插接可靠程度，BMS 将直接或通过整车控制器禁止动力电池充放电；否则高压系统会由于各高压部件电连接位置阻抗变大，出现输出功率降低、高压插接器烧损等危害。

动力电池高压互锁原理如图 3-82 所示，由 BMS 监控整个高压互锁回路的电气连接状态，并将监控结果上报 VCU。在整车上电过程中，只有高压互锁回路监控无异常，BMS 才可接通动力电池高压回路，否则将禁止接通高压回路并报警；在整车运行过程中，一旦出现高压互锁故障，就根据故障等级进行降功率、报警等故障处理。

（3）预充电保护　在电动汽车动力电源回路中存在着大量容性负载。在整车上电过程中，如果直接闭合动力电池系统主正、主负继电器，那么当容性负载电压为零时，会形成瞬态冲击大电流，烧毁高压回路中的低负荷电气件，甚至危及人身安全。因此，应在动力电池系统高压回路中设计预充电阻进行瞬态冲击保护，以避免产生瞬态冲击电流损坏回路中的高压部件，进而实现保护电路的目的。

图 3-83 所示为动力电池系统预充电路拓扑，$U_b$ 为动力电池总成电压，$R_i$ 为动力电池总成内阻，$R_p$ 为预充电阻（通常为 $100\Omega$ 左右的功率型电阻）。当上高压电时，首先接通主负继电器 $K_-$ 和预充继电器 $K_p$，预充回路工作，对容性负载进行充电；当完成预充后，接通主正继电器 $K_+$，切断预充回路，高压充电回路工作。具体预充过程原理可以参考本书 6.1.3 节。

可以通过如下三种方式判断预充过程完成，输出预充完成信号：

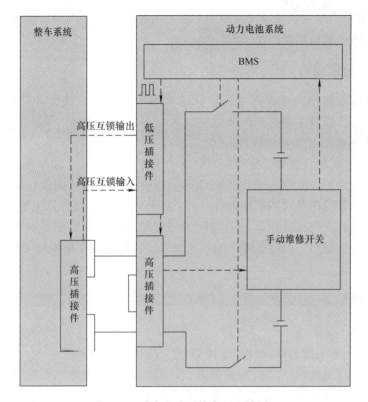

图 3-82　动力电池系统高压互锁原理

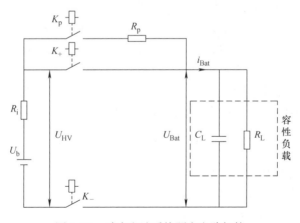

图 3-83　动力电池系统预充电路拓扑

1）采集动力电池直流母线输出电流 $i_{Bat}$，当接近 0 时，输出预充完成信号。

2）采集动力电池系统总电压 $U_{HV}$ 和动力电池系统输出端电压 $U_{Bat}$，当二者趋于相等时，输出预充完成信号。

3）采集动力电池系统输出端电压 $U_{\text{Bat}}$，当输出端电压达到设定的欠电压保护值，经过预定延时后输出预充完成信号。

### 3.4.3 热安全设计

动力电池系统热安全设计主要包括动力电池热管理系统设计、热失控预警、热扩散防护设计以及主动灭火设计。

#### 1. 动力电池热管理系统设计

如图 3-84 所示，锂离子电池较为舒适的工作温度范围为 20～35℃。当温度过低时，电池功率特性受限，而温度过高则会影响电池寿命。因此，电池热管理系统是动力电池系统中不可或缺的部分，对它的研究和开发是降低电池热积累风险、提高电池性能的重要工作。其主要功能包括电池温度的准确测量和监控、电池温度过高时的有效散热、低温条件下的快速加热、保证电池温度场均匀分布等。

图 3-84 锂离子电池工作温度范围示意（见彩插）

电池热管理系统设计之初需要确定设计输入，根据电池的温度特性、温差特性以及整车运行环境温度确定电池热管理系统温度控制目标和温差控制目标，同时需要典型工况下电池的发热功率及电池低温充电开启温度、最长加热时间，根据这些输入进行电池热管理系统的需求计算。

需求计算包括流体流量需求、流体入口温度需求、加热功率需求。要计算出流体流量需求和流体入口温度需求，首先要明确动力电池总成内部的热传递。热传递简单可分为固体的热传导和固体表面与运动流体之间的对流换热。

（1）热传导 电池内部的热量向外部传递主要依靠热传导形式，根据傅里叶定律，对于电池热管理系统一维稳态热传导可用下式表示

$$Q_{\text{k}} = -\lambda A \left(\frac{\text{d}T}{\text{d}x}\right)_{x=0} = \lambda A \frac{T_{\text{w}} - T_{\text{b}}}{\delta_{\text{b}}}$$

式中　$Q_{\text{k}}$——热传导热流量（W）；

　　　$T_{\text{w}}$——热物体的表面温度（K）；

　　　$T_{\text{b}}$——冷物体的表面温度（K）；

　　　$\delta_{\text{b}}$——冷热物体间的导热层厚度（m）；

　　　$A$——与热流方向垂直的面积（$\text{m}^2$）；

　　dT/dx——该截面上沿热流方向的温度梯度（K/m）；

　　　$\lambda$——热传导率[W/(m·K)]。

（2）对流换热　冷却板等固体表面与冷却液等运动流体的换热一般用牛顿冷却定律计算，表示为

$$\Phi = hA(T_{w} - T_{f})$$

式中　$\Phi$——对流换热热流量（W）；

$h$——对流换热系数$[W/(m^{2} \cdot K)]$；

$A$——换热面积（$m^{2}$）；

$T_{w}$——固体表面的平均温度（K）；

$T_{f}$——流体的平均温度（K）。

电池热管理系统中对流换热不仅与流体的温度 $T_f$ 有关，而且还与流体种类、运动速度、流道几何形状、尺寸和大小有关，而这些物理量则使用努塞尔特准数 $N_u$、雷诺数 $Re$、普兰特准数 $P_r$ 描述。努塞尔特准数 $N_u$（无量纲）表示为对流传热系数的准数，表达式为

$$N_{u} = \frac{hd}{\lambda_{f}}$$

式中　$h$——对流换热系数 $[W/(m^{2} \cdot K)]$；

$\lambda_{f}$——静止流体的热传导率$[W/(m \cdot K)]$；

$d$——特征长度（m）。

雷诺数 $Re$（无量纲）表示为流动状态的准数，表达式为

$$Re = \frac{\rho v d}{\mu}$$

式中　$\rho$——流体密度（$kg/m^{3}$）；

$v$——流体速度（m/s）；

$d$——特征长度（m）；

$\mu$——流体动力黏度（Pa·s）。

普兰特准数 $P_r$（无量纲）表示物性影响的准数，表达式为

$$P_{r} = \frac{\mu C_{p}}{\lambda_{f}}$$

式中　$\mu$——流体动力黏度（Pa·s）；

$C_{p}$——等压比热容$[J/(kg \cdot K)]$；

$\lambda_{f}$——静止流体的热传导率$[W/(m \cdot K)]$。

根据传热学基础理论，电池热管理系统中对流换热系数 $h$ 应满足准则关系式。流动状态形式可分为湍流、层流、过渡流，本书以平直管内对流换热为例。

当雷诺数 $Re \geqslant 10^{4}$ 时，流体处于湍流状态，满足迪图斯－贝尔特准则关系式，描述为

$$N_{u} = 0.023 Re^{0.8} P_{r}^{n}$$

流体被加热时 $n=0.4$，流体被冷却时 $n=0.3$。

因此可导出

$$h = 0.023(\rho v)^{0.8} d^{-0.2} \mu^{n-0.8} C_p{}^n \lambda_f{}^{1-n}$$

式中　$h$——对流换热系数[$W/(m^2 \cdot K)$]；

$\quad\quad\rho$——流体密度（$kg/m^3$）；

$\quad\quad v$——流体速度（$m/s$）；

$\quad\quad d$——特征长度（$m$）；

$\quad\quad\mu$——流体动力黏度（$Pa \cdot s$）；

$\quad\quad C_p$——等压比热容[$J/(kg \cdot K)$]；

$\quad\quad\lambda_f$——静止流体的热传导率[$W/(m \cdot K)$]。

当雷诺数 $Re \leqslant 2200$ 时，流体处于层流状态，满足齐德 – 泰特准则关系式，描述为

$$N_u = 1.86 \left( Re P_r \frac{d}{l} \right)^{\frac{1}{3}} \left( \frac{\mu}{\mu_w} \right)^{0.14}$$

因此可导出

$$h = 1.86 \left( \frac{\rho v d^2 C_p}{\lambda_f l} \right)^{\frac{1}{3}} \left( \frac{\mu}{\mu_w} \right)^{0.14}$$

式中　$h$——对流换热系数[$W/(m^2 \cdot K)$]；

$\quad\quad\rho$——流体密度（$kg/m^3$）；

$\quad\quad v$——流体速度（$m/s$）；

$\quad\quad d$——特征长度（$m$）；

$\quad\quad C_p$——等压比热容 [$J/(kg \cdot K)$]；

$\quad\quad\lambda_f$——静止流体的热传导率 [$W/(m \cdot K)$]；

$\quad\quad l$——流动入口段长度（$m$）；

$\quad\quad\mu$——流体动力黏度（$Pa \cdot s$）；

$\quad\quad\mu_w$——壁面流体动力黏度（$Pa \cdot s$）。

当雷诺数 $2200 \leqslant Re \leqslant 10^4$ 时，流体处于过渡区，流动状态十分不稳定。工程上常常避免使用过渡流动区段，因此这里不详细描述。

（3）流体流量需求计算　动力电池热管理系统流体流量需求与对流换热系数相关，即在给定的结构方案下，$\rho$、$d$、$C_p$、$\lambda_f$、$l$、$\mu$ 都已确定。当对流换热系数与流量比值为15%时，对应的流量为电池热管理系统的流体流量需求。在实际设计中，在给定的模型下，使用三维有限元计算对流换热系数与流量的关系曲线，以确定电池热管理系统的流体流量需求。

（4）流体入口温度需求计算　根据输入的动力电池典型工况下的发热量，以

电池热管理系统温度控制目标值为电池温度限值进行流体入口温度值的计算。确定流体的入口温度是一个较为复杂的求解过程，需要温度场和流场进行耦合计算。在直角坐标系下，电池热管理系统稳态温度场和流场的方程如下。

温度场描述为

$$
\begin{cases}
\dfrac{\partial}{\partial x}\left(\lambda_x \dfrac{\partial T}{\partial x}\right) + \dfrac{\partial}{\partial y}\left(\lambda_y \dfrac{\partial T}{\partial y}\right) + \dfrac{\partial}{\partial z}\left(\lambda_z \dfrac{\partial T}{\partial z}\right) = -q \\[2mm]
\dfrac{\partial T}{\partial n} = 0 \\[2mm]
-\lambda \dfrac{\partial T}{\partial n} = h(T - T_e)
\end{cases}
$$

流场描述为

$$
\begin{cases}
\rho\left(\dfrac{\partial u}{\partial t} + u\dfrac{\partial u}{\partial x} + v\dfrac{\partial u}{\partial x} + w\dfrac{\partial u}{\partial x}\right) = \rho\, g_x - \dfrac{\partial p}{\partial x} + \mu\left(\dfrac{\partial^2 u}{\partial x^2} + \dfrac{\partial^2 u}{\partial y^2} + \dfrac{\partial^2 u}{\partial z^2}\right) \\[2mm]
\rho\left(\dfrac{\partial v}{\partial t} + u\dfrac{\partial v}{\partial x} + v\dfrac{\partial v}{\partial x} + w\dfrac{\partial v}{\partial x}\right) = \rho\, g_y - \dfrac{\partial p}{\partial y} + \mu\left(\dfrac{\partial^2 v}{\partial x^2} + \dfrac{\partial^2 v}{\partial y^2} + \dfrac{\partial^2 v}{\partial z^2}\right) \\[2mm]
\rho\left(\dfrac{\partial w}{\partial x} + u\dfrac{\partial w}{\partial x} + v\dfrac{\partial w}{\partial x} + w\dfrac{\partial w}{\partial x}\right) = \rho\, g_z - \dfrac{\partial p}{\partial z} + \mu\left(\dfrac{\partial^2 w}{\partial x^2} + \dfrac{\partial^2 w}{\partial y^2} + \dfrac{\partial^2 w}{\partial z^2}\right)
\end{cases}
$$

式中　　　　$\lambda$——导热系数 $[W/(m \cdot K)]$；

$\quad\quad\quad\quad q$——热流密度（$W/m^3$），也就是电池单位体积发热功率；

$\quad\quad\quad\quad h$——对流换热系数 $[W/(m^2 \cdot K)]$；

$\quad\quad\quad\quad T$——介质温度（K）；

$\quad\quad\quad\quad T_e$——环境温度（K）；

$\quad\quad\quad\quad n$——物体边界的外法线方向；

$\quad\quad\quad\quad \rho$——流体密度（$kg/m^3$）；

$\quad\quad\quad\quad p$——压力（Pa）；

$u$、$v$、$w$——流体在 $t$ 时刻，在点（$x$、$y$、$z$）处的速度分量（m/s）；

$\quad\quad\quad\quad \mu$——流体动力黏度（Pa·s）；

$g_x$、$g_y$、$g_z$——在点（$x$、$y$、$z$）处的单位质量流体的体积力分量（N）。

求解上述方程组就可以得到三维温度场的温度空间分布及时间变化，以及流场的流速、压强的空间分布及时间变化。通常，利用流体力学计算软件（CFD）耦合求解温度场和流场问题。电池温度场、流道流场和流道压强分布如图 3-85 所示。

通过假定各个入口温度，计算动力电池在典型工况下的最高温度和温差，找到动力电池在整个放电过程中最高温度和温差均未超过电池热管理系统温度控制目标和温差控制目标的入口温度，此值即为动力电池流体入口的温度需求。图 3-86 和图 3-87 所示为某款动力电池在流体入口温度需求下的电池最高温度曲线和温差曲线。

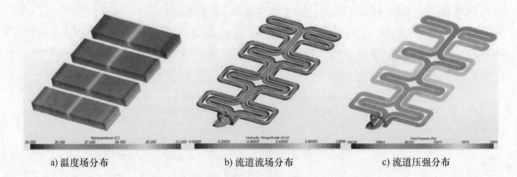

a) 温度场分布　　　　　　　b) 流道流场分布　　　　　　　c) 流道压强分布

图 3-85　电池热管理系统仿真计算（见彩插）

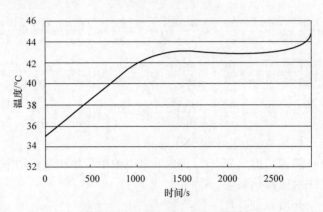

图 3-86　动力电池最高温度曲线

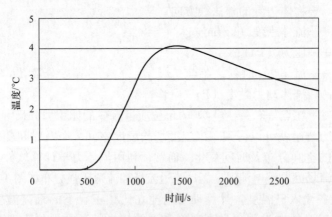

图 3-87　电池温差曲线

（5）加热功率需求　整车运行环境为 −40 ~ 45℃，通常动力电池低温快充条件的要求是高于 0℃，因此需要对单体电池进行加热，即加热到 0℃ 或加热控制策略的阈值温度要求。

单体电池温升吸热计算公式为

$$Q_c = c_c m_c \Delta T_c$$

式中　$c_c$——单体电池比热容 $[J/(kg \cdot K)]$；

　　　$m_c$——单体电池总质量（kg）；

　　　$\Delta T_c$——单体电池温升（K）。

流体温升吸热计算公式为

$$Q_f = c_f m_f \Delta T_f$$

$$m_f = \rho V$$

式中　$Q_f$——流体吸收的热量（J）；

　　　$c_f$——流体比热容 $[J/(kg \cdot K)]$；

　　　$m_f$——流体质量（kg）；

　　　$\Delta T_f$——流体进出口温差（K）；

　　　$\rho$——流体密度（kg/m³）；

　　　$V$——流体体积（m³）。

电池热管理系统冷却部件温升吸热计算公式为

$$Q_p = c_p m_p \Delta T_p$$

式中　$Q_p$——电池热管理系统冷却部件吸收的热量（J）；

　　　$c_p$——冷却部件比热容 $[J/(kg \cdot K)]$；

　　　$m_p$——电池热管理系统冷却部件质量（kg）；

　　　$\Delta T_p$——电池热管理系统冷却部件温升（K）。

则动力电池在低温加热过程中热量需求为单体电池、流体介质和电池热管理系统冷却部件温升吸热之和，并计入热传递效率。计算公式为

$$Q_{all} = \frac{Q_c + Q_f + Q_p}{\eta}$$

$$P = \frac{Q_{all}}{t}$$

式中　$Q_{all}$——低温加热过程电池热管理系统总热量需求（J）；

　　　$\eta$——热传递效率；

　　　$t$——加热时间（s）；

　　　$P$——加热功率需求（W）。

根据以上计算公式，可以在概念设计阶段给出电池加热功率需求。

（6）密封性　热管理系统设计中液冷系统的密封性与安全性密切相关。即动力电池液冷系统内具有导电性的冷却液不能发生泄漏。

防止电池热管理系统泄漏，需要找到液体发生泄漏的最小通道，通过杨－拉普拉斯公式计算

$$\Delta p = \frac{2\gamma}{R}$$

式中　$\Delta p$——界面间压力差（Pa）；

　　　$\gamma$——表面张力系数（N/m）；

　　　$R$——曲率半径（m）。

电池热管理系统发生泄漏的最小通道为 $2R$，因此理论上电池热管理系统要保证所有零部件缺陷孔以及接口间隙孔要小于 $2R$，但实际设计中不宜控制如此微小的孔隙。检查电池热管理系统是否存在密封性问题时，通常检查电池热管理系统的气密性。可以向电池热管理系统内施加一定的压缩空气，以测量泄漏率。

由可压缩流体下的泊肃叶定律有

$$Q = \frac{dV}{dt} = v\pi R^2 = \frac{\pi R^4 (p_i - p_o)}{8\mu L}\frac{p_i + p_o}{2P_0} = \frac{\pi R^4}{16\mu L}\left(\frac{p_i^2 - p_o^2}{p_o}\right)$$

式中　$Q$——泄漏率（$m^3/s$）；

　　　$V$——流体体积（$m^3$）；

　　　$t$——时间（s）；

　　　$v$——流速（m/s）；

　　　$R$——孔隙半径（m）；

　　　$L$——孔隙长度（m）；

　　　$\mu$——动力黏度（Pa·s）；

　　　$p_i$——入口压力（Pa）；

　　　$p_o$——出口压力（Pa）。

在气密性检测中，电池热管理系统泄漏率不应超过 $Q$，否则会发生泄漏风险。

（7）保温设计　动力电池保温设计主要起到减缓动力电池与外界高温或低温环境发生热量交换速率的作用，减少充电和行车状态下的加热或冷却时间，以节约能量。需要明确的是动力电池保温永远无法达到完全绝热，电池包始终会与外界环境发生热交换，电池温度最终会与环境温度一致。因此，动力电池保温设计仅是一种辅助维持电池温度的措施。主要通过将保温材料粘贴或喷涂在电池箱体上来达到保温效果，保温材料一般选择导热系数小于 0.12W/（m·K）的材料，如气凝胶、泡棉、泡沫、纤维棉、保温涂料等，如图 3-88 所示。

保温材料可布置在电池箱体内侧或电池箱体外侧等位置，如图 3-89 所示。气凝胶、泡棉、泡沫、纤维棉等材料均固定在电池箱体内部，其中气凝胶以其最低的导热系数，一般可达到 0.018W/（m·K），成为最优的保温材料。而保温涂料可喷涂于电池箱体外侧，施工相对简单快捷，可实现自动化。

a) 气凝胶　　　　b) 泡棉　　　　c) 泡沫　　　　d) 纤维棉　　　　e) 保温涂料

图 3-88　保温材料

a) 电池箱体内侧　　　　　　　　　　　　b) 电池箱体外侧

图 3-89　电池保温结构布置位置

在进行电池保温设计时需要注意，保温结构需要尽量覆盖电池箱体所有表面，否则会形成热桥效应，造成电池包保温效果不明显或者形成较大温差。

2. 热失控预警

动力电池热失控是指单体电池放热连锁反应引起电池自温升速率急剧变化的过热、起火、爆炸现象。引发热失控风险的因素很多，例如动力电池生产缺陷、过充电、过放电、内外短路、极端环境温度、碰撞挤压穿刺等。对于热失控的防护，应以预防为主、灭火为辅作为设计原则，为降低热失控发生危害，动力电池系统要具备预警设计，预留给乘员更多的逃生、事故处理时间。

动力电池热失控后会出现电压跳变、温度升高、喷出烟雾气体等现象，可以通过监控这些热失控后独有的现象来达到预警的目的。目前行业上常用的有两种预警方式。

第一种是通过 BMS 监控的单体电压和温度是否超过热失控预警阈值来判断热失控。若超过相关阈值则采取紧急应对措施，例如报警、限制功率、切断高压回路等，同时提醒乘员采取避险措施。阈值设定要根据所用动力电池的自身特点，利用试验手段进行标定，避免预警误报现象发生。

第二种方式是通过物理传感器实现动力电池热失控预警。单体防爆阀开启后，会伴随产生气体、烟雾、气压急剧上升等现象，因此可以选用相对应的气体、烟雾、气压等传感器，如图 3-90 所示。监测电池包内部特征气体含量、气体含量变化趋势、固体颗粒浓度、固体颗粒变化趋势、气压变化趋势等多种实时数据，判断动力电池是否发生热失控。为避免单种物理传感器发生误报或可靠性问题，可以使用多种传感器联合监测预警。

　　在实际应用中可以将上述两种预警技术融合，既增加预警时间，又提高预警可靠性，从而降低误报风险，形成双重预警防护系统，确保动力电池热安全。

a) 气压传感器　　　　b) 一氧化碳气体传感器

图 3-90　物理传感器示意

　　3. 热扩散防护

　　当某一单体电池发生热失控后，由于传热特性会将热量传递到附近的单体或模组，产生多米诺效应，引起其他单体电池或模组发生热失控，甚至扩展到整个系统。图 3-91 所示为动力电池系统热扩散仿真示意。为降低热失控发生时的危害，动力电池系统应具备避免或延缓热失控传播到相邻单体电池或模组及电池箱体外的防护设计。

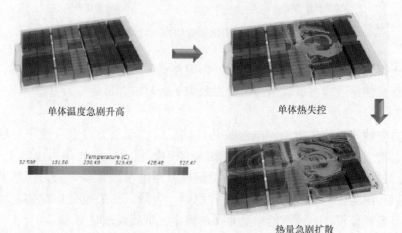

单体温度急剧升高　　　　　　　单体热失控

热量急剧扩散

图 3-91　动力电池系统热扩散仿真示意（见彩插）

　　上箱体材料的熔点一般要高于动力电池热失控的火焰温度，或在上箱体上喷涂、粘贴阻燃隔热材料，以保证动力电池瞬时释放的高压气体不能击穿上箱体，同时热失控燃烧的高温火焰不能熔穿电池上箱体引燃整车。图 3-92 所示为动力电池热失控后导致上箱体失效的案例示意。

a) 高压气体击穿箱体　　　　b) 高温火焰熔穿箱体

图 3-92　热失控实例示意（见彩插）

电池箱体内部其他零件尽量选用金属材料，如选用非金属材料应具备较高的阻燃等级（表3-14），一般选用UL94 V0级阻燃材料。

表3-14 阻燃等级

| 等级 | 燃烧方向 | 要求 |
|------|---------|------|
| HB | 水平燃烧 | 对于3~13mm厚的样品，燃烧速度小于40mm/min；小于3mm厚的样品，燃烧速度小于70mm/min；或者在100mm的标志前熄灭 |
| V2 | 垂直燃烧 | 对样品进行两次10s的燃烧测试后，火焰在30s内熄灭；可以引燃30cm下方的药棉 |
| V1 | | 对样品进行两次10s的燃烧测试后，火焰在30s内熄灭；不能引燃30cm下方的药棉 |
| V0 | | 对样品进行两次10s的燃烧测试后，火焰在10s内熄灭；不能有燃烧物掉下 |

对于动力电池系统内不同模组之间的热扩散防护，目前行业有很多不同的设计思路，本章节着重介绍两种典型的方案。

第一种方案是在箱体中增加横纵梁，形成结构隔离，将动力电池系统内部的模组分别放置隔离开来，如图3-93所示。这种设计方式在预防热扩散的同时会增强动力电池系统的整体强度，但随之也会增加重量。

横梁

电池模组

纵梁

图3-93 箱体隔离模组案例示意（见彩插）

第二种方案如图3-94所示，通过在模组之间增加隔热罩，抑制热量在相邻模组间扩散，由模组隔热罩与电池防火板两种隔热材料围成导流区。其作用为发生热失控时，高温喷射物经模组隔热罩的喷射口进入该区域，将高温气体、高温喷射物引流导走，防止点燃未发生热失控的其他电池，从而阻止蔓延扩散。

4. 主动灭火设计

目前JT/T 1026—2016《纯电动城市客车通用技术条件》已对电动客车明确要求配备自动灭火功能的电池箱专用灭火装置，但对于乘用车尚未有标准作出要求。

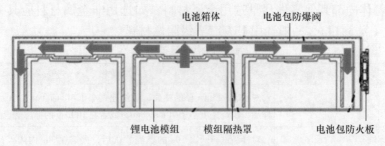

图 3-94　模组隔热罩结构示意

随着乘用车燃烧事故呈现高发态势，动力电池系统上增加自动灭火设计可以作为保证热安全的辅助手段。如图 3-95 所示，灭火的根本是实现对动力电池降温、惰化、化学抑制等其中一个或几个方面。

图 3-95　灭火原理

1）降温分为物理降温和化学降温：物理降温是利用高比热容介质吸热或低沸点介质汽化吸热，达到降温效果；化学降温则是通过分子链裂解吸收热量，从而达到降温效果。

2）惰化可分为窒息和隔离：窒息是阻止空气流入燃烧区或用不燃物质冲淡空气，使燃烧得不到足够的氧气而熄灭；隔离则是将可燃物与火焰、氧气隔离开来，使燃烧因隔离可燃物而停止。

3）化学抑制是通过化学作用，捕捉自由基，抑制引起火焰传播的化学链式反应，从而阻止火势的发展。

单体电池在发生热失控后，处于热量持续释放阶段以及电池系统热扩散阶段，灭火效果极为有限，尤其是三元电池。电池火灾发展极为迅速，由于热失控后同时释放氧气，火势发展起来很难扑灭，因此锂电池主动灭火在热失控早期可以达到更佳的效果。

目前已运用于车用动力电池的灭火介质主要有超细干粉、气溶胶、二氧化碳加七氟丙烷混合剂、氟化酮等。当动力电池热失控预警防护系统确认动力电池热失控时，会自动启动灭火装置，对锂电池进行自动灭火。

# 第 4 章

# 电驱动系统安全性设计

　　电驱动系统是电动汽车的动力驱动装置，它对整车性能、成本及效率影响较大，其性能直接与客户的感知特性相关，是电动汽车的核心总成之一。在整车平台化方面，电驱动系统是整车平台的重要组成部分，影响着前后机舱、底盘、车身布置及平台模块化。在动力性方面，电驱动系统具有低速大转矩和响应速度快的特性，可以使整车加速有强烈的推背感，给客户动力强劲的驾乘感受。在经济性方面，电驱动系统影响着成本、电耗等关键性指标。在可靠性方面，由于电驱动系统比传统发动机零部件数量少，具有维护周期长、故障率低、易于智能监测和诊断等技术优势。

　　电驱动系统通常包含电机、电机控制器和减速器三部分，随着集成技术的不断演进，将三者合为一体的三合一电驱动系统已成为当前主流技术趋势。典型的三合一电驱动系统结构如图 4-1 所示。

　　电驱动系统既是一个动力源、传动件，也是一个非常重要的安全件。首先，在高压安全方面，汽车用驱动电机的工作电压都超过了安全电压

图 4-1　三合一电驱动系统结构图

60V，有的可达到 500V 甚至更高，人员触电风险较大。随着电压升高，电驱动系统对外的电磁干扰也越来越大，因此防电磁辐射和抗干扰能力也十分重要。其次，随着电动汽车对动力性要求越来越高，电机功率和转矩需求不断提升，高功率和高转矩造成电机具有很高的发热量，如果不能及时散热，将烧毁电机定子绕组和 IGBT 等关键零部件，造成损失。在转速方面，电机逐步向高速化发展，目前电机的最高转速平均在 15000r/min，最高可达 20000r/min，高转速对电机转子的结构强度提出了更高的机械安全要求。本章节将重点介绍电机、电机控制器及减速器

的安全性设计。

# 4.1　电机安全设计

电机是电驱动系统的电能–机械能转化执行机构，目前电动汽车常用的驱动电机主要有交流异步电机、永磁同步电机和开关磁阻电机，由于永磁同步电机效率高、体积小、功率密度大，在电动汽车中应用广泛，因此本章节以永磁同步电机为研究对象。图 4-2 所示为永磁同步电机核心零部件结构示意图，包括定子总成、转子总成和壳体总成。电机设计多采用经验公式初步设计、CAE 辅助计算校核及试验验证等方法。

电机壳体

定子总成

转子总成

图 4-2　永磁同步电机结构示意图

## 4.1.1　定子总成安全设计

在定子绕组中通入交流电产生旋转磁场驱动转子转动，实现能量转换。通常根据电机电磁性能方案确定定子槽形、轴向长度，绕组的铜线截面尺寸、绕线原理、槽满率、出线端和非出线端线包尺寸、绝缘纸规格等，再设计装配工艺，包括绕组绕线工艺、嵌线工艺及定子铁心叠压工艺等。

### 4.1.1.1　定子总成结构安全设计

定子总成的固定方式和耐振动能力是电机定子总成机械安全设计的主要方向。定子在电机壳体中的固定方式主要有过盈配合和螺栓固定两种。

过盈配合方式应选用适合的过盈量来保证定子在整个工况，包括不同温度、转矩及振动下与电机壳体不发生滑移，通常采用 CAE 进行仿真校核，图 4-3 和图 4-4 所示为定子与电机壳体接触面滑移量云图和定子与电机壳体接触面接触压力云图。

图4-3 定子与电机壳体接触面 　　图4-4 定子与电机壳体接触面
　　滑移量云图（见彩插）　　　　　接触压力云图（见彩插）

采用螺栓固定定子总成时，紧固螺栓形成的摩擦力之和要能够平衡电机转动转矩，因此紧固螺栓的预紧力要满足设计要求，即

$$F' = \frac{K_f T}{fnr}$$

式中　$F'$——单个紧固螺栓摩擦力（N）；

　　　$K_f$——摩擦可靠性系数，一般可取 $K_f = 1.1 \sim 1.3$；

　　　$T$——电机转动转矩（N·m）；

　　　$f$——接合面摩擦系数，一般可取 $0.35 \sim 0.4$；

　　　$r$——螺栓中心至定子轴心的距离（m）；

　　　$n$——紧固螺栓数量。

螺栓的强度条件为

$$\sigma_e = \frac{4 \times 1.3 F'}{\pi d^2} \leqslant [\sigma]$$

式中　$d$——螺栓危险截面直径（m）；

　　　$\sigma_e$——螺栓材料的计算拉应力（MPa）；

　　　$[\sigma]$——螺栓材料的许用拉应力（MPa），见表4-1，由螺栓性能等级及螺栓连接许用应力确定。

定子铁心通常采用焊接、铆接或者铆接与焊接组合的方式固定，在提升刚度的同时要满足在整个工况，包括不同温度、转矩及振动下不产生散片现象。定子绕组各焊点需不断裂、接线端子铆点的铆接力应满足整个工况不失效，浸渍漆不脱落、不变质等。

### 4.1.1.2　定子总成热安全设计

热失效是电机常见的失效形式。当长时间超负荷运行或者出现匝间/相间短路故障时，可能会导致电机绕组烧毁，从而造成电动汽车失去动力，影响安全行车。

另外，电机的性能输出能力也受限于电机温升和工作温度限值，合理的温度设计能够最大化发挥电机性能，减少体积并降低成本。热设计是电机设计的重要一环。

表 4-1　螺栓连接许用应力

| 载荷情况 | 许用应力/MPa | | 不控制预紧力 | | 控制预紧力 | | | |
|---|---|---|---|---|---|---|---|---|
| | | | M6 ~ M16 | M16 ~ M30 | 不分直径 | | | |
| 静载 | $[\sigma] = \dfrac{\sigma_S}{S}$ | 碳钢 | 5 ~ 4 | 4 ~ 2.5 | 1.2 ~ 1.5 | | | |
| | | 合金钢 | 5.7 ~ 5 | 5 ~ 3.4 | | | | |
| | 按最大应力 $[\sigma] = \dfrac{\sigma_S}{S}$ | 碳钢 | 12.5 ~ 8.5 | 8.5 | | | | |
| | | 合金钢 | 10 ~ 6.8 | 6.8 | | | | |
| 变载 | 按循环应力幅 $[\sigma]_a = \dfrac{\varepsilon_\sigma k_m \sigma_{-1}}{S_a K_\sigma}$ | | $S_a = 2.5 ~ 4$ | | | $S_a = 1.5 ~ 2.5$ | | |

尺寸系数 $\varepsilon_\sigma$

| 尺寸 | $d/\text{mm}$ | ≤12 | 16 | 20 | 24 | 30 | 36 | 42 | 48 | 56 | 64 |
|---|---|---|---|---|---|---|---|---|---|---|---|
| 系数 $\varepsilon_\sigma$ | $\varepsilon_\sigma$ | 1.0 | 0.87 | 0.80 | 0.74 | 0.67 | 0.63 | 0.60 | 0.57 | 0.54 | 0.53 |

有效应力集中系数 $K_\sigma$

| 有效应力集中系数 $K_\sigma$ | $\sigma_B/\text{MPa}$ | 400 | 600 | 800 | 1000 |
|---|---|---|---|---|---|
| | $K_\sigma$ | 3.0 | 3.9 | 4.8 | 5.2 |

螺纹制造工艺系数 $k_m = 1.25$　车制 $k_m = 1.2$

注：1. $\sigma_S$——螺栓材料的屈服极限（MPa）。

2. $\sigma_{-1}$——螺栓材料的对称循环拉压疲劳极限（MPa）。

3. $K_\sigma$——有效应力集中系数。

4. $S$、$S_a$——安全系数。

电机在电磁设计之初，就要开始考虑发热问题。电机内部损耗主要有铜损、铁损及机械损耗。一般，圆导线的铜损可以用焦耳定律计算

$$P_{cu} = m\,I^2 R_{DC}$$

式中　$P_{cu}$——铜损（W）；

　　　$m$——电机的相数；

　　　$I$——电机的相电流有效值（A）；

　　　$R_{DC}$——每相绕组直流电阻（Ω）。

对于采用方导体的插针绕组，由于导线截面积大，集肤效应和临近效应不可忽略，导通高频交流电时的交流电阻比直流电阻显著增大。对于宽度 $\omega$、高度 $h$ 的方导体，其交流电阻可用下列公式估算

$$\Delta = \frac{h}{\delta}$$

$$\delta = \frac{1}{\sqrt{\pi f \mu \sigma}}$$

$$P_{cu} = m\,I^2 R_{DC}$$

$$F_{(\Delta)} = \frac{\sin(2\Delta) + \sin(2\Delta)}{\cos(2\Delta) - \cos(2\Delta)}$$

$$G_{(\Delta)} = \frac{\sin(\Delta) - \sin(\Delta)}{\cos(\Delta) + \cos(\Delta)}$$

$$R_{AC} = R_{DC}\left\{\Delta F_{(\Delta)} + \frac{2}{3}(n_d^2 - 1)\Delta G_{(\Delta)}\right\}$$

式中　$F_{(\Delta)}$——考虑集肤效应的修正系数；

$G_{(\Delta)}$——考虑临近效应的修正系数；

$\mu$——导线材料的磁导率（H/m）；

$\sigma$——导线材料的电导率（S/m）；

$\Delta$——特征尺度；

$\delta$——透入深度（m）；

$f$——电流频率（Hz）；

$R_{AC}$——交流电阻（$\Omega$）；

$n_d$——并绕根数。

定转子铁心中产生的铁损可以细分为磁滞损耗、涡流损耗以及附加损耗，均为磁通密度和电流频率的函数

$$P_{Fe} = P_h + P_c + P_e = K_h f B^2 + K_c B^2 f^2 + K_e f^{1.5} B^{1.5}$$

式中　$P_{Fe}$——铁损（W）；

$P_h$——磁滞损耗（W）；

$P_c$——涡流损耗（W）；

$P_e$——附加损耗（W）；

$B$——磁通密度（T）；

$f$——电流频率（Hz）；

$K_h$——磁滞损耗系数；

$K_c$——涡流损耗系数；

$K_e$——附加损耗系数，可以通过实测铁损曲线拟合得到。

机械损耗可以细分为轴承损耗和风摩损耗，一般可以认为与电机转速的平方成正比，且与电机的尺寸有关。可根据已有尺寸相近电机的实测机械损耗数据拟合。电机在各工况下详细的损耗值及其分布可以通过电磁有限元软件计算得到。

电机运行时，这些损耗会造成各部件温度升高。电动汽车驱动电机一般功率较大，因此发热量也较大，常采用水冷或者油冷形式。水套冷却形式如图 4-5a 所示，优点是结构简单、成本低，但是只能对定子绕组间接冷却，且散热路径较长，绕组散热效果一般。随着电机向小型化、高功率密度发展，对冷却系统提出了更高要求，需要引入新的绕组散热方法。目前较为成熟的是对定子绕组喷油冷却，

如图4-5b所示,利用冷却油直接对定子绕组端部喷淋带走热量,散热路径直接,能够达到更高的功率密度,但是喷油冷却对油路设计、密封、绝缘材料耐油性等方面提出了新的要求。

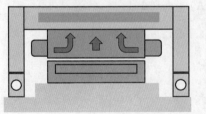　　　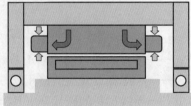

a) 水套冷却　　　　　　　　　　　　b) 喷油冷却

图 4-5　两种电机冷却系统设计

电机设计中常用定子绕组电流密度 $J$（A/mm$^2$）来近似考察其发热量的大小。对于相电流 $I$（A）、并联支路数 $a$、绕组裸铜线直径 $d$（mm）、并绕根数为 $N$ 的一相定子绕组,其定子绕组电流密度为

$$J = \frac{I}{aN\pi\left(\dfrac{d}{2}\right)^2}$$

不同冷却形式的电机绕组所能承载的电流密度不同。一般情况下,水套冷却电机取 $25 \sim 27\text{A/mm}^2$ 可以使绕组温升控制在较合理范围,而油冷电机可以做到 $30\text{A/mm}^2$ 以上,从而达到更高功率密度。

定子绕组绝缘系统寿命与其工作温度强相关,绝缘材料在超过其工作温度下使用,每增加10℃,寿命约缩短一半。长时间高温工作容易造成绝缘纸和绝缘漆等提前老化、失效,造成绕组短路烧毁等严重后果。电机热设计的工作重点就在于控制工作温度,保证寿命。GB/T 20113—2006《电气绝缘结构（EIS）热分级》规定了电机绝缘结构的耐热等级,见表4-2。电机的工作温度,尤其是定子绕组的工作温度不能超过其耐热等级规定的许用温度。一般采用 H 级绝缘的电机,需保证绕组温度不超过180℃。

电机设计时需要根据其工作温度选择合适的绝缘等级,可以通过仿真计算或者试验测量的方法对绕组温度进行评估。绕组短时间内的温升可以利用比热进行简单的估算

$$q = cm\Delta T$$

式中　$q$——绕组单位时间发热量（W）;

　　　$c$——绕组比热,按纯铜计可取 390J/（kg · K）;

　　　$m$——绕组质量（kg）;

　　　$\Delta T$——不计散热的绕组单位时间内温升（K）。

表4-2　耐热等级标志

| 耐热等级标志 | 原标志 |
| --- | --- |
| 90 | Y |
| 105 | A |
| 120 | E |
| 130 | B |
| 155 | F |
| 180 | H |
| 200 | 200 |
| 220 | 220 |
| 250 | 250 |

物理公式只能做简单的估算，要得到各部件的温升曲线和温度分布，则需进行建模计算，常用的温度场仿真分析方法可分为一维热网络法与三维有限元法两种。

热网络法是将待求解的温度场离散化为若干温度节点，利用温度-电压、热量-电流、热阻-电阻的等效关系，仿照电路将热量传递关系转化为热网络进行计算的一维温度场分析方法，如图4-6所示为定子简化热网络模型。

电机内部热传递可以简单分为固体之间的导热和对流换热两种形式，对于固体导热过程，导热热阻 $R_\lambda$（K/W）可以用下式计算

$$R_\lambda = \frac{\delta}{\lambda A}$$

式中　$\delta$——固体传热距离（m）；

　　　$\lambda$——固体材料导热系数[W/(m·K)]；

　　　$A$——导热等温面面积（m²）。

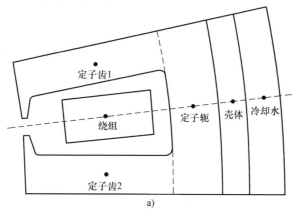

a)

图4-6　定子简化热网络模型

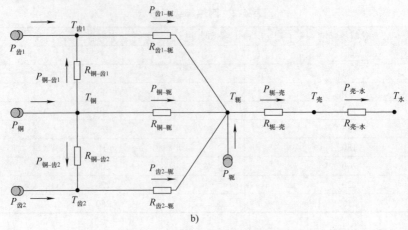

b)

图 4-6 定子简化热网络模型（续）

对于对流换热，对流热阻 $R_h$ 可以用下式计算

$$R_h = \frac{1}{hA}$$

式中   $h$——对流换热系数 $[W/(m^2 \cdot K)]$；

     $A$——对流换热面积（$m^2$）。

简单的热网络可以手动建模并联立方程求解，而对于节点数较多的复杂模型需要借助 GT – SUITE、AMESim 等软件建模求解，如图 4-7 所示。

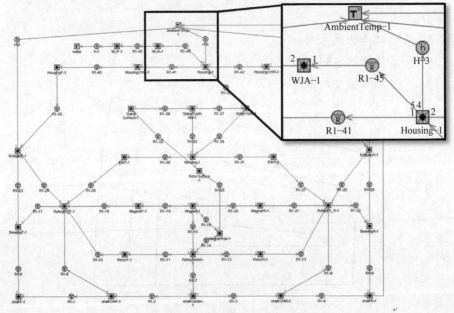

图 4-7 电机复杂热网络模型

一维热网络法的优点在于计算速度快，既适合稳态计算也可以进行瞬态计算；模型之间组合方便，软件间耦合兼容性好。随着车辆驱动系统复杂度提升，一维模型对于解决系统级仿真问题的优势凸显。其缺点是计算精度与模型开发精细度及环境边界正相关，要达到更高的计算精度需要更复杂的模型及精细的参数调整。

三维有限元法的优势在于物理场仿真，能够考虑更复杂的边界条件，得到更详细的温度分布且计算精度高，适合详细设计计算。其缺点是需要计算的资源较多，且仿真周期较长。常用的有限元软件 Ansys、Abaqus 等均可用于电机温度场计算，其结果如图 4-8 所示。

根据传热学基本理论，直角坐标系下电机的稳态温度场求解可以归结为如下边值问题

$$\begin{cases} \dfrac{\partial}{\partial x}\left(\lambda_x \dfrac{\partial T}{\partial x}\right) + \dfrac{\partial}{\partial y}\left(\lambda_y \dfrac{\partial T}{\partial y}\right) + \dfrac{\partial}{\partial z}\left(\lambda_z \dfrac{\partial T}{\partial z}\right) = -q_v \\ \dfrac{\partial T}{\partial n} - 0 \\ -\lambda \dfrac{\partial T}{\partial n} = h(T - T_e) \end{cases}$$

图 4-8　电机温度场有限元计算结果（见彩插）

式中　$\lambda$——导热系数$[W/(m \cdot K)]$；

$\quad\quad q$——热流密度（$W/m^3$），也就是电机各部件单位体积的损耗；

$\quad\quad h$——对流换热系数$[W/(m^2 \cdot K)]$；

$\quad\quad T_e$——环境温度（K）。

给定损耗输入与边界条件就能计算出电机内部温度场分布。

三维有限元计算中，绕组的处理是一个难点。对于三相线的圆导线，其在定子槽内排列极不规则，为简化分析，在假设各导线均匀排列且不计温差、导线绝缘漆厚度均匀、绕组浸漆漆填满定子槽的条件下，对定子绕组做等效处理，将所有铜导体作为一个整体，绝缘材料整体包裹在导线与定子槽之间，该等效绝缘材料的等效导热系数按下式计算

$$\lambda_{eq} = \sum_{i=1}^{n} \delta_i \Big/ \Big(\sum_{i=1}^{n} \delta_i / \lambda_i\Big)$$

式中　$\lambda_{eq}$——等效导热系数$[W/(m \cdot K)]$；

$\quad\quad \delta_i$——各绝缘材料的等效厚度（m）；

$\quad\quad \lambda_i$——各绝缘材料的导热系数$[W/(m \cdot K)]$。

温度场仿真的对流换热系数等边界条件来源于流体仿真结果。常规黏性不可

压缩流体遵循 Navier – Stokes 方程

$$\frac{\partial \boldsymbol{u}}{\partial t} + (\boldsymbol{u} \cdot \nabla)\boldsymbol{u} = \boldsymbol{f} - \frac{1}{\rho}\nabla p + v\,\nabla^2 \boldsymbol{u}$$

以及连续性方程

$$\nabla \cdot \boldsymbol{u} = 0$$

式中　$\boldsymbol{u} = (u, v, w)$——流体的运动速度；

　　　$\boldsymbol{f} = (f_x, f_y, f_z)$——流体受到的外力；

　　$p = p(x,\ y,\ z,\ t)$——流体的压力；

　　　　　　$\rho$——流体的密度；

　　　　　　$v$——流体的黏度；

　　　　　　$\nabla$——梯度运算子。

求解上述方程组就可以得到三维流场的流速、压强的空间分布及时间变化。通常利用计算机数值计算流场问题，即计算流体力学（CFD），常用的 CFD 仿真软件，如 Fluent、Star – CCM + 等都是基于欧拉法，通过网格划分的方式进行空间的离散，以流体质点流经流场中各空间点的运动状态来描述流动，从而进行数值模拟。这类软件计算水冷电机水套内的流动非常方便，能够得到流阻及壁面的对流换热系数，并将其提供给温度场仿真，但是在处理喷油冷却时比较困难，需要引入欧拉多相流模型，求解计算时间长，对算力有很高要求。近年来，基于拉格朗日法的无网格求解方法逐渐成熟，以研究单个流体质点的运动过程为基础，综合所有质点的运动构成整个流体的运动，以光滑粒子流体动力学（SPH）为代表，能够极大缩短前处理及求解时间，更适合飞溅润滑冷却的建模，值得关注。

电机的温度也会影响损耗的大小，尤其是绕组铜损，同时温度分布的不均匀，也会影响流场的温度和流动状态。如图 4-9 所示，运用电磁 – 流体 – 热联合仿真可以同时考虑三者之间的相互作用，得到更为准确的温度场仿真结果，难点在于各仿真软件间数据的传输以及迭代计算的时间成倍增加，对计算资源要求较高。

在电动汽车实际驾驶过程中，驱动电机的工况复杂多变，仿真无法实现对所有工况都进行温度场分析。实际产品开发中，通常针对常用工况及部分极限工况进行计算。常用的典型工况有 0～100km/h 加速工况、60km/h 等速工况和全球轻型汽车测试循环（WLTC）工况等；极限工况有 10s/30s 峰值输出、低速堵转、连续超车工况等。综合运用一维和三维温度场计算方法对这些稳态及瞬态工况进行校核，如图 4-10 所示，以保证在典型工况下电机不超温。

温度场仿真计算的结果通常需要通过样机试验测量进行验证，温升试验是电机开发中必不可少的环节。试制温升专项试验样机，根据仿真计算结果在定子绕组中布置若干温度传感器，可以实时检测电机内部部件温度的变化。根据产品开发需求，参考 GB/T 18488—2015《电动汽车用驱动电机系统》、GB/T 29307—2012

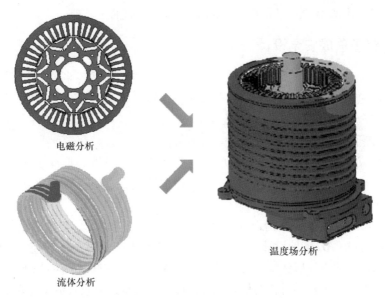

电磁分析

流体分析

温度场分析

图 4-9　电磁 – 流体 – 热联合仿真（见彩插）

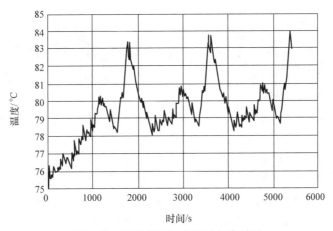

图 4-10　定子绕组瞬态温升仿真结果

《电动汽车用驱动电机系统可靠性试验方法》及相关企业标准进行相应试验测试，测试数据可以与仿真结果闭环，也可作为控制策略的依据。

### 4.1.1.3　定子总成电气安全设计

定子总成电气安全有两个核心要素，即电气间隙和爬电距离。电气间隙与总成冲击耐受电压、污染等级及海拔有关，还需要考虑生产厂家的生产和装配环境。为保险起见，计算时一般选择污染等级 3，总成内部一般为非均匀电场，再根据 GB/T 16935.1—2008《低压系统内设备的绝缘配合　第 1 部分：原理、要求和试验》中表 F.2 和表 A.2，可得出电气间隙和爬电距离的推荐值。

## 4.1.2　转子总成安全设计

电机转子是电机中的旋转部件，定子通电后产生旋转磁场，与转子磁场相互作用产生电磁转矩，输出动力。转子总成包括转子铁心、永磁体和转子轴等。转子总成的安全重点在结构安全和热安全。

### 4.1.2.1　转子总成结构安全设计

转子总成机械安全设计的主要方向包括高转速转子铁心形变量控制、高强度转子冲片结构设计、转子轴（含花键）结构强度设计、转子轴向零部件固定方式和许用不平衡量等。

转子铁心和永磁体的结构设计通常先进行电磁性能仿真，得出磁钢规格和磁钢槽结构，再通过 CAE 辅助设计，并考虑至少 1.2 倍电机最高工作转速下，转子铁心结构强度和转子铁心的形变量是否满足设计要求，如图 4-11 和图 4-12 所示。转子铁心的最大应力应小于铁心材料的最大抗拉强度，且安全系数应满足设计要求，同时转子铁心形变量应小于定转子间气隙的 10%，避免高速转动时发生扫膛现象。

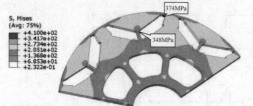
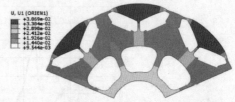

图 4-11　转子冲片应力分布图（见彩插）　　图 4-12　转子冲片变形量云图（见彩插）

电机转子轴用于传递电机动力，支撑转子铁心、动平衡去重板等电机转子零部件，是电机转子的关键零部件之一。电机转子轴机械安全设计的主要目的是使电机转子轴在高转速、大转矩、频繁正反转等极限工况下，不发生疲劳断裂、表面磨损等危及电机运行安全和可靠性、耐久性的失效形式。

电机转子轴机械安全设计包括结构强度设计、表面硬度设计、尺寸公差设计等。结构强度设计应先按抗扭强度，初步设定电机转子轴的最小直径

$$d \geqslant \sqrt[3]{\frac{9.55 \times 10^6 \dfrac{P}{n}}{0.2[\tau]}}$$

式中　$d$——转子轴的最小直径（mm）；

　　　$P$——转子轴传递的功率（kW）；

　　　$n$——转子轴的转速（r/min）；

　　$[\tau]$——转子轴材料许用扭转剪应力（MPa）。

确定电机转子轴最小直径后，需校核轴的安全系数。轴的安全系数包括疲劳强度安全系数和静强度安全系数，疲劳强度安全系数

$$S = \frac{S_\sigma S_\tau}{\sqrt{s_\sigma^2 + s_\tau^2}} \geqslant [S]$$

$$S_\sigma = \frac{\sigma_{-1}}{\dfrac{K_\sigma}{\beta \varepsilon_\sigma} \sigma_a + \psi_\sigma \sigma_m}$$

$$S_\tau = \frac{\tau_{-1}}{\dfrac{K_\tau}{\beta \varepsilon_\tau} \tau_a + \psi_\tau \tau_m}$$

式中　　$S_\sigma$——只考虑弯矩时的安全系数；

　　　　$S_\tau$——只考虑转矩时的安全系数；

$\sigma_{-1}$、$\tau_{-1}$——材料对称循环的弯曲疲劳极限和扭转疲劳极限；

　$K_\sigma$、$K_\tau$——弯曲时和扭转时有效应力集中系数；

　$\varepsilon_\sigma$、$\varepsilon_\tau$——零件绝对尺寸系数；

　　　　$\beta$——表面质量系数；

　$\psi_\sigma$、$\psi_\tau$——把弯曲时和扭转时轴的平均应力折算为应力幅的等效系数，合金
　　　　　　钢$\psi_\sigma = 0.2 \sim 0.3$，$\psi_\tau = 0.1 \sim 0.15$；

　$\sigma_a$、$\sigma_m$——弯曲应力的应力幅和平均应力（MPa）；

　$\tau_a$、$\tau_m$——扭转剪应力的应力幅和平均应力（MPa）；

　　　$[S]$——许用疲劳强度安全系数，$[S] = 1.3 \sim 1.5$。

静强度的安全系数

$$S_0 = \frac{S_{0\sigma} S_{0\tau}}{\sqrt{s_{0\sigma}^2 + s_{0\tau}^2}} \geqslant [S]_0$$

$$S_{0\sigma} = \frac{\sigma_s}{\sigma_{max}}$$

$$S_{0\tau} = \frac{\tau_s}{\tau_{max}}$$

式中　　$[S]_0$——许用静强度安全系数；

　$\sigma_s$、$\tau_s$——材料抗拉和抗剪屈服极限（MPa）；

$\sigma_{max}$、$\tau_{max}$——峰值载荷时最大弯曲应力和扭转剪应力（MPa）；

　$S_{0\sigma}$、$S_{0\tau}$——只考虑弯矩和只考虑转矩时的安全系数。

电机转子轴设计完毕后，应进行 CAE 虚拟仿真校核，输入工况包括电机转矩、转折转速和台架试验条件，通过仿真得到轴的强度和应力等指标。转子轴安全系数分布如图 4-13 所示。

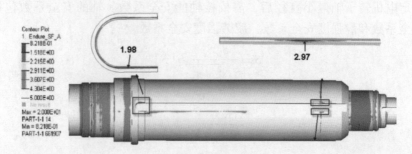

图 4-13 转子轴安全系数分布图（见彩插）

　　尺寸公差设计主要校核转子轴与动平衡去重板、转子铁心的公差配合，避免电机在高速大转矩旋转时出现松动，给定输入工况包括峰值转矩及转折转速、工作最高温度、峰值转速等，通过 CAE 进行虚拟仿真计算轴与其他零件的配合量，保证电机在运行工程中，轴与轴上零部件不发生相对滑移。

　　转子铁心动平衡板与转子轴挡肩定位，固定方式可分为圆螺母锁止拧紧（图 4-14）、过盈压紧及直接激光焊紧等。

　　电机转子由于是高速旋转部件，其许用不平衡量的选取关系到电机总成的寿命和噪声、

图 4-14　圆螺母锁止拧紧结构

振动与声振粗糙度（NVH）性能，转子双面许用不平衡量按照下式计算

$$m = 9549 \frac{MG}{rn}$$

式中　$M$——转子质量（kg）；

　　　$G$——精度等级；

　　　$r$——校正半径（mm）；

　　　$n$——工作转速（r/min）；

　　　$m$——许用不平衡量（g）。

### 4.1.2.2　转子抗退磁设计

　　对于永磁同步电机，转子永磁体常用的钕铁硼材料（NdFeB）具有高剩磁密度、高磁能积、高矫顽力的特点，磁性能优良。但是其磁性能对温度敏感，随着永磁体工作温度的升高，磁性能逐步降低，抗退磁能力也大幅降低。在不发生不可逆损失的条件下，剩余磁感应强度可由下式计算

$$B_{rt_1} = B_{rt_0} \left[ 1 - \frac{\alpha_{B_r}}{100} (t_1 - t_0) \right]$$

式中    $B_{rt_1}$——温度 $t_1$ 时剩余磁感应强度（T）；

$\quad\quad B_{rt_0}$——室温 $t_0$ 时的磁感应强度（T）；

$\quad\quad \alpha_{B_r}$——永磁材料的温度系数，可以从材料手册中查询。

永磁材料的剩余磁感应强度 $B_r$ 和矫顽力 $H_c$ 构成的
退磁曲线中存在一膝点，称为退磁拐点。退磁拐点上
方区域，回复曲线与退磁曲线重合，永磁体工作在这
一区域，外加退磁磁场去除后剩余磁感应强度可以完
全回复。永磁体工作点一旦进入退磁拐点下方区域，
如图 4-15 所示的 $P$ 点，新的回复曲线与原退磁曲线
不重合，去除外加退磁磁场后，剩余磁感应强度只回
复为 $B'_r$，永磁体性能将永久性下降，因此应当避免
永磁体工作在退磁拐点以下。

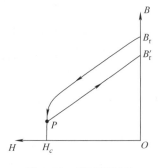

图 4-15  不可逆退磁

对钕铁硼材料，温度越高退磁拐点对应的剩余磁
感应强度越高，如图 4-16 所示。永磁体工作在高温条件下受到强退磁磁场作用，
更容易发生不可逆退磁，造成性能降低或完全失去性能，因此，电机电磁设计中
必须进行防退磁设计及退磁校核。

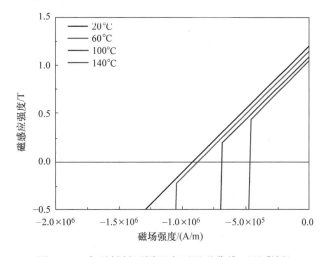

图 4-16  永磁材料不同温度下退磁曲线（见彩插）

永磁体是否退磁与退磁磁场的大小和方向息息相关，而退磁磁场除了与定子
绕组匝数相关以外，还与退磁电流的幅值和相位有关。为了提高永磁体抗退磁性
能，主要方法是增加永磁体厚度，调节电机直轴方向的磁路结构，改变外磁路和
永磁体工作点位置。相同温度、相同退磁磁场作用下，永磁体越厚其抗退磁能力
越强，但同时会增加材料成本、削弱电机扩速能力，因此需要通过优化寻找最优

的设计值。电磁设计时，要根据性能需求和工作温度选择合适的永磁体牌号，不同永磁体牌号性能及其适用的最高工作温度如图 4-17 所示。

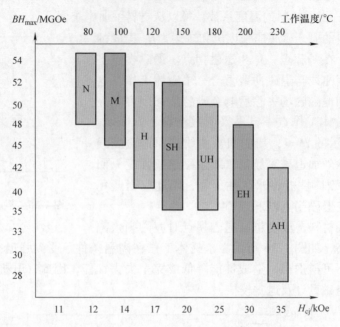

图 4-17　不同牌号钕铁硼对应性能及最高工作温度

此外，在烧结钕铁硼中添加重稀土镝（$D_y$）或铽（$T_b$）可有效提高矫顽力和温度稳定性，从而提高工作温度等级，但缺点是剩磁下降，成本较高。

目前，主流电磁场有限元仿真软件均能够进行退磁校核计算，即输入工作温度下永磁体材料的退磁曲线，加载最大退磁电流进行至少一个电周期的瞬态电磁场仿真计算，仿真结果要确保永磁体在工作状态下不发生不可逆退磁，利用退磁率云图可以查看是否发生退磁以及退磁发生的位置，并计算退磁区域所占的比例，如图 4-18 所示。

也可以直接选择永磁体上容易发生退磁的位置点，查看其工作点在退磁曲线上的位置，剩余磁感应强度低

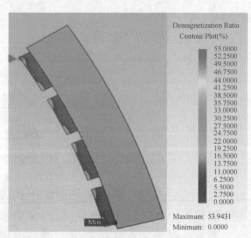

图 4-18　永磁体退磁率云图（见彩插）

于退磁拐点即发生不可逆退磁，如图 4-19 所示，为避免退磁，要求整个电周期内

永磁体上所有位置的全部工作点均位于退磁拐点之上。

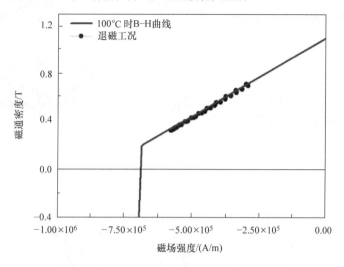

图 4-19 永磁体上单点工作点校核（见彩插）

在电机的实际使用中，合理控制永磁体温度也是防止不可逆退磁的有效方法。传统电机转子散热条件通常较差，转子铁损和永磁体涡流损耗产生的热量容易堆积，使转子及永磁体温度升高。随着电机向高速化发展，转子将面临更大的散热压力，有必要采取主动冷却措施。已经有产品通过在转子轴及铁心中引入冷却油、喷淋冷却油等方法对转子进行冷却，从而降低永磁体的工作温度。

通过温度场仿真也可以对永磁体工作温度做初步评估，但是不能覆盖全部的实际使用工况。而转子作为旋转部件，一般难以直接布置温度传感器来实时监测转子铁心和永磁体的工作温度，可以考虑搭建转子温度模型实时估算转子永磁体温度，并建立相应的温度保护控制算法，保证永磁体始终工作在其许用工作温度范围内。随着测试技术的发展，也已经有可以采集和传输转子内温度传感器信号的设备面世，为实时掌握转子及永磁体温度，保证电机性能安全提供了新的手段。

### 4.1.3 电机壳体安全设计

电机壳体的功能主要有用于支撑电机定、转子及内部其他零部件，构成密闭腔体满足电机 IP 防护要求，提供外部接口满足整车搭载需要，集成冷却回路冷却定转子等。电机壳体机械安全设计的主要目的是使电机壳体在振动、机械冲击、浸水等极限工况下，壳体强度满足工况要求，表面结构无裂纹、损坏，满足 IP 防护要求。

电机壳体一般集成有系统悬置接口、线束管路固定接口、其他零部件固定接口等，如图 4-20 所示。上述接口通常超过电机壳体表面一定高度，为保证接口的结构强度，通常在接口周围设置有加强筋结构。电机壳体端部与其他零部件连接法兰面考虑轻量化、满足机械强度要求，亦采用加强筋和轻量化孔相结合的方式。

电机壳体结构强度计算通常采用 CAE 进行强度计算校核，如图 4-21 所示，输入工况一般分为台架试验工况和整车试验工况。

壳体另一个重要功能要求是 IP 防护，通常在壳体接合面采用密封结构实现。密封结构形式包括涂胶密封、密封圈密封和钢垫密封，图 4-22 所示

图 4-20　电机壳体

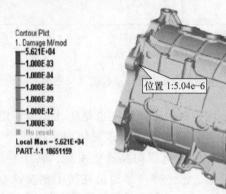

图 4-21　壳体 CAE 分析（见彩插）

为钢垫密封。

密封圈密封需要在电机壳体上增加密封槽结构，设计密封圈时应考虑其压缩率和填充率，如图 4-23 所示，压缩率使用范围为 8% ~ 30%，计算公式为

$$E = \frac{\sigma}{W} \times 100$$

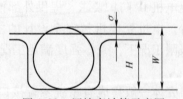

图 4-22　壳体密封钢垫　　　图 4-23　压缩率计算示意图

式中　　$E$——压缩率（％）；

　　　　$\sigma$——压缩余量（mm），$\sigma = W - H$；

　　　　$W$——O 形圈截面直径（mm）；

　　　　$H$——沟槽深度（mm）。

填充率设定的使用范围最大为 90％，推荐目标值为 75％，如图 4-24 所示，填充率计算公式为

$$n = \frac{\pi/4 \times W^2}{GH} \times 100$$

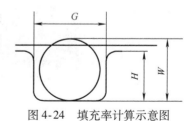

图 4-24　填充率计算示意图

式中　　$n$——填充率（％）；

　　　　$G$——沟槽宽度（mm）；

　　　　$W$——O 形圈截面直径（mm）；

　　　　$H$——沟槽深度（mm）。

## 4.2　电机控制器安全设计

电机控制器是电驱动系统的"大脑"，主要功能是接收整车控制器的转速、转矩、电压或电流等控制指令，通过逆变器把动力电池系统的直流电转换成三相交流电，驱动电机或反向给动力电池充电。如图 4-25 所示为典型的电机控制器拓扑图，主要由功率模块（IGBT、MOSFET⊖等）、驱动单元、直流母线支撑电容（以下简称母线电容）、电机控制单元和电流传感器等组成。结构类零部件包括壳体、端盖、水道和支架等，提供部件支撑、冷却散热、IP 防护、高压安全和 EMC 防护等功能。与安全相关的部件有电机控制单元、功率模块、母线电容、驱动单元、被动放电电阻和安全保护功能等，下面逐一介绍。

### 4.2.1　电机控制单元安全设计

#### 4.2.1.1　电机控制基本原理

众所周知，永磁同步电机（PMSM）多采用磁场定向控制（Field – Oriented Control，FOC），也称为矢量控制。矢量控制算法可以精确地控制磁场大小与方向，使得电机转矩输出平稳，并且具有快速的动态响应特性。

永磁同步电机是一种多变量的强耦合非线性系统，利用坐标变换的方法，在不同坐标系下建立对应的电机方程。在分析的过程中，需要忽略磁路饱和、涡流

---

⊖　MOSFET 指金属氧化物半导体场效应晶体管。

电流传感器

功率模块

驱动板

主箱体

母线电容

上箱体

控制板

图 4-25　典型的电机控制器拓扑图（见彩插）

和磁滞损耗，同时认为三项定子绕组完全对称，电角度间隔为 120°，反电势为正弦波形，分析中常用的坐标系如图 4-26 所示。

1）*ABC* 三相静止坐标系：该坐标系下，*A*、*B*、*C* 三轴线分别对应电机的三相绕组。

2）$\alpha\beta$ 两相静止坐标系：$\alpha$ 轴与 ABC 三相静止坐标系中的 A 轴重合，$\beta$ 轴超前 $\alpha$ 轴 90°。

3）*xy* 两相定子磁链同步旋转坐标系：该坐标系与定子磁链矢量保持同步旋转。其中 *x* 轴方向与定子磁链矢量方向重合，*y* 轴超前 *x* 轴 90°，*x* 轴与 $\alpha$ 轴之间的夹角为 $\theta_s$。

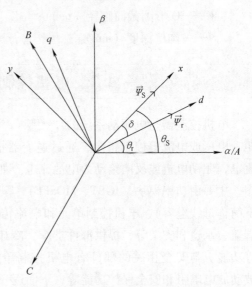

图 4-26　永磁同步电机常用坐标系

4）*dq* 两相转子磁链同步旋转坐标系：该坐标系与转子磁链矢量保持同步旋转。其中 *d* 轴方向与转子磁链矢量方向重合，*q* 轴超前 *d* 轴 90°，*d* 轴与 $\alpha$ 轴之间的夹角为 $\theta_r$。

在转子旋转 *dq* 坐标系下，永磁同步电机 *d* 轴和 *q* 轴定子磁链，定子电压及电机转矩方程如下。

*d*、*q* 轴磁链方程为

$$\Psi_d = L_d i_d + \Psi_f$$
$$\Psi_q = L_q i_q$$

式中　$\boldsymbol{\Psi}_d$——$d$ 轴磁链（Wb）；

$\quad\quad\boldsymbol{\Psi}_q$——$q$ 轴磁链（Wb）；

$\quad\quad L_d$——$d$ 轴电感（H）；

$\quad\quad L_q$——$q$ 轴电感（H）；

$\quad\quad\boldsymbol{\Psi}_{\mathrm{f}}$——永磁体磁链（Wb）；

$\quad\quad i_q$——$q$ 轴电流分量（A）；

$\quad\quad i_d$——$d$ 轴电流分量（A）。

$d$、$q$ 轴电压分量方程为

$$u_d = R_{\mathrm{s}} i_d + \frac{\mathrm{d}\boldsymbol{\Psi}_d}{\mathrm{d}t} - \omega_{\mathrm{e}}\boldsymbol{\Psi}_q = R_{\mathrm{s}} i_d + L_d \frac{\mathrm{d}i_d}{\mathrm{d}t} - \omega_{\mathrm{e}} L_q i_q$$

$$u_q = R_{\mathrm{s}} i_q + \frac{\mathrm{d}\boldsymbol{\Psi}_q}{\mathrm{d}t} + \omega_{\mathrm{e}}\boldsymbol{\Psi}_d = R_{\mathrm{s}} i_q + L_q \frac{\mathrm{d}i_q}{\mathrm{d}t} + \omega_{\mathrm{e}}\boldsymbol{\Psi}_{\mathrm{f}}$$

式中　$u_d$——$d$ 轴电压分量（V）；

$\quad\quad u_q$——$q$ 轴电压分量（V）；

$\quad\quad R_{\mathrm{s}}$——定子绕组电阻（Ω）；

$\quad\quad\omega_{\mathrm{e}}$——电机电角速度（rad/s）。

从而得出转矩方程为

$$T_{\mathrm{e}} = \frac{3p}{2}\boldsymbol{\Psi}_{\mathrm{s}}\boldsymbol{i}_{\mathrm{s}} = \frac{3p}{2}(\boldsymbol{\Psi}_d i_q - \boldsymbol{\Psi}_q i_d) = \frac{3p}{2}[\boldsymbol{\Psi}_{\mathrm{f}} i_q + (L_d - L_q) i_d i_q]$$

式中　$T_{\mathrm{e}}$——电机电磁转矩（N·m）；

$\quad\quad\boldsymbol{\Psi}_{\mathrm{s}}$——定子磁链空间矢量（Wb）；

$\quad\quad\boldsymbol{i}_{\mathrm{s}}$——定子电流空间矢量（A）。

永磁同步电机的矢量控制框图，如图 4-27 所示，由电流获取模块、转子位置

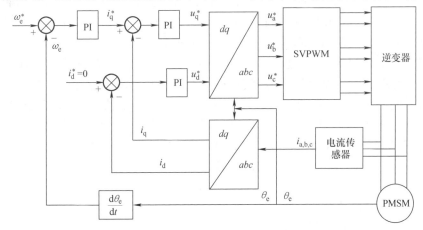

图 4-27　永磁同步电机的矢量控制框图

测量模块、PI 调节模块、坐标变换模块和空间矢量调制（SVPWM）模块组成。

为了保证安全，还需要对矢量控制过程的关键信号及功能模块进行诊断监控，并根据不同的故障进行针对性的处理。

### 4.2.1.2 故障诊断

作为电动汽车的动力源，电机的控制稳定性和安全性至关重要，一旦出现故障，电机产生的瞬态转矩将使车辆的稳定性和动力性受到影响，如果不能及时发现或修复，将会带来不可估量的损失或事故，因此电机控制器的故障诊断对于系统安全工作极为重要。电机控制器应该能对电机本体、逆变器、主控板硬件、传感器、网络通信和控制软件等均具备故障监测功能，并可根据不同的故障进行针对性的处理，保证电驱动总成及车辆安全。

根据 ISO 14229 要求，电机控制器应满足关于诊断服务的要求，对识别的故障进行防抖确认，对故障发生时刻的快照信息进行存储，同时支持售后诊断仪设备对故障进行读取，以及对故障控制器进行软件更新等操作。

1. 故障监测

（1）电机开路或短路故障监测　电机开路和短路故障监测原理是首先要读取转子角度。沿着转子的方向输出一定量的 $d$ 轴电流（例如 $-10A$），并以 $180°$（电角度）的角度旋转，$q$ 轴电流值设定为 0。读取 PI 控制器的输出，计算得到的电压矢量的角度。这个值给出了电压矢量超前电流矢量的角度。然后将这个角与理想角度进行比较，如果通过任意相的最大值均小于预定最小值，并且实际角度与理想角度不同，则认为电机出现开路故障。如果通过所有相的最大值大于预定义的最小值，并且实际角度与理想角度不同，则认为电机出现短路故障。

（2）转速有效性检测　电机转速可以通过相电流值进行在线计算，当电流计算出的转速与旋变解码芯片得到的转速偏差过大时，则认为电驱动系统出现旋变故障，此时应对电机进行限功率运行，以保证整车安全。电机转速计算需要先计算出电机的角频率，首先需要确定相电流 $T_{\text{Current}}$ 的周期，从相电流 $T_{\text{Current}}$ 的周期中计算出角频率 $\omega$。相电流周期 $T_{\text{Current}}$ 可以分为三个部分：$T_{Ia}$、$T_{Ib}$ 和 $T_{Ic}$，如 4-28 所示。每个"相电流间隔"（$T_{Ia}$、$T_{Ib}$ 和 $T_{Ic}$）等于周期 $T_{\text{Current}}$ 的三分之一。周期计算应将相电流 $I_a$、$I_b$ 和 $I_c$ 的幅度相互比较，以识别相电流时间间隔 $T_{Ix}$。例如，在相电流间隔 $T_{Ia}$ 中，相电流 $I_a$ 具有三相电流中的最大振幅。相电流时间间隔（$T_{Ia}$、$T_{Ib}$、$T_{Ic}$）应从时间测量计数器计算得出。在相电流时间间隔 $T_{Ix}$ 的开始处，tiSysNew 的值应写入变量 $x$ 中。在相电流时间间隔 $T_{Ix}$ 结束时，tiSysNew 的实际值应减去 $x$

$$T_{Ix} = \text{tiSysNew} - x$$

式中　$T_{Ix}$——相电流时间间隔（s）；

tiSysNew——计数器结束时间（s）；

$x$——计数器开始时间（s）。

周期 $T_{\text{Current}}$ 为三相电流时间间隔之和

$$T_{\text{Current}} = T_{Ia} + T_{Ib} + T_{Ic}$$

式中　$T_{\text{Current}}$——三相电流时间间隔之和（s）；

　　　$T_{Ia}$——A 相电流时间间隔（s）；

　　　$T_{Ib}$——B 相电流时间间隔（s）；

　　　$T_{Ic}$——C 相电流时间间隔（s）。

角频率 $\omega$ 应通过以下公式计算

$$\omega = 2\pi / T_{\text{Current}}$$

式中　$\omega$——角频率（rad/s）。

对于极低的角频率，无法进行角频率计算。因此，需要具有预定最大值的本地定时器。最大值是一转的最长时间。每个相电流时间间隔的计算应激活本地定时器。如果达到本地定时器的最大值，则应进行复位。

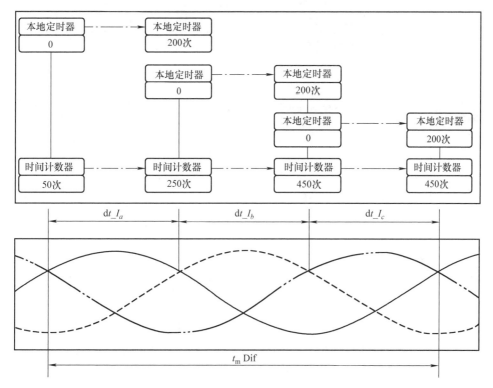

图 4-28　永磁同步电机三相电流与计数器关系图

（3）网络通信故障监测　电机控制单元通过 CAN 总线接收整车控制器的指令，因此 CAN 总线的信息是否正确十分重要，只有 CAN 总线信息正确时，电机驱动系统才可以正确响应整车控制器的转矩需求。

当 CAN 总线出现表 4-3 所示的短路或断路故障时，软件需要及时检测出故障，并停止 PWM 输出，以保证整车安全。

2. 故障识别确认

逆变器故障发生后，需要具有防抖处理逻辑，才可以确认故障并存入故障存储单元进行故障记录。如图 4-29 所示为防抖处理信号流示意图，防抖算法包含一个计数器，如果检测到错误，则计数器的计数方向为正，如果没有检测到错误，则计数器的技术方向为负。

表 4-3　CAN 总线典型故障及影响

| 序号 | 故障 | 影响 |
|:---:|:---:|:---:|
| 1 | CAN_H，CAN_L 短路 | 总线关断 |
| 2 | CAN_H 对地短路 | 总线关断 |
| 3 | CAN_L 对地短路 | 总线关断 |
| 4 | CAN_H 中断 | 软件超时 |
| 5 | CAN_L 中断 | 软件超时 |
| 6 | CAN_H，CAN_L 都中断 | 软件超时 |
| 7 | CAN_H 对电源短路 | 总线关断 |
| 8 | CAN_L 对电源短路 | 总线关断 |

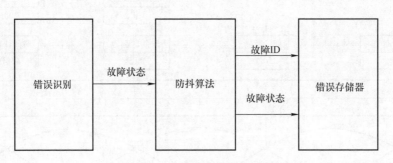

图 4-29　防抖处理信号流示意图

防抖算法的状态可以分为治愈状态、故障确认状态和不确定状态。如果没有检测到错误，则防抖软件应向负方向递增计数，直到达到预定义的最大值。每一个类型的故障信息，应预先定义最大值和增量值，当计数值达到负最大时，故障为治愈清除状态，如图 4-30 所示。

如果检测到错误，则防抖软件应向正方向递增，直到达到最大值。每一个类型的故障信息，应预先定义最大值和增量值，当计数值达到正最大时，故障为确认状态。

如果"故障状态"和"治愈状态"都没有激活，那么防抖算法将处于不确定状态，如果计数器值在治愈状态的最大值和故障状态的最大值之间，则故障为不确定状态。

3. 故障响应

当电机驱动系统发生故障并确认后，驱动软件需要将不同的错误映射到其各自的错误级别，并做出相应的故障响应，以保证电机在任何情况下都能安全可靠地运行。

故障响应分为载频故障响应和周期任务故障响应，如图 4-31 所示，其中过电流、过电压、逆变器故障等，需要系统快速做出故障反

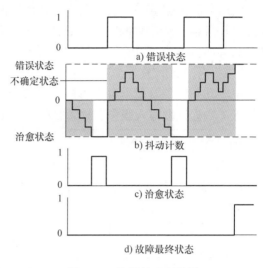

图 4-30　防抖处理逻辑图

应，因此这类故障为载频故障，需要进行 PWM 关断处理。针对温度这类非瞬时故障，则应在周期任务中进行故障处理和响应，一般可以进行降额处理，允许快速放电操作。

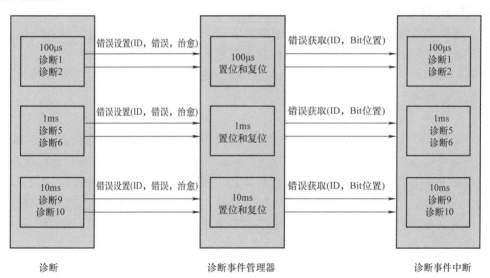

图 4-31　故障响应示意图

4. 诊断服务

电机驱动系统需要满足 ISO 14229 关于诊断系统的通用要求，ISO 14229 规定

了诊断服务的数据链路要求，允许使用诊断测试器（客户端）控制车载电子控制单元（服务器）中的诊断功能，如将电子设备燃油喷射、自动变速器、防抱死制动系统等连接在一个串行数据链路上的道路车辆。它指定了允许诊断测试人员（客户端）停止或恢复非诊断的通用服务数据链路上的消息传输。

电驱动系统需要根据整车诊断服务需求，支持复位服务、刷写服务、安全访问服务、数据读取写入服务、故障服务等，如图 4-32 所示。

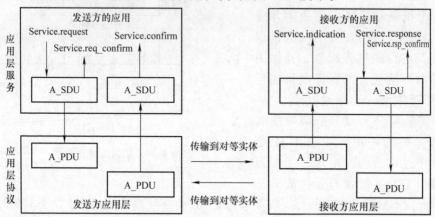

图 4-32 诊断服务示意图

### 4.2.1.3 功能安全

电驱动系统相关电子电器产品的功能安全开发至关重要，是电驱动系统在极端工况下正常运行的有效地保障，具有重要意义。电机控制系统的功能安全开发包括相关项定义、危害分析和风险评估、功能安全概念设计、监控功能设计和转矩监控设计等。

1. 相关项定义

依据 ISO 26262—2011《道路车辆　功能安全　第 3 部分：概念阶段》中第 5 章"对象定义"的 5.4 节"要求和建议"来定义电机控制系统的主要功能、接口、法规要求等。其目的是定义并描述对象及其与环境和其他对象的依赖性和相互影响；充分理解对象，以便在执行后续阶段的活动时，提供更好的支持。电机控制系统的主要功能是控制电机按照整车工况需求输出动力，主要研究对象为电机控制器，如图 4-33 中虚线框所示。接口关系有点火开关、整车 CAN、旋转变压器、电机温度传感器以及六路 PWM 驱动信号等。

电机与逆变器对外的主要功能是输出转矩，当转矩非预期增加或非预期减少时，都会造成整车发生危害，因此本章节主要考虑电驱系统的转矩安全。

2. 危害分析和风险评估

危害分析和风险评估的目的是识别相关项定义中因故障而引起的整车危害，

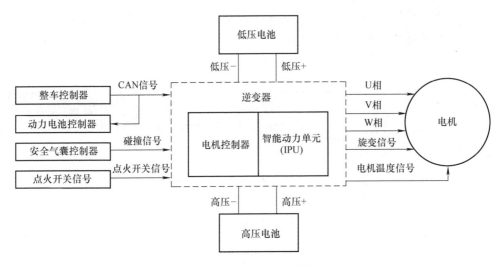

图 4-33　相关项定义范围

并对整车危害进行分类，制订安全目标，避免不合理的风险。汽车安全完整性等级（Automotive Safety Integration Level，ASIL）的定义通过"严重度（S）""暴露率（E）"和"可控性（C）"这三个参数来确定，见表 4-4。

表 4-4　ASIL 等级定义表

| 严重度<br>（Severity） | 暴露率<br>（Exposure） | 可控性（Controllability） | | |
|---|---|---|---|---|
| | | C1 | C2 | C3 |
| S1 | E1 | QM | QM | QM |
| | E2 | QM | QM | QM |
| | E3 | QM | QM | A |
| | E4 | QM | A | B |
| S2 | E1 | QM | QM | QM |
| | E2 | QM | QM | A |
| | E3 | QM | A | B |
| | E4 | A | B | C |
| S3 | E1 | QM | QM | A |
| | E2 | QM | A | B |
| | E3 | A | B | C |
| | E4 | B | C | D |

严重度一般指的是对人员的伤害程度，这里的伤害是指危险事件发生时，对车辆周边及车内人员的伤害，包括车上的驾驶员和乘客、路边的行人，其他车辆

上的人员等。伤害的严重性可以分为 4 个等级，即 S0、S1、S2、S3（对于伤害严重性的详细描述可以参考 ISO 26262 – 3 中附录 B 的内容，这里只做分级说明），见表 4-5。

表 4-5　严重度定义表

| 级别 | S0 | S1 | S2 | S3 |
|------|-----|-----|-----|-----|
| 描述 | 无伤害 | 轻度和中度伤害 | 严重或危及生命的伤害（有存活的可能性） | 危及生命的伤害（存活不确定）或致命伤害 |

暴露率是指在整车运行条件下，暴露于危险中的可能性。暴露率被分为 5 个等级，即 E0、E1、E2、E3、E4，具体分级见表 4-6。

表 4-6　暴露率定义表

| 级别 | E0 | E1 | E2 | E3 | E4 |
|------|-----|-----|-----|-----|-----|
| 描述 | 不可能 | 非常低的概率 | 低概率 | 中等概率 | 高概率 |

下面分析电机控制系统功能安全完整性等级中的车辆场景定义，见表 4-7，从道路类型、路面等几方面分析得出电机控制系统可能的驾驶场景，得出暴露率等级。

可控性是指危险事件发生时，能被驾驶员或者其他交通参与人员进行控制并减小或者避免伤害的可能性。可控性被分为 4 个等级，即 C0、C1、C2、C3，见表 4-8。

通过总结过往的实际设计经验，得出电动汽车永磁同步电机控制系统，至少存在以下 7 种危害：

1）车辆非预期加速（C）。

2）车辆非预期减速（C）。

3）车辆朝驾驶员预期的反方向驱动（B）。

4）转矩小于期望值（QM）。

5）制动转矩不足/制动转矩损失（C）。

6）车轮抱死（C）。

7）动力系统部件非预期旋转（QM）。

以车辆非预期加速为例，通过对该危害事件的场景、严重度、可控度的分析，可以得出车辆非预期加速为各危害事件中最高 ASIL 等级，进而可确定系统的安全目标。

3. 功能安全概念设计

功能安全概念设计的目的是从功能安全目标中得出功能安全要求，并将其分配给对象定义中的各个要素，降低外部风险，确保达到预期的功能安全目标。

非预期转矩过大的功能安全目标定义见表4-9。

表 4-7　典型车辆场景分析

| 驾驶场景 | | 运行场景持续时间的暴露概率分级 | | | |
|---|---|---|---|---|---|
| | | E1 | E2 | E3 | E4 |
| | 持续时间（平均运行时间百分比） | 无定义 | <1%平均运行时间 | 1%～10%平均运行时间 | >10%平均运行时间 |
| | 道路类型 | | 山路，带有不安全陡峭的斜坡 | 城市街道的单行道 | 高速公路 |
| | | | 乡间道路的交叉路口 | | 二级公路 |
| | | | 高速公路的匝道入口 | | 乡间道路 |
| | 路面 | | 冰雪路面 | 湿滑路面 | |
| | 附近的物体 | 高速公路行驶中遇见障碍物 | 在洗车房 | 在隧道中 | |
| | | | 高速公路 靠近拥堵的末端 | 交通堵塞 | |
| | 车辆静止状态 | 车辆泵电起动 | 连接拖车 | 车辆在斜坡上（停在坡上） | |
| | | | 车辆正在加油 | | |
| | | | 在修理厂（诊断或维修过程中） | | |
| | | | 在修理厂自动升降机上 | | |
| | 驾驶操控 | 山路行驶，下坡时关闭发动机 | 倒车进停车位 | 交通繁忙（频繁起停） | 加速 |
| | | | 超车 | | 减速（松加速踏板） |
| | | | 停车场中驾驶车辆 | | 转弯（转向） |
| | 能见度 | | | 晚上没有路灯的道路 | |

表 4-8　可控性定义表

| 级别 | C0 | C1 | C2 | C3 |
|---|---|---|---|---|
| 描述 | 可控 | 简单可控 | 一般可控 | 难以控制或不可控 |

表 4-9　非预期加速安全目标定义

| ASIL 等级 | C | 故障容错时间 | 200ms |
|---|---|---|---|
| 安全目标 | 避免在行驶或静止过程中转矩驱动力过大 | | |
| 安全目标描述 | 目的是防止整车非预期加速造成的整车危害 | | |
| 安全状态 | 电机不输出有效转矩 | | |

为了避免车辆在行驶或静止的过程中非预期加速而造成的危害，应保证混合动力控制器（HCU）发送的驾驶员需求转矩值正确、MCU 的转矩算法正确、MCU 的转矩监控算法正确以及关断路径的正确，才能确保在非预期加速的情况下，电机能够在故障容错时间（FTTI）内，进入安全状态，避免危害发生。

4. 监控功能设计

电驱动系统的监控功能设计遵循三级技术安全概念，实现了三层独立软件加两个独立硬件结构方案。MCU 电控系统定义了在不同运行模式下的故障检测、故障容错时间、功能冗余及过渡到安全状态的方法。在国际上，这种三层结构设计方法在汽车电子产品等安全相关的领域得到了普遍应用。

MCU 电控系统三级监控如图 4-34 所示，第一层结构为系统的主要控制功能和故障诊断功能；第二层结构为与功能安全相关的监控部分；第三层结构的监控功能分为两部分，一部分在主控芯片上，另一部分在监控芯片上，监控芯片为单独硬件，主要监控控制器是否正常工作。可以看出，当第二层或第三层发生故障，触发故障使能标志位时，均能关断执行器的驱动，确保系统进入安全状态。

5. 转矩监控设计

以转矩监控（图 4-35）为例，来介绍三层架构的工作原理。第一层计算得到实际输出转矩值。第二层通过电压、电流来计算监控转矩值，计算公式如下

$$P_1 = UI$$
$$P_2 = nT/9550$$
$$\eta P_1 = P_2$$
$$T = 9550\eta UI/n$$

式中　$P_1$——电功率（W）；

　　　$P_2$——轴端机械功率（W）；

　　　$\eta$——电驱系统效率；

　　　$n$——电机转速（r/min）；

　　　$T$——电机轴端转矩（N·m）。

当实际输出转矩值超过监控转矩值一定范围时（该范围通过整车相关参数确认），整车出现非预期加速危害，此时通过关断路径，可以实现在 FTTI 时间内，切断转矩输出，进入安全状态。避免整车非预期加速时的危害发生，满足安全目标的设计。

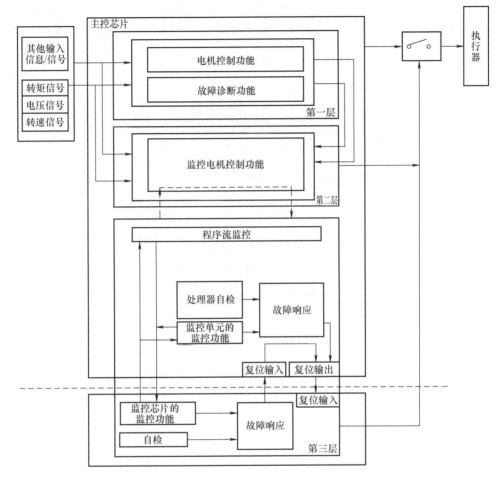

图 4-34　MCU 电控系统三级监控结构示意图

## 4.2.2　功率模块安全设计

绝缘栅双极晶体管模块，又称作 IGBT 功率模块，在航空、轨道、工控、汽车等不同领域都有广泛应用。它是逆变器的关键核心部件，通过开关动作可实现直流电和交流电的双向变换功能，在工作中也将产生损耗，损耗是影响结温和结温变化的关键要素，进而影响功率模块的性能和寿命。

为了保证器件结温不超过器件允许值，需在器件输出电流的同时监控结温，目前器件最高结温为 150℃ 或 175℃。由于功率模块热容、温度传感器和温度检测电路的测量滞后，因此，考虑功率模块安全应用，避免出现热超限，需要配置逆变器 IGBT 温度降额控制功能，如图 4-36 所示为逆变器 IGBT 温度降额示意图，通常设定三个温度限值，通过两个滞环实现 IGBT 模块的结温控制，具体的温度限值

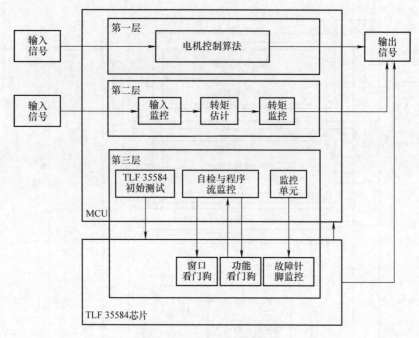

图 4-35　转矩监控示意图

设定需要根据功率模块在台架和整车试验上的温升情况进行标定。

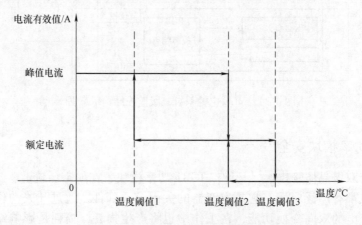

图 4-36　逆变器 IGBT 温度降额示意图

　　功率模块寿命由寿命评估工况下的器件结温变化累计次数决定，如果低于器件厂商给出的寿命循环总数，则合格，反之不合格。通常考虑器件散差和裕量等因素，器件的实际结温变化累计次数是允许值的 0.7 倍左右。

　　另外，不同应用领域对功率模块的要求也不相同，环境试验是考核功率模块的一项重要试验，目前在行业上对功率模块环境试验定义比较全面的标准是 QC/T ×××《电动汽车用绝缘栅双极晶体管（IGBT）模块环境试验要求和试验方法》，该标准对试验目的、要求及试验方法以及试验后评价都做了全面的约定，是功率半导体行业的指导性标准，为电动汽车用 IGBT 的应用提供了判定依据。

### 4.2.3 驱动板安全设计

驱动单元是指包含驱动电路并和 IGBT 模块配套使用的硬件电路板，它可以使 IGBT 门极快速注入或抽取电荷、使 IGBT 门极电压迅速达到规定值，还可以实现 IGBT 快速开关，同时还具备实时监测 IGBT 工况（如电压、电流、温度等）的功能，并在异常时关断 IGBT（或干预 IGBT 的关断行为）时实现对 IGBT 的保护。

驱动单元一般包括电源电路、检测电路、保护电路和驱动电路。其中，驱动电路负责将驱动信号功率放大，保证模块正常、可靠的开关动作，该电路包括驱动 IC、驱动电阻、推挽电路等。电源部分包括控制信号电源、驱动芯片供电电源、隔离芯片供电电源、模块驱动电源、检测信号电源和备份电源等。检测电路负责检测 IGBT 模块的温度、驱动板温度及母线电压，并实时上报。保护电路负责检测驱动过程中出现的异常并对 IGBT 模块采取保护措施，包括有源钳位保护、米勒钳位保护、关断过电压保护、模块掉电保护、栅极过电压保护和模块短路保护等。

应用于电动汽车上的驱动单元一般采用主驱动芯片加推挽结构的驱动形式，目前主流的驱动芯片都集成了强大的功能，如自带电源管理能力、集成短路保护、米勒钳位保护、欠电压保护等多种保护功能，有的驱动芯片驱动能力可达 20A，推挽结构也可省掉，仅需很少的外围电路便可完成功率模块的驱动。驱动单元设计时需要特别注意高压安全，驱动单元同时连接高压系统和低压系统，若在电子器件选型或 PCB 设计时未按要求进行设计，将会导致系统损坏，因此驱动单元的设计必须满足爬电距离、电气间隙和高低压隔离的要求，并且要通过系统的耐电压测试。

### 4.2.4 母线电容安全设计

直流母线电容容量也是影响逆变器性能的关键参数之一，电容过小可能引起系统电压不稳定，过大又会导致成本增加。具体计算方法可以参考以下经验公式

$$C \geqslant \frac{1}{2\pi \times 2f_{sw}} \times \frac{I_{rmax}}{u_r}$$

式中　　$C$——直流母线电容量（μF）；

　　　　$f_{sw}$——逆变器功率模块开关频率（Hz）；

　　　　$I_{rmax}$——流过直流母线电容的纹波电流最大有效值（A）；

　　　　$u_r$——系统能够承受的最大纹波电压有效值（V）。

直流母线电容最大等效串联电感对逆变器系统性能存在很大影响，等效串联电感过大，会导致功率半导体器件在开关过程中产生较大的尖峰电压，使半导体器件发生击穿损坏，从而导致逆变器故障。因此，在直流母线电容设计时要对其等效串联电感的大小进行限制。直流母线电容的等效串联电感限制主要取决于系统的最高直流母线电压、功率模块的最大工作电压和电流的变化率，其中电流变化率需要结合双脉冲试验、功率模块说明书和功率模块行为模型仿真数据共同确定。若电容与功率模块之间存在额外的母排，其等效串联电感也需要加以考虑，即

$$L_c \leqslant (U_{pmmax} - U_{snmax}) \frac{dt}{di} - L_{pn} - L_{bus}$$

式中　$U_{pmmax}$——功率模块在正常工作时能承受的最高峰值电压（V）；

$U_{smmax}$——最高直流母线电压（V）；

$L_{pn}$——功率模块正负端子间的等效串联电感（H）；

$L_{bus}$——由仿真或实测得出的连接电容和功率模块的母排的等效串联电感（H）。

### 4.2.5　被动放电安全设计

驱动电机控制器中直流母线电容在高压直流输入端，实现储能等作用。由于其容量较大，动力电池断开时，直流母线电容内仍存有剩余电荷且正负极间电压高于安全电压，为保护人身安全，要求在直流侧电容配置放电电路，以降低直流侧电容的电压。

当被动放电时，通常在直流母线电容两极间串入一个大功率电阻，利用RC放电原理来实现直流母线电容放电。被动放电电阻既可以选择独立式放电电阻（图4-37），也可以选择板载式放电电阻（图4-38）。

图4-37　独立式放电电阻（见彩插）

图4-38　板载式放电电阻（见彩插）

GB/T 18488.1—2015《电动汽车用驱动电机系统　第1部分：技术条件》中5.5.3条规定了驱动电机控制器支撑电容的放电时间，当有被动放电要求时，驱动电机控制器支撑电容放电时间应不大于5min。

被动放电电阻阻值可用下式计算

$$t \geqslant RC\ln(U_0/U_t)$$

$$R \leqslant \frac{t}{C\ln(U_0/U_t)}$$

式中　$t$——放电的时间（s）；

　　　$R$——放电电阻的阻值（Ω）；

　　　$C$——直流母线电容的最大容值（F）；

　　　$U_0$——电容的最大初始电压（V）；

　　　$U_t$——$t$ 时刻的电容电压（V）。

除了考虑放电时间，还应考虑电阻的功耗、工作环境等因素，以保证其可靠性与稳定性。

## 4.2.6　电磁兼容安全设计

电驱动系统是电动汽车车内的核心大功率部件，功率模块的开关速度越高，产生的电磁干扰能量越大、频带越宽，是电动汽车内的主要干扰源。电驱动系统产生的电磁干扰不仅关系到其自身工作的可靠性，而且会影响整车及邻车的安全运行能力，成为汽车满足相关电磁兼容标准的最大障碍。与此同时，随着电子设备不断增加，电动汽车内部电磁环境愈发复杂，对电驱动系统本身的抗扰能力要求也愈加严格。

### 4.2.6.1　电磁发射

逆变器与电机有两种连接方式，一种是一体化集成方案，如图4-39 所示，逆变器与电机处于同一个屏蔽体内，避免了电机三相线作为主要干扰源之一向外发射干扰的风险，是电磁兼容设计的优选方案；另一种是逆变器与电机分开布置，并通过三相线连接，形成了一个明显的干扰耦合路径，电磁兼容特性较差。

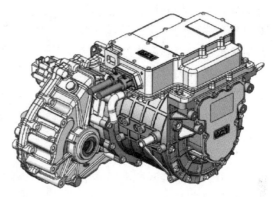

图 4-39　电机和逆变器一体化方案样例

采用高压系统全屏蔽方案可大幅减小电磁发射指标。在高压端不采用电感元件，而是适当地选择电容元件进行基本的滤波处理，在高压屏蔽体内的高、低压系统之间设计隔离度，使高低压隔离度与系统屏蔽效能相当，避免高压干扰通过低压端耦合。

为了防止逆变器的高压直流母线和电机三相线上携带的干扰信号耦合到低压端，在系统整体设计中原则上将进出壳体的高压线与低压线布置在逆变器的不同侧面。

电驱动系统壳体进行接地连接，接地位置应该选择在距离其最近的车身或车架/副车架的金属平面上。接地实现建议采用编织铜带，以降低其高频阻抗。

### 4.2.6.2 电磁抗扰

虽然电驱动系统本身是干扰源，但由于系统内有弱电和通信信号，因此也需进行电磁抗扰设计。

在设计驱动电路中，逆变器驱动电路回路电流方向建议采用直线方向（图4-40），尽量避免来回走线（图4-41），从而减小走线之间的二次耦合，并最大限度地避免走线间以及走线与外壳间的寄生电容电感引起谐振，同时减小环路面积从而降低其他外界电磁环境的耦合。

相对于数字信号线，模拟信号更容易受到干扰。在设计过程中，敏感的模拟信号线同层和相邻层均不能有平行去线的干扰信号线，并且要避免换层，更不能走线到电源层和地层，离开关电源、晶振等干扰芯片距离至少5mm。

差分信号线应平行走线，换层、转弯等均应同时进行，差分线两线之间不应有任何走线，包括接地线，差分线的终端匹配电路参数和位置都应尽量对称。

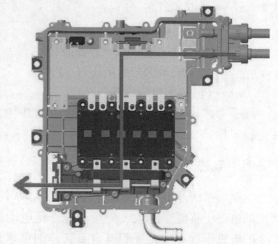

图4-40    主驱动回路电流方向（推荐方案）

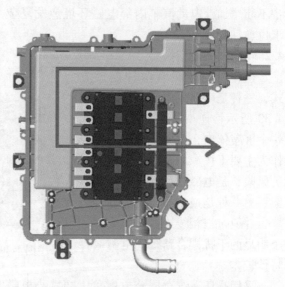

图4-41    主驱动回路电流方向（不推荐方案）

### 4.2.7 逆变器壳体安全设计

逆变器壳体如图4-42所示，它主要是为内部核心部件提供支撑、冷却散热、IP防护、高压安全、EMC防护等功能及保护的结构部件，为逆变器实现电能转换提供强有力的保障。因此，逆变器壳体的安全设计也具有十分重要的意义。

为便于内部器件安装，逆变器壳体组成一般为可分离式结构，分为主壳体、上下壳体和用于安装零部件的盖板等部分。如图 4-43 所示为典型的上下分离式结构，内部各器件均安装在主壳体内部，组装后用上盖板密封，无其他结构散件。

为提供可靠支撑，保证逆变器在振动冲击下能正常工作，需提高强度，在设计中采取有效措施。逆变器主壳体一般为铸造件，材料可选取铝合金材料，在满足强度的同时亦可实现轻量化。材料的选取与铸造工艺直接相关，对于重力铸造工艺应选取铸造铝合金材料，如 ZL104 等；对于压力铸造工艺应选取压铸铝合金材料，如 YL113 等。而铸造工艺的选取与壳体复杂程度相关，结构设计中应充分考虑加工工艺的可实现性，避免存在易产生气孔或砂眼等缺陷的狭小空间。冷却散热是功率元件所需的必要使用条件，IGBT 等功率器件的损耗热量是通过水冷基板传至冷却液，经冷却液流动将热量带走。无水道设计的功率元件，如母线电容等器件的散热需要与壳体壁直接接触，通过金属传热将热量传导至壳体外。由此可见，壳体散热设计是保证逆变器正常工作的必要条件。水道设计应保证内壁过渡平滑，尽量减少突变，设计完成后需进行 CFD 仿真，确认压降、散热、水流分布是否满足要求。通过壳体传热的部分，需保证此区域壳体远离外部整车系统发热元件，最好存有空气流通空间。

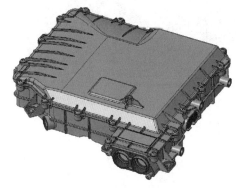

图 4-42　逆变器壳体组成

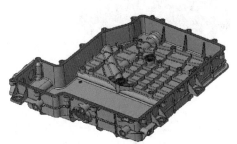

图 4-43　逆变器主壳体

IP 防护是所有电力电子元件正常工作的必备条件，一般需满足 IP67 的防护要求，即达到尘密及短时浸水的能力。保证密封的措施包括密封垫和密封胶，密封垫主要应用于可拆卸的零部件，包括刚性密封垫（图 4-44a）或采用胶圈型密封垫（图 4-44b）等。密封胶主要应用于不可拆卸的零部件，分为涂胶后立即密封或涂胶固化后密封两种形式。

在逆变器工作过程中，由于内部空气的热胀冷缩，可能导致壳体密封失效，因此需进行内外压平衡设计。目前，一般应用有防水作用的透气膜或集成了透气膜的透气塞如图 4-45 所示，设计选型中最重要的两个指标是透气量与密封要求。

逆变器壳体外侧要设置保护接地点如图 4-46 所示，可满足壳体内部 Y 电容接

a) 刚性密封垫　　　　　　　　　　b) 胶圈型密封垫

图 4-44　密封方式（见彩插）

地及其他屏蔽接地，亦可防止壳体带电造成的人员伤害。

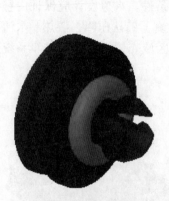
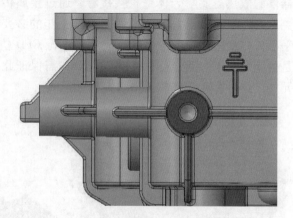

图 4-45　透气塞　　　　　　　图 4-46　逆变器壳体接地点

由此可见，逆变器壳体的安全设计是保障其实现电机驱动控制功能的根本。只有确保壳体能可靠地保证强度要求、冷却散热、IP 防护、高压安全及 EMC 防护等所有功能，才是一个较为完善的逆变器壳体安全设计。

## 4.3　减速器安全设计

电驱动系统的发展趋势是高转速、传动系统轻量化、高效率以及低成本。对减速器而言，通过精细的齿轮设计、轴承选型和润滑设计，可以在实现高效率的同时具备良好的 NVH 性能，减小齿轮和电机系统的噪声。电动汽车的减速器与传统汽车的变速器有着相似的功能和作用，但又具有其特有的属性，例如单档位、高转速、无空档、电子驻车、电机直连无减振缓冲和 NVH 要求等。因此，在电动汽车减速器设计中，除了考虑传统的机械强度、可靠耐久、合适的速比和涉水外，还要重点关注其特有属性所带来的润滑、平衡油温、内外压平衡、传递效率、NVH 和驻车系统等一系列问题。

## 4.3.1　减速器机械安全设计

电动汽车电驱动系统趋向高速化，减速器的机械安全至关重要，必须保证其全寿命周期内的抗冲击能力和可靠耐久能力，主要涉及轴齿、壳体和差速器等总成零部件。

### 4.3.1.1　轴齿的机械安全设计

电动汽车减速器的轴齿与传统变速器的轴齿相比，具有高转速、单档位、电机直连的特点，因此对轴齿的机械强度、疲劳寿命要求也会更高。设计轴齿时，各轴的静强度、疲劳强度需满足载荷谱要求，各轴的径向最大变形量需小于 0.2mm，齿轮的接触疲劳强度、弯曲疲劳强度需满足载荷谱要求，以保证接触区不偏载。设计完成后，通过齿轮疲劳寿命试验、齿轮啮合印迹试验等台架试验进行验证。

轴齿的可靠耐久与材料、热处理、机械加工、润滑情况息息相关。减速器轴齿采用渗碳钢，对热处理后的渗碳层深和硬度要求严格，轴齿材料性能良好。减速器轴齿加工精度要求高，齿轮的加工精度一般在 5 级。通过布置各轴的位置、齿轮的旋向、轴齿的油道油孔，保证轴齿得到良好的润滑。准确和恰当的载荷谱是保证轴齿进行安全校核的前提条件，必须根据整车的相关参数和应用需求采集制订与其相对应的载荷谱。目前进行轴齿建模计算的专用软件（如 MASTA、RO-MAX、KissSoft 等）已经较为普遍，计算理论也已经很成熟，因此减速器的轴齿可以通过专业的仿真计算，保证其满足强度和可靠性要求。

### 4.3.1.2　壳体的机械安全设计

壳体作为减速器非运动结构件，内部连接轴齿等零部件，外部连接电机及整车零部件，在设计时应满足结构强度及刚度要求。在电动汽车电机瞬时大转矩的工况下，应保证不发生结构损坏、变形、疲劳损伤、热损伤，轴承座位置应保证良好的动刚度及静刚度，因此对壳体进行有限元强度计算校核是必须的。

壳体空间布置要求：减速器壳体不得与整车机舱其他零部件产生干涉，并留有足够的安全距离，以防止产生运动干涉，损坏壳体及整车其他零部件。

壳体悬置要求：在电动汽车过轨工况下，瞬时冲击载荷远大于传统燃油汽车，应保证悬置位置不发生结构损坏、变形。

壳体对合面要求：对合面应保证接触稳定，无油液泄漏。在装配工况、前进档工况、倒档工况下，对合面压力应保证连续，不连续位置对合面间隙应形成小于 0.1mm 的闭合环，错移量应形成小于 0.08mm 的闭合环。

壳体油封要求：减速器壳体油封除了传统半轴油封以外，多数减速器在输入轴位置还设有一个高速油封。各位置油封应保证密封稳定可靠，无油液泄漏，隔绝外部水、泥土等污染物进入变速器内部。

壳体通气性能要求：减速器壳体设有通气结构并安装通气塞，相关结构应保证在各个工况条件下通气良好，减速器外部无油滴泄漏，但允许有油气存在；通气塞处应满足涉水要求，在涉水及淋雨条件下无水及其他污染物进入减速器内部，通气塞与壳体安装处应涂密封胶或采用其他密封形式，以保证密封可靠。

壳体润滑要求：壳体内部应设有导油润滑结构，如导油筋、导油槽、主动润滑油路等。轴承座位置应设有进出油口，以保证齿轮啮合及轴承能够有效润滑及散热，以防止运动件因润滑不足产生损坏。

此外，为保障安全，壳体还需考虑以下因素：

1）减速器壳体与电机壳体连接法兰处应设置排水槽，其他外部位置应尽量避免存在雨水等污染物无法排出的封闭结构，以免污染物存积腐蚀壳体。

2）壳体外部结构设计都应具有圆角，避免尖锐结构，由机加工形成的尖锐位置应避免布置在壳体凸出位置，以免在生产、装配及用户使用过程中产生人身伤害。

3）壳体吊装点可采用预留吊装孔、安装吊环、预装吊环等其他形式，吊装位置应便于吊装设备连接，并且要坚固可靠，避免因强度不足产生跌落伤害。

### 4.3.1.3　差速器的机械安全设计

差速器总成作为减速器的关键总成具有非常重要的作用，一方面能够将输入转矩分配至两侧车轮驱动车辆，另一方面能够实现车辆转弯时两侧车轮转速分配，因此其机械安全性与其传递转矩和分配转速直接相关。差速器总成机械安全设计不仅要考虑与传统变速器相同的可靠耐久性，还要将减速器所必需的强抗冲击能力作为重要的设计目标，其差壳、行星半轴齿轮、行星轴等关键件设计必须要有足够的静强度系数，通过选择高强度材料，系统优化结构、调整热处理工艺等方式，强化零件及差速器总成抗冲击能力。差速器总成润滑设计是影响机械安全的另一因素，当车辆一侧车轮出现打滑时（例如一侧车轮在水泥路面，另一侧车轮在冰雪路面），若两侧车轮的转速差较高，差速器的润滑不良极有可能会导致差壳磨损进而造成减速器损坏。在差速器总成润滑设计中，一般通过增设接触面润滑油槽、合理分配各配合面间隙值等方法进行润滑设计。同时，因为减速器总成的润滑条件更为单一，多为搅油飞溅润滑，其润滑条件相比其他类型的变速器更为苛刻，所以在减速器总成进行系统结构布置时也必须要考虑到其差速器总成部件的润滑，保证差速器总成部位有足够的润滑油。

## 4.3.2　减速器热安全设计

电动汽车的热管理特别重要，对热能的有效利用，能够大幅提高电动汽车的综合性能。减速器在高转速、大转矩下会产生大量的热，因此在设计中必须保证减速器具有良好的散热能力，避免减速器温度过高，造成润滑油的变质老化甚至是减速器的损坏。当前大多数减速器还是通过自然风冷实现其内外热量的平衡，而散热能力的优劣主要是通过优秀的壳体结构设计来实现的。在发热量较大需强制润滑的情况下，仍需要增加额外的冷却装置辅助散热。同时，也需要关注减速器散发的热量对周边零部件所带来的影响，或者将减速器散发的热量纳入整车热平衡中很好地加以利用。

## 4.3.3　驻车装置安全设计

减速器中的驻车装置是整车安全件，目前车辆的 P 位都是通过驻车装置来实现的，驻车装置应能保证车辆可靠驻车，即"除非驻车装置损坏，否则车辆不能（非正常）移动"。与装备自动变速器的传统内燃机车辆一样，装备减速器的电动汽车也应满足法规要求。

驻车装置包括驻车锁止机构和驻车驱动机构，驻车锁止机构位于减速器内部，由纯机械部件组成，应满足以下功能要求：

1）驻车锁止机构应能稳定自锁，在设计允许的冲击载荷作用下也能稳定锁止，不能松脱。

2）在 30% 坡度满载情况下，车辆溜车距离应小于或等于 150mm，防止溜车距离过大对行人和其他物品造成危害。

3）驻车挂入车速应大于 30% 坡度一齿溜车车速，同时应小于或等于 6km/h。驻车挂入车速过小可能会造成车辆溜坡；驻车挂入车速过大，一是不满足 SAEJ 2208 法规要求，二是可能会造成车辆驱动轮抱死，转向失控或甩尾。

驻车驱动机构用于驱动驻车锁止机构完成进入驻车（简称"入 P"）和退出驻车（简称"出 P"）动作。对于电动汽车，通常采用电动式或液压式的驱动机构。驻车驱动机构可以集成在减速器内部，也可独立安装于减速器外部。应满足以下功能要求：

1）驻车驱动机构入 P 和出 P 动作响应时间应控制在 500ms 以内。

2）驻车驱动机构应设置目标动作车速，在高于目标动作车速情况下按下 P 位按钮，驻车驱动机构不动作，防止驾驶员误挂 P 位造成打齿现象，目标动作车速通常设置为 3km/h。

3）在工作温度范围内，驻车驱动机构的转矩能力应大于30%坡度满载时驻车锁止机构的摘档转矩。

4）驻车驱动机构控制器不能出现意外入 P 和出 P 的动作。

5）根据整车需求，可以增加或去除 P 位应急解锁装置。

6）驻车驱动机构及其控制器应满足相关电气标准要求。

# 第 5 章

# 整车控制安全性设计

在电动汽车的电子电气平台架构中，整车控制器（VCU）、电池管理系统（BMS）以及电机控制器（MCU）是其动力系统的三大核心控制总成，其中，整车控制器被称为电动汽车的"大脑"，通过接收到的车辆实时运行状态，与其他控制器相互配合、协调，实现整车的综合控制，图 5-1 所示为电动汽车电子电气架构示意框图。

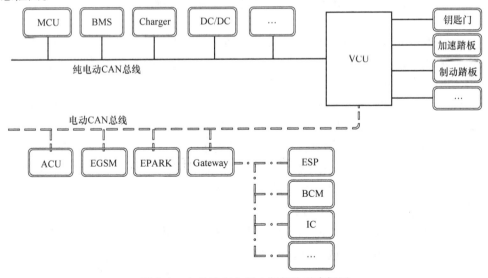

图 5-1　电动汽车电子电气架构示意框图

MCU—电机控制器　BMS—电池管理系统　Charger—车载充电机　DC/DC—直流变换器
ACU—安全气囊控制单元　EGSM—电子换档器　EPARK—电子驻车锁止　Gateway—网关
ESP—电子稳定系统　BCM—车身控制模块　IC—仪表

整车控制器的基本功能包括行驶控制、充电管理、热管理、能量管理、制动能量回收、故障诊断与失效处理、安全监控和设备在线诊断等功能，如图 5-2 所示。

（1）行驶控制　VCU 通过 CAN 总线接收车辆实时运行状态，如动力电池状

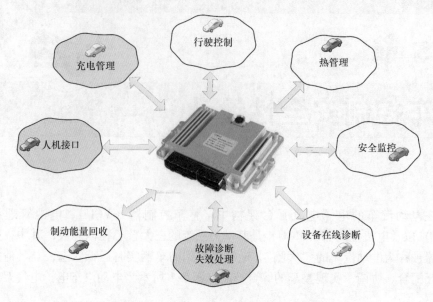

图 5-2　典型 VCU 整车控制软件功能

态、电机状态，结合数字及模拟通道采集的加速踏板、制动踏板、档位等信号，解析驾驶员需求，发出目标指令至电池管理系统、电机控制系统等执行系统，实现整车的驱动控制。

（2）充电管理　VCU 识别充电连接信号，通过 CAN 与 BMS 和充电机的协调控制，启动及监控充电过程，在仪表显示充电状态。

（3）热管理　VCU 根据电机、动力电池的温度及冷却请求，实现系统冷却控制，控制冷却风扇、水泵及空调制冷系统的开启和关闭，保证电机和动力电池工作在合适的温度范围；在动力电池温度较低时，控制 PTC 工作，对动力电池进行加热，保证动力电池的充放电能力。

（4）制动能量回收　VCU 通过控制电动汽车的驱动电机工作在再生制动状态，实现制动能量回收功能，这是电动汽车区别于内燃机汽车的一个重要特征。整车控制器通过分析驾驶员制动意图、动力电池系统状态和电机状态等信息，结合制动能量回收控制策略，对电机控制器发送电机模式指令和再生制动转矩指令，在不影响整车制动性能的前提下，将制动回收的能量储存在动力电池中，从而实现制动能量的回收，提升整车经济性。

（5）能量管理　在电动汽车中，动力电池除了给动力电机供电以外，还要给电动附件供电，因此，为了获得最大的续驶里程，VCU 将负责整车的能量管理，以提高能量的利用率。在动力电池 SOC 比较低的时候，VCU 将对某些电动附件发出指令，通过限制电动附件的输出功率来增加续驶里程。

（6）故障诊断与失效处理　通过直接采集信号和接收 CAN 总线数据的方式获得传感器、执行器、控制器、CAN 通信、关键总成、系统故障等方面的故障信息，根据不同的故障设计针对性的故障处理策略，及时进行相应的安全保护处理。

（7）安全监控　设计相对独立的冗余功能，对整车控制器涉及安全的功能及输入输出信号进行监控，防止因整车控制器功能失效而导致的危害。

（8）设备在线诊断　负责与外部诊断设备的连接和诊断通信，实现统一诊断服务（UDS），包括数据流读取、故障码的读取和清除以及控制端口的调试。

# 5.1　整车控制器概述

## 5.1.1　整车控制器发展概述

国外对电动汽车整车控制技术的研究起步相对较早，涵盖整车控制器硬件开发、控制策略研究、应用技术与试验研究及试运营等诸多方面，技术相对成熟。国内厂商大多数也已具备整车控制器自主研发、生产及系统设计的能力。

汽车电子企业大都布局整车控制器的设计和生产，如日本电装、美国德尔福、德国 BOSCH 等。部分汽车设计公司如 AVL、FEV、RICARDO 等也为整车厂提供整车控制器技术方案，它们都在电动汽车整车控制器领域有不少成功的案例。

汽车整车控制器软件架构趋于规范化。随着汽车行业不断向前发展，为高效管理日益复杂的车辆电子控制系统软件建立开放的、标准化的软件架构逐渐成为行业共识。汽车开放系统架构就是在此背景下应运而生的，统一标准便于工程人员缩短开发时间，提高各公司软件的兼容性和可靠性，有利于打破行业壁垒。

电动汽车整车控制器逐渐向动力域控制器方向发展，如图 5-3 所示。从早期的 16 位整车控制器，到主流的 32 位多核整车控制器，整车控制器技术日渐成熟。近年来，为了解决信息安全及车载 ECU 瓶颈的问题，域控制器（DCU）方案被提出

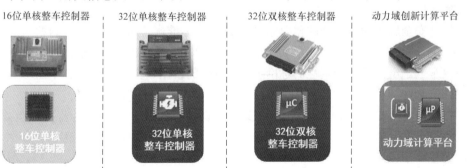

图 5-3　整车控制产品技术路线

并迅速成为行业技术焦点。通过域控制器强大的硬件计算能力与丰富的软件接口支持，大幅提高系统功能集成度，从而有效降低零部件开发/制造成本。它的出现推动了汽车 E/E 架构的演变进化，域控制器更强大的中心化架构正在逐步替代分布式 E/E 架构。

目前部分新上市车辆的 E/E 架构已开始使用域控制器。以某款电动汽车为例，根据汽车电子部件的不同功能，域控制器架构将整车划分为动力总成、智能座舱、智能驾驶等几个域，在动力总成域控制器中实现整车行驶控制的相应功能。

## 5.1.2　整车控制器安全设计总体要求

相对于传统汽车，电动汽车增加了高压电池、电机等高压部件，电气和电控系统更加复杂。系统中任何一个部件出现了故障，都可能导致整个系统的运行出现问题，轻则致使汽车性能严重下降或不能起动，重则导致重大安全事故。VCU作为电动汽车的大脑，可以识别加速踏板、制动踏板、档位等驾驶员操作，协调控制动力系统部件（电机、电池）有序运行，实现驱动及制动能量回收等功能，不仅要满足整车的动力性和经济性，同时还要满足整车的安全性。安全性涉及人身安全和车辆安全，这对整车控制器的软硬件安全提出了更高的要求。

目前，车辆电控系统普遍采用的安全架构设计方案是由传统发动机设计演变而来的 EGAS 三层架构（图 5-4）。其中，第一层是功能层，用来完成整车控制器基本的功能，包括诊断及故障处理功能。第二层是监控层，通过对功能层进行监控，来保证功能安全。监控层通过采用相对功能层尽量独立的算法，来实现监控功能，实际也是依靠功能的冗余设计来保证功能安全。第三层是控制器监控层，因为整车控制器的所有功能都是通过 MCU 以及硬件电路执行来实现的，而硬件都是有一定的随机失效率的，所以必须对整个控制器的硬件执行情况进行实时监控，主要也是通过硬件的冗余设计实现的。

软件设计是整车控制器的核心部分。软件设计的水平决定着整车控制系统能否可靠、稳定的运行。

软件安全属于功能安全的重要组成部分，从标准规范 IEC 61508，到相对应的GB/T 20438—2017《电气/电子/可编程电子安全相关系统的功能安全》，再到专门针对汽车电子电气系统安全性的标准 ISO 26262 的使用，都表现出了各个组织对汽车软件安全性的重视程度。

目前，整车控制软件安全设计一般包括故障识别及处理、安全监控等技术。为避免整车意外加速及意外减速等情况发生，进行转矩监控是规避整车动力意外输出的重要手段。

根据 ISO 26262 功能安全标准进行整车控制器的开发，也是提升整车控制器安全等级及软件质量的重要手段。

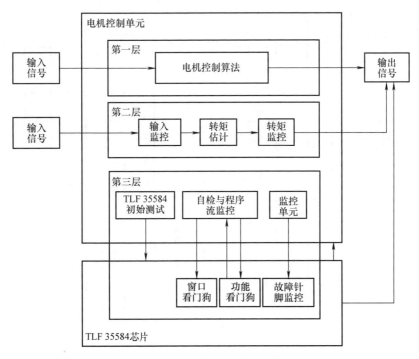

图 5-4　EGAS 三层监控架构

## 5.2　整车控制器硬件安全设计

### 5.2.1　整车控制器硬件设计

　　整车控制器为传统汽车所没有的新能源汽车专有部件。尽管印刷电路板较为复杂，不同制造公司开发研制的硬件电路的结构各不相同，但是硬件电路组成的基本原理与其他车载电控系统类似，都包含微控制器单元、存储模块、输入模块、输出模块、电源模块、通信接口模块等。典型的整车控制器硬件系统如图 5-5 所示。

　　微控制器单元（Micro Control Unit，MCU）是整车控制器的核心，它负责数据的采集处理、逻辑运算及控制实现等。MCU 的选取是整车硬件设计过程中较为重要的任务之一，目前常见的 MCU 有 8 位、16 位和 32 位处理器。由于 32 位处理器处理能力强，且成本与 16 位处理器相差无几，已经成为控制器开发的主流。对于整车控制器开发，由于 32 位处理器在硬件上可以支持浮点运算，所以提升了控制软件的运行速度，降低了软件信号和参数的定标精度要求，这将大大加快控制器

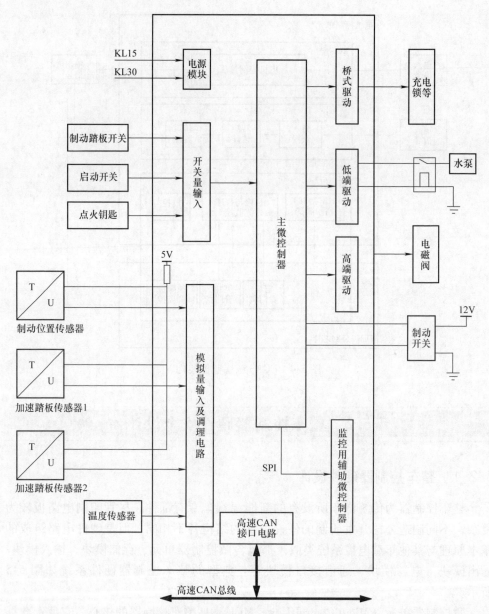

图 5-5　典型的整车控制器硬件系统

应用软件的开发速度，因此目前 32 位车载控制器是整车控制器的首选。

　　在控制器中，存储器是用来存储程序指令和数据的单元，由许多具有记忆功能的储存电路构成，根据功能可分为程序存储器和数据存储器，按照操作原理可以分为只读存储器（ROM）和随机存储器（RAM）。在汽车的控制器中，ROM 用来存储控制程序或原始的试验数据，即使点火开关断开，控制器掉电，ROM 中的这些信息也不会丢失。而 RAM 是可以读写的存储单元，通常用来存储控制器在工作时暂时需要存储的数据，这些数据会在控制器掉电后丢失。在实际应用中，ROM 和 RAM 容量的选取要考虑应用程序、底层软件以及数据量的大小，并保证 20% 以上的预留空间。

输入模块的主要功能是将传感器信号或各种开关信号变换成微处理器能够识别的数字信号。根据信号的输入类型，输入模块可以分为模拟量信号输入模块和数字量信号输入模块。

输出模块的功能主要是根据微控制器发出的控制指令，控制执行器动作。由于微控制器只能输出微弱的电信号，不能直接驱动执行元件，所以输出模块需要对控制指令进行译码、功率放大，变成可以驱动执行器的大功率信号。

电源模块为控制器各个功能器件或传感器提供合适的电源，通过电平转换将 12V 蓄电池电平转换为 5V 或 3.3V，以保证整个控制器的能量供给和电平的匹配。

CAN 总线已经成为汽车计算机控制系统的标准总线。近年来，其所具有的高可靠性和良好的错误检测能力逐渐受到重视，被广泛应用于汽车电控系统中。整车控制器采用了 CAN 总线通信的方式，实现了整车控制器与其他控制器（如电机控制器、电池管理系统、ABS 等）之间的信息交互。

## 5.2.2　整车控制器硬件安全设计

整车控制器是高安全要求部件，与安全相关的功能失效将会给驾乘人员和车辆带来损害风险。这与传统的动力总成控制器（如发动机控制器、变速器控制器等）类似，因此它们都有相似的安全要求：

1）能够控制和应对安全相关的外部失效，例如短路和断路等。

2）能够检测和控制安全相关的内部失效。

3）能够将安全相关的失效状态报告给驾驶人。

4）避免安全相关的系统性失效。

为保证整车控制器运行正常，与传统动力总成控制器类似，在控制器设计过程中需要采用元器件级可靠性设计和系统级可靠性设计相结合的方法，如部件的冗余设计。部件的冗余设计是指通过在系统结构上增加冗余资源，使其相互校验来减少故障造成的影响，或将故障隔离并校正错误，使系统即便发生了故障或差错，其设计功能也不受影响的技术。下面介绍整车控制器开发中常使用的双微处理器安全架构设计方法和传感器冗余设计方法。

## 5.2.3　双微处理器架构的安全设计

外界干扰或其他因素导致 CPU 程序出错，会直接导致系统安全问题。为了提高整车控制器的可靠性和安全性，满足 ISO 26262 的安全设计标准，当部分部件发生失效时，失效部件在系统中的功能可用其他部件完全或部分替代，使系统能够继续保持最基本的功能，从而保证汽车的安全性。因此在设计整车控制器时，需要考虑对关键元器件功能的监控设计，整车控制器需要采用主 CPU、监控 CPU 以及硬件看门狗组成的硬件系统架构来实现安全监控，从而使整个系统的安全性大为提高。图 5-6 所示的是一种整车控制器安全监控系统框图。第一层监控实现传感器输入、执行器和控制算法的监控功能，与功能相关的功能函数 $F1(n)$ 受监控函数 $F2(n)$ 的持续监控。而第二层监控利用辅助 CPU 实现对主 CPU 的监控任务。如果发现故障，那么主 CPU 或辅助 CPU 就会进入相应的故障处理模块。

另外，采用硬件看门狗可以降低脉冲干扰对控制器的影响，主控制器要定时对定时器进行清零操作。正常运行时，看门狗不会动作，一旦出现尖峰干扰、主控制器出现程序跑飞时，看门狗就会触发系统的复位，从而使控制器重新运行，如此就可以对尖峰干扰进行有效的抑制。

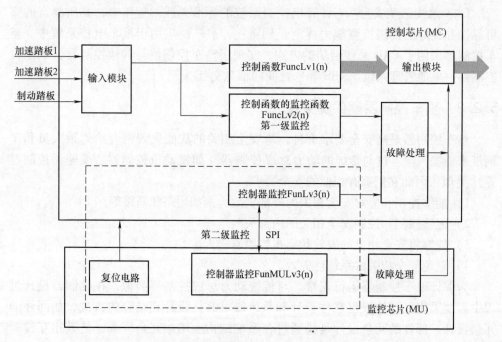

图 5-6　整车控制器安全监控系统框图

## 5.2.4　传感器的冗余设计

传感器故障诊断的早期方法主要是硬件冗余法。传感器的冗余方法是对容易失效的传感器设置一定的备份，然后通过表决器方法进行管理。从控制角度讲，使用一个传感器就可使系统正常运转，但冗余设计可使两个传感器互相检测，当一个传感器发生故障时能及时被识别，在很大程度上增加了系统的可靠性，保证了行车的安全。

传感器冗余方法用于一些与安全相关的重要系统，例如某一种加速踏板位置传感器采用两个踏板位置传感器，传感器两两反接以实现阻值的反向变化，即两个传感器阻值变化量之和为零。对两个传感器施加相同的电压，两者输出的电压信号也相应反向变化，且其和始终等于供电电压，即使一路踏板位置信号出现故障，也不会影响另一路的输入。通过两路传感器的冗余设计，提高了整个系统的可靠性和安全性。

### 5.2.5　安全关断通路

当失效发生时，系统的输出会影响安全。此时应将系统输出有效关断，以避免危害的发生。一般设计冗余通路作为安全关断通路。当安全关断通路不使能时，系统通过功能通路正常输出；当安全关断通路使能时，系统输出关断，进入安全状态。安全关断通路的优先级必须高于功能通路。

系统应周期性地对安全相关的输出进行诊断。一旦发现输出异常或发现其他可能影响该输出的失效，就应启动安全关断通路，使系统进入安全状态。

## 5.3　整车控制器软件安全设计

### 5.3.1　软件开发流程

在汽车行业，V 模式开发已经是一个公认的高效模式。该模式强调软件开发的协作和速度，将软件实现和验证有机地结合起来，在保证较高的软件质量的情况下缩短开发周期。整车控制器开发也遵循该模式，并在此基础上制订出更适合自己的开发流程。通用的电控系统 V 模式开发流程图如图 5-7 所示。

整车控制软件设计主要包括系统需求开发、软件架构设计、软件单元设计及实现、软件集成、在环测试、实车验证及参数调校。

（1）系统需求开发　依据整车功能定义、装备定义、E/E 功能定义等输入，完成整车功能分配及功能特性列表，梳理并定义整车控制电控系统功能以制订系统需求，包括高压电源管理、行驶控制、热管理、附件控制、人机接口等功能，制订整车控制功能开发方案、动力性及经济性达标方案等，并通过离线仿真等手段验证控制方案的可行性。

另外，在系统需求开发阶段，不仅要疏理整车控制器基本功能，还应确定诊断及故障处理需求（故障识别、故障处理、故障存储、故障显示等需求）、功能安

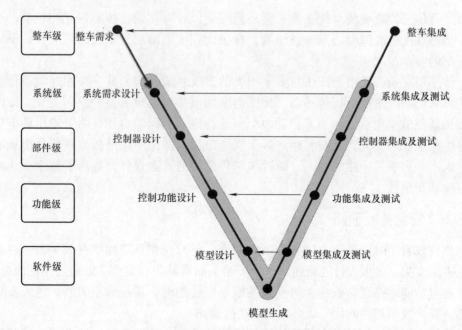

图 5-7　通用的电控系统 V 模式开发流程图

全需求（功能安全目标、功能安全架构设计、安全监控等需求）。

（2）软件架构设计　根据系统需求对软件进行架构设计，明确各个功能模块需要完成什么功能，明确模块与模块之间的接口关系。

基于模块化开发方法，建立整车控制软件平台，通过参数配置可以实现在多种车型上的应用，满足纯电动、混合动力及燃料电池等新能源汽车的整车控制需求。通过软件的标准化及模块化设计，使软件更易于维护和升级，提高了开发速度和产品质量。

（3）软件单元设计及实现　对 VCU 系统需求、架构设计中表述的各模块进行深入分析，并制订模块功能需求规范。采用 Matlab/Simulink 图形化建模工具进行控制策略建模，包括整车基本控制功能（高压管理、行驶控制、附件控制、热管理、人机接口、I/O 接口、CAN 接口等）、诊断及故障处理功能、安全监控功能等，并通过单元测试验证。

（4）软件集成　将整车控制策略模型自动生成 C 代码，将控制策略生成的 C 代码与 VCU 底层程序集成，接口测试、代码静态测试等，并下载到 VCU 硬件系统中。

（5）在环测试　V 模型体现的主要思想是开发和测试同等重要，左侧代表的是开发活动（图 5-7），右侧代表的是测试活动。整车控制器软件测试主要包括模型在环测试和硬件在环测试，都包括以下几个步骤：搭建在环测试环境、分析测试需求、测试对象和测试环境集成调试、根据需求规范编写测试用例、实施在环测试、编写测试报告等。模型在环测试是在模型层面上实现闭环测试，目的是验证算法，而硬件在环测试通常用于测试控制器系统，包括硬件、底层软件及应用软件。

（6）实车验证及参数调校　在硬件在环测试之后，还需要进行整车控制功能实车测试、验证，并完成各功能控制参数的调校。

## 5.3.2　软件安全设计

电动汽车整车控制器软件的安全设计主要包括设计失效模式分析（DFMEA）、故障诊断功能设计和安全监控功能设计几个部分。对于多驱动电机的电动汽车，通过转矩分配、单驱动电机驱动、再生转矩调节等控制方式，也可实现车辆纵向及横向行驶安全控制功能，提升行驶安全性。

### 5.3.2.1　整车控制系统 FMEA

整车控制系统（图 5-8）包括 VCU、与 VCU 通过硬线相连的部件（传感器、执行器等）以及 VCU 与各传感器、执行器和其他总成之间的连接、通信。对于整车控制系统，采用 FMEA 分析方法对系统的潜在失效模式、失效后果以及失效原因进行分析。在整车控制方案设计初期，根据 VCU 的电气原理图和相关网络拓扑，通过系统框图明确 VCU 系统 FMEA 分析的范围以及各部件之间的交互方式。

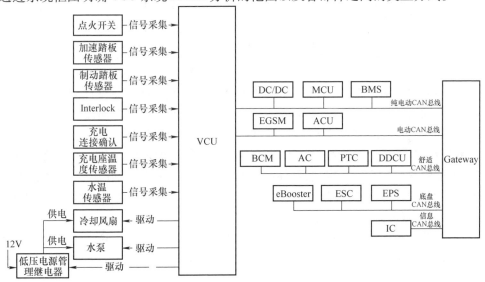

图 5-8　整车控制系统框图

DC/DC—直流变换器　MCU—电机控制器　BMS—电池控制器　EGSM—电子换档器
ACU—安全气囊控制单元　BCM—车身控制模块　AC—空调　PTC—热敏电阻　DDCU—左前门控制单元
eBooster—智能驻车系统　ESC—电子稳定控制　EPS—电动助力转向控制单元　IC—仪表　Interlock—高压互锁

明确了所有与 VCU 相关的部件以及与 VCU 的交互方式后，还需要确定 VCU 要实现的功能。从用户、法规、安全和可服务性几个方面，确认整车控制系统的功能，每一项功能有多项要求，要对功能要求进行条目化的分解，为失效分析做准备。

系统功能确定后，针对每项功能，从产品间的变化、随时间的变化、顾客使用、外部环境和系统交互几个方面，考虑可能对系统产生的干扰，也就是造成功能缺失或失效的因素，例如硬件老化、电磁干扰、驾驶员非预期操作等因素。它们可能会导致整车控制系统产生非预期输出（行驶控制功能失效、充电功能失效等）。采用 FMEA 分析的目的，就是最大限度地避免整车控制系统的非预期输出——避免失效模式发生。

整车控制系统的失效分析要考虑三个方面：失效影响、失效模式、失效起因，即失效链。失效影响为失效模式产生的后果，失效模式为功能丧失或异常，失效起因是指失效模式发生的原因，三者之间的关系如图 5-9 所示。

图 5-9　整车控制系统失效分析

根据失效影响，参考 AIAG – VDA FMEA 手册中提供的严重度评分标准，对失效的严重度进行评分。针对失效起因，目前是否有预防措施和探测措施，对于预防措施和探测措施的有效性进行评分，即为频度和探测度。

完成失效模式、失效影响、失效起因和控制的初始确认（包括严重度、频度和探测度的评分）后，决定是否需要采取进一步的措施来降低风险。参考措施优先级（AP）方法，将措施分为高、中、低优先级别，优先对高、中风险采取措施。

### 5.3.2.2　故障诊断设计

在电动汽车运行的过程中，往往会出现一些无法预料的故障，这些故障可能在运行过程中对整车安全性产生影响。为了提高汽车的可靠性与安全性，整车控制诊断系统必须实时监测故障，并采取适当的故障处理措施。

故障诊断功能设计包括故障识别及故障处理，如当故障发生时，对驾驶员进行警告或提示（故障提示灯、故障提示音）以及将整车控制器功能降级（跛行控制）等。

1. 故障及危害分析

电动汽车是由多个子系统构成的一个复杂系统，既有低压电气系统，又有高电压、大电流的高压动力系统，故需要对电动汽车动力系统进行安全分析。电动汽车动力系统可能发生的故障与安全问题可以分为关键信号相关故障、高压安全相关故障、关键部件相关故障、CAN 总线通信相关故障、交通事故故障五大类，其中任何一类故障都是电动汽车的安全隐患，须及时诊断并安全处理。上述五类电动汽车动力系统涉及的故障及危害分析见表 5-1。

表 5-1　电动汽车动力系统故障及危害分析

| 故障类别 | 具体故障 | 故障现象及危害 |
|---|---|---|
| 关键信号相关故障 | 加速踏板故障 | 加速踏板传感器故障；加速踏板信号不准确 |
| | 制动踏板故障 | 制动踏板传感器故障；制动信号不准确 |
| | 车速信号故障 | 车速信号通信故障；车速信号不准确 |
| 高压安全相关故障 | 高压互锁故障 | 高压电暴露、连接不良；人身伤害 |
| | 高压绝缘故障 | 可能造成高压电暴露；人身伤害 |
| | 高压上电故障 | 容性负载上电冲击；可能造成用电器永久损坏 |
| | 高压继电器故障 | 无法吸合、无法断开；影响高压上下电功能 |
| 关键部件相关故障 | 电池系统故障 | 传感器故障、供电故障、过温故障、过电压故障、单体电压过高故障等；漏电、起火、爆炸、无法上高压 |
| | 电机系统故障 | 传感器故障、供电故障、过温故障、超速故障、过/欠电压故障、转矩异常等；限制输出转矩、无法驱动 |
| | 整车控制器故障 | 传感器故障、执行器故障、供电故障、过温故障 |
| CAN 总线通信相关故障 | CAN 通信相关故障 | Checksum 故障、Liver counter 故障、Time out 故障、节点丢失、Bus off |
| 交通事故故障 | 碰撞 | 碰撞引发上述故障 |

通过对电动汽车动力系统进行故障及危害分析，电动汽车整车控制故障诊断应具备如下功能：

1）关键信号相关故障实时诊断及故障处理。

2）高压互锁故障实时诊断及故障处理。

3）高压绝缘故障实时诊断及故障处理。

4）高压上电瞬态冲击实时诊断及故障处理。

5）高压继电器故障实时诊断及故障处理。

6）关键部件相关故障实时诊断及故障处理。

7）CAN 通信相关故障实时诊断及故障处理。

8）交通事故问题实时诊断及故障处理。

评价一个故障诊断系统的性能优劣，通常需要考虑如下几个指标：

1）故障检测的及时性。

2）短期故障检测的灵敏度。

3）故障的误报率和漏报率。

4）故障定位和故障评价的准确性。

5）故障检测和诊断系统的鲁棒性。

2. 故障处理

根据故障及危害分析得到的诊断及处理功能需求，实现以下几个部分的内容。

（1）故障诊断　通常情况下，在出现对驾驶员、整车性能有影响或者法规规定的故障时，应该定义故障码，细分故障类型。在整车控制故障诊断功能的开发过程中，主要针对以传感器、执行器、控制器、CAN 总线、关键总成、系统故障等几个方面的故障进行诊断。

（2）故障确认　故障确认的目的是针对各个故障码采用相应的检测算法或者电路，以保证故障发生后能够准确汇报出故障，而没有故障发生时又不会误报故障。对一个故障进行检测时，应该包含如下内容：①故障检测的作动条件（enable condition）；②故障产生的条件（fail criteria）；③故障消除的条件（pass criteria）；④故障检测的结果（test result）。

（3）故障处理　确定了某种故障后，在完成故障记录和报告的同时，还要对故障进行处理，以保证相关部件不会因为此故障的出现而损坏。另外，为了保证车辆行驶的安全性，也要采取相应的故障处理措施来尽量保证汽车能够继续行驶。通常有以下几个处理措施：

1）信号替代：当某传感器或 CAN 信号发生故障时，可用其他传感器、CAN 信号或固定值代替。

2）备用算法：当某传感器或 CAN 信号发生故障时，可采用备用算法来代替此信号。

3）程序切换：当发生某些故障而无法实施某一控制项目时，便可放弃这一控制项目而将控制过程转向另一程序。

4）降功率运行：当发生某一故障时，可以根据重要程度依次关闭一些功率附件以及某些功能，只保持基本的安全行驶功能。

5）紧急停车：当发生某一故障不足以保证车辆继续行驶时，可采用紧急的停车处理措施。

（4）故障提醒和查询　在汽车实际使用过程中，交通安全法规不允许随意停车，故障也不会恰好发生在维修站附近，因此在进行故障诊断及处理的同时，还需要提醒驾驶人存储故障以指导后续维修。

### 5.3.2.3 安全监控设计

安全监控功能设计是指设计一套相对独立的冗余功能，对整车控制器涉及安全的功能及输入/输出信号进行监控，从而防止整车控制器功能失效导致的危害。

（1）功能安全目标设计 整车控制器的安全监控功能在软件方面的实现，主要通过应用层软件的功能冗余设计完成。所有软件设计需求都由最初的功能安全目标导出，因此设计出准确的功能安全目标至关重要。如表 4-4 所示，依据 ISO 26262，首先需要根据整车控制器的功能，分析功能失效模式以及产生的危害；之后分析各功能在整车层面产生的危害在各种情景、工况和操作模式下，对人身伤害的严重度（S）以及发生危害时人能避免自身受到伤害的可控性（C），这个过程也要对当前发生危害的工况的暴露率（E）进行分析。综合严重度（S）、可控性（C）和暴露率（E）三个指标的结果，给出各个功能的功能安全完整性等级（ASIL）以及相对应的安全目标（SG），见表 5-2。

表 5-2 行驶功能安全等级及 SG 分析

| 功能 | 危害 | 运行场景 | 暴露率（E） | 严重度（S） | 可控性（C） | 安全目标 ASIL | 安全状态 |
|------|------|----------|-------------|-------------|-------------|----------------|----------|
| 转矩计算 | 意外加速 | 市区拥堵道路，四周行人穿梭 | 4 | 2 | 3 | 避免车辆意外加速 ASIL C | 零转矩输出 |
| | 意外减速 | 高速公路行驶，后面有车辆跟随 | 4 | 3 | 3 | 避免车辆意外减速 ASIL D | 零转矩输出 |

（2）功能安全需求分解 功能安全目标是最高层的整车控制器功能安全需求，需要将各功能安全目标逐层从功能层、系统层以及软硬件层分解出安全需求，作为系统开发、硬件开发以及软件开发的支撑。其中，软件安全需求即支撑监控功能软件开发的要求，功能安全需求的简易分解示例见表 5-3。

表 5-3 功能安全需求分析

| 功能 | 功能安全目标 | 功能安全需求 | 技术安全需求 | 软件安全需求 |
|------|--------------|--------------|--------------|--------------|
| 转矩计算 | 避免车辆意外加速 | 开发与转矩计算功能冗余的监控功能，当转矩计算功能失效时进入安全状态 | 在应用层软件开发转矩监控策略 | 转矩监控模块与原转矩计算模块不应有级联失效 |
| | | | | 转矩监控模块应输出转矩计算的上限和下限 |

......

## 5.3.3 软件安全实现

根据功能需求，VCU 软件一般划分为信号输入处理模块、行驶控制模块、电源管理模块、附件控制模块、信号输出模块，为保证整车控制软件安全，还具有监控模块、故障诊断及处理模块。图 5-10 所示为某纯电动车 VCU 软件功能框图。

1. 信号输入处理模块

信号输入处理模块包括参考车速估算模块、加速踏板信号处理、制动踏板信号处理、充电连接信号处理等功能模块，通过信号处理将输入信号转化为驱动行

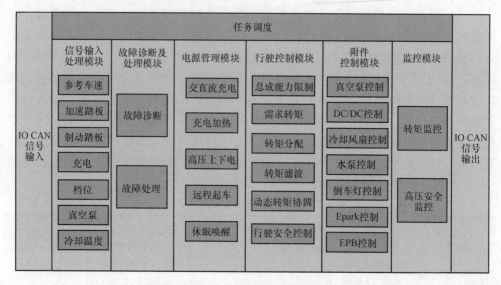

图 5-10    某纯电动车 VCU 软件功能框图

驶、电源管理、附件控制等应用模块能直接使用的信号，通过标准化的输出接口，提高应用模块软件的通用性。信号输入处理模块需要实时监控信号的有效性，根据不同信号的失效模式，采用信号值替代、仪表提示等故障处理机制。本文以加速踏板信号处理为例介绍信号处理模块的功能，如图 5-11 所示。加速踏板信号处理模块分为电压信号转换模块、信号有效校验模块、失效处理模块、滤波模块、防抖控制模块及变化率计算模块。这里着重介绍与行驶安全相关的故障诊断和处理模块。若加速踏板 1 开度信号与加速踏板 2 开度信号之差的绝对值小于或等于加速踏板开度最大差值，则认为加速踏板开度信号合理，否则认为加速踏板开度信号不合理。加速踏板开度信号故障处理分为以下四种情况：

1）当加速踏板 1 和加速踏板 2 均无故障时，若加速踏板开度信号合理，则采用加速踏板 1 开度信号作为加速踏板开度信号。

2）当加速踏板 1 和加速踏板 2 均无故障时，若加速踏板开度信号不合理，则采用加速踏板 1 开度信号和加速踏板 2 开度信号两者最小值，并经过上下限值限定，作为加速踏板开度信号。

3）当加速踏板 1 和加速踏板 2 之一有故障时，加速踏板开度信号采用无故障的加速踏板开度值。

4）当加速踏板 1 和加速踏板 2 均有故障时，采用一标定量代替加速踏板开度值。

2. 电源管理模块

电源管理模块的主要功能包括行车上下电管理、充电管理等功能，如图 5-12

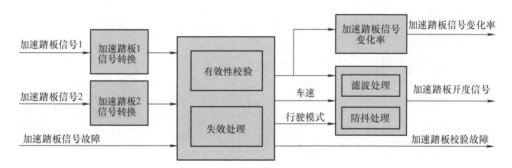

图 5-11 加速踏板信号处理框图

所示。VCU 识别充电连接信号、BMS 充电请求信号，控制系统高压上电，通过 CAN 与 BMS 和充电机的协调控制，启动及监控充电过程，并在仪表进行充电状态显示。

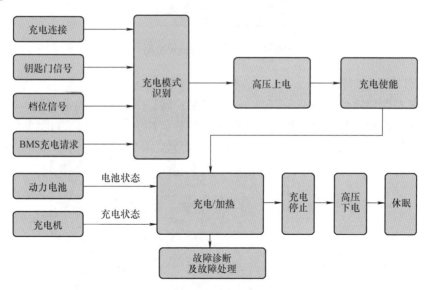

图 5-12 电源管理模块框图

3. 行驶控制模块

驱动行驶控制模块通过解析驾驶员的加速意图，并根据整车各子系统的反馈信息，输出电机需求转矩。如图 5-13 所示，行驶控制模块包括意图识别、驾驶人转矩需求、动力总成能力计算、转矩分配、转矩滤波、外部转矩协调及电机需求转矩转换处理等子模块。在驱动行驶控制中，行驶控制模块会实时监控车辆状态，根据不同故障的影响，采用不同的处理方式，包括限制车速、限制转矩、零转矩输出及仪表提示等方案。

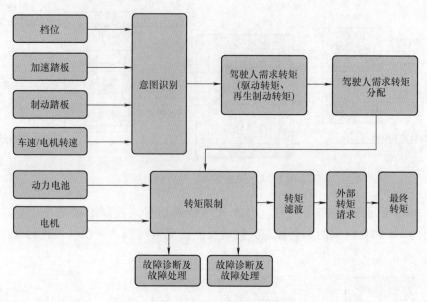

图 5-13　行驶控制模块框图

4. 附件控制模块

附件控制模块包括真空泵控制、冷却水泵控制、DC/DC 变换器控制、EPark 控制等功能。这里以真空泵控制为例介绍附件控制软件功能的实现，如图 5-14 所示。真空泵控制模块分为真空泵开启关闭压力值计算、真空泵压力斜率计算、真空泵

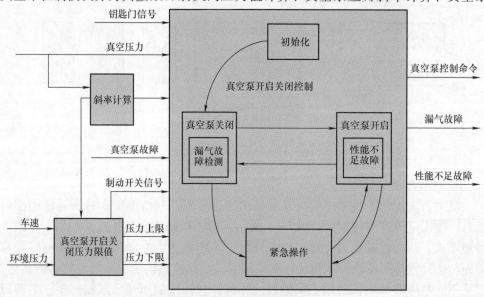

图 5-14　真空泵控制软件框图

开启关闭控制、真空泵故障检测等。真空泵工作是否正常会影响整车的制动效果，因此有效的故障诊断和失效处理策略是保证真空泵控制失效工况下行驶制动安全的重要手段。真空泵故障包括漏气故障、性能不足故障和真空压力传感器故障。发生真空泵故障时，VCU 与 ESP 进行协调控制以保证制动安全。VCU 同时还进行真空泵过载保护控制和生命周期管理。

5. 信号输出模块

信号输出模块负责与 VCU 底层软件之间进行部件控制信号、故障存储信号的传递，同时还负责仪表显示信号的处理。电动汽车的续驶里程估算是电动汽车的一大难题，如图 5-15 所示，VCU 需要根据当前电池的 SOC、电压、电流、空调工作状态、环境温度及车速等参变量，计算车辆的瞬时及平均电耗，进行续驶里程的合理估算。

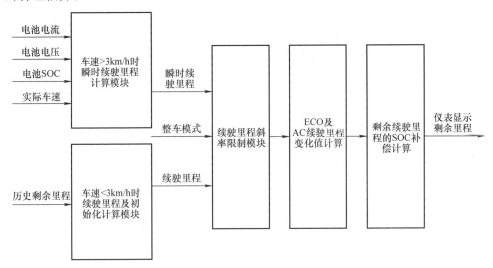

图 5-15　续驶里程估算模块

6. 故障诊断及处理模块

如图 5-16 所示，VCU 通过直接采集信号和接收 CAN 总线数据的方式获得传感器、执行器、控制器、CAN 通信、关键总成、系统故障等方面的故障信息，根据不同的故障来设计有针对性的故障处理策略，及时进行相应的安全保护处理。

7. 监控模块

设计相对独立的冗余功能，对整车控制器涉及安全的功能及输入输出信号进行监控，防止因整车控制器的功能失效而导致的危害。如图 5-17 所示，根据转矩监控软件需求，需要设计 L2 监控层行驶控制软件模块，为满足"转矩监控模块与原转矩计算模块不应有级联失效"的需求，要求转矩监控模块有独立的输入信号处理和算法策略。

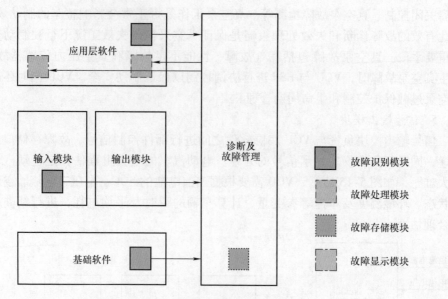

图 5-16 故障诊断及失效处理模块

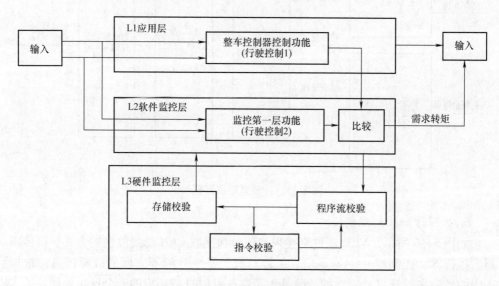

图 5-17 转矩监控功能

## 5.3.4 行驶安全设计及实现

传统汽车利用液压制动转矩控制和发动机转矩控制等方式实现主动安全控制技术，提升行驶安全性，包括制动防抱死控制系统（ABS）、驱动防滑控制系统（TCS）、车身稳定控制系统（ESC）和自动制动辅助系统（AEB）等。电动汽车驱动系统具有转矩响应速度快、控制精度高、可提供驱动/再生转矩、可实现多电机驱动等特点。整车控制器利用多驱动电机转矩分配、单驱动电机驱动、再生转矩调节等方式，可实现车辆纵向及横向行驶安全控制功能，提高行驶安全性，具体控制技术包括轴间转矩分配、轮间转矩分配、电机驱动防滑控制及再生制动防抱死控制等。

### 5.3.4.1　轴间转矩分配

对于多电机驱动的全轮驱动电动汽车，设计轴间转矩分配控制功能，根据车辆行驶状态实时分配前后轴的驱动转矩，以提高车辆的驱动和转向稳定性能。轴间转矩分配主要包括纵向控制和横向控制两部分。纵向控制考虑车辆在直行工况下的轴间转矩分配，横向控制考虑车辆转向工况下的轴间转矩分配。

（1）轴间转矩分配纵向控制　根据车辆前后轴载荷分配，进行轴间驱动转矩分配，可以充分利用轮胎 - 地面间附着能力，最大程度提升车辆的加速能力和驱动行驶稳定性。

根据前后轴载荷分配计算的轴间转矩分配系数为

$$i = \frac{a}{L} + \frac{h_g}{L}\left(\theta + \frac{a_v}{g}\right) = \frac{a}{L} + \frac{h_g}{L}\frac{a_{\text{sensor}}}{g}$$

式中　$h_g$ ——质心高度（m）；

　　　$a$——质心到前轴距离（m）；

　　　$L$——车辆轴距（m）；

　　　$\theta$——坡度；

　　　$g$——重力加速度（m/s²）；

　　　$a_v$——车辆行驶加速度（m/s²），是车速的导数；

　　$a_{\text{sensor}}$——传感器测得的车辆纵向加速度（m/s²）。

从式中可以看出，纵向控制转矩分配系数与车辆静态轴荷分配、坡度和车辆加速度（或传感器测得纵向加速度）有关。

（2）轴间转矩分配横向控制　在转向工况下，根据车辆的转向状态（转向过度或者转向不足），在轴间转矩分配纵向控制的基础上调整转矩分配系数，使得驱动转矩向前移动或者向后转移，从而改善车辆转向不足或转向过度状态。本文以横摆角速度反馈控制为例介绍轴间转矩分配横向控制策略。

当车辆转向时，通过横摆角速度反馈控制自动调整轴间转矩的分配系数。横摆角速度反馈控制可采用 PI 控制，原理如图 5-18 所示。

图 5-18　轴间转矩分配横向控制 PI 控制架构

通过二自由度车辆模型可以计算车辆的期望横摆角速度：

$$\gamma_{target} = \frac{v_x/L}{1 + K_{design}v_x^2}\delta_f$$

式中　$\gamma_{target}$——目标横摆角速度（rad/s）；

$L$——车辆轴距（m）；

$v_x$——纵向车速（m/s）；

$\delta_f$——前轮转角（rad）；

$K_{design}$——车辆稳定性因数标定值（$s^2/m^2$）。

当期望横摆角速度大于实际横摆角速度时，表明车辆转向不足，此时 PI 控制使驱动转矩向后轴转移，以避免车辆出现因前轴侧滑而导致的失去转向能力现象；当期望横摆角速度小于实际横摆角速度时，表明车辆转向过度，此时 PI 控制使驱动转矩向前轴转移，以避免车辆出现因后轴侧滑而导致的甩尾现象。

对某四驱纯电动汽车轴间转矩分配功能进行起步加速试验和稳态回转试验，试验结果见表 5-4 和表 5-5。

**表 5-4　干瓷砖路面起步最大加速度**（TCS 不触发）测试结果

| 功能状态 | 最大加速度/（$m/s^2$） |
|---|---|
| 轴间转矩分配功能开启 | 5.5 |
| 轴间转矩分配功能关闭 | 4.5 |

转矩分配功能在 TCS 触发前可提高最大加速度约 $1m/s^2$（约 $0.1g$）。

**表 5-5　稳态回转 0.2g 时的不足转向度**

| 功能状态 | 0.2g 不足转向度 /[（°）/（$m/s^2$）] |
|---|---|
| 轴间转矩分配功能开启 | 0.36 |
| 轴间转矩分配功能关闭 | 0.49 |

稳态转向工况下，转矩分配功能可降低侧向加速度在 $0.2g$ 时的不足转向度。

#### 5.3.4.2　轮间转矩分配

当车辆在弯道上行驶时，会出现转向不足或转向过度的现象，这与车辆的结构参数和实际道路条件有关。轮毂/轮边驱动电动汽车可通过调节左右车轮电机的转矩差值产生附加横摆力矩，矫正汽车不足/过度转向特性，实现精确、迅速、稳定的转向控制功能。

当车辆快速转弯时，外侧驱动轮转矩增加，内侧驱动轮转矩减少甚至反向制动，从而产生有利于转向的附加横摆转矩，使车辆横摆角速度迅速增加，提升车辆瞬态转向响应。

当车辆弯道行驶时，外侧车轮转矩增加，内侧车轮转矩降低，所产生的附加横摆转矩使车辆侧向力从前轴向后轴发生转移，从而降低前轴侧向力及侧偏角，增加后轴侧向力及侧偏角，降低车辆不足转向特性。

当车辆进行紧急避障等危险操作时，车辆因后轴侧滑产生严重的过度转向，通过左右轮差动转矩控制可降低后轴侧向力需求，同时产生与车辆激转方向相反的附加横摆力矩，改善车辆过多转向特性，实现稳定过弯，如图 5-19 所示。

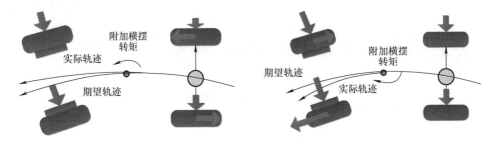

图 5-19　轮间转矩分配改善转向特性示意图（见彩插）

轮间转矩分配功能性能要求及试验方法可参照 GB/T 6323—2014《汽车操纵稳定性试验方法》和 GB/T 30677—2014《轻型汽车电子稳定性控制系统性能要求及试验方法》等法规要求，设计要求（参考）见表 5-6。

表 5-6　轮间转矩分配功能设计要求（参考）

| 性能评价项目 | | 评价工况 | 关键性能参数 |
|---|---|---|---|
| 转向性 | 转向瞬态响应 | 角脉冲输入试验 | 谐振频率<br>相位滞后角 |
| | | 角阶跃输入试验 | 横摆角速度响应<br>侧向加速度响应 |
| | 转向稳态响应 | 稳态回转试验 | 不足转向度<br>最大侧向加速度 |
| | 转向回正性 | 转向回正性能试验 | 稳定时间 |
| | 转向轻便性 | 转向轻便性试验 | 横摆角速度响应<br>转向盘作用力 |
| 弯道行驶稳定性 | 弯道加速稳定性 | 定圆加速转向试验 | 轨迹跟随能力 |
| | 过多转向稳定性 | 正弦停滞试验 | 抗侧滑甩尾能力 |
| | 移线稳定性 | 双移线试验 | 最高通过车速<br>转向盘转角操作量 |
| | 连续过弯稳定性 | 蛇行试验 | 最高通过车速<br>转向盘转角操作量 |

目前轮间转矩分配控制多采用横摆角速度反馈控制策略，控制方法包括 PID 控制、滑模变结构控制、LQR 最优控制等。本文以最常用的比例反馈控制为例，对轮间转矩分配控制功能进行分析。

利用前述车辆二自由度模型，设计目标横摆角速度，并考虑轮胎与路面之间的附着能力限制

$$\gamma_{\text{target}} \leqslant k_\mu \frac{a_y g}{v_x}$$

式中　$a_y$——侧向加速度（$m/s^2$）；

　　　$k_\mu$——系数，一般取值 $1 \sim 1.15$。

结合目标横摆角速度和传感器测得车辆实际横摆角速度，设计车辆附加横摆转矩比例反馈控制器

$$\Delta M_z = k_P(\gamma_{\text{target}} - \gamma_{\text{real}})$$

式中　$k_P$——比例控制系数；

　　　$\gamma_{\text{real}}$——车辆实际横摆角速度（$rad/s$）；

　　　$\Delta M_z$——附加横摆转矩（$N \cdot m$）。

1. 线性工况作用分析

线性二自由度车辆模型可表示为

$$\begin{cases} k_1\left(\beta + \dfrac{a\gamma}{v_x} - \delta_f\right) + k_2\left(\beta - \dfrac{b\gamma}{v_x}\right) = m(\dot{v}_y + v_x\gamma) \\ ak_1\left(\beta + \dfrac{a\gamma}{v_x} - \delta_f\right) - bk_2\left(\beta - \dfrac{b\gamma}{v_x}\right) + \Delta M_z = I_z\dot{\gamma} \end{cases}$$

式中　$I_z$——车辆绕 z 轴的转动惯量（$kg \cdot m^2$）；

　　　$m$——车辆质量（$kg$）；

　　　$a$——前轴到质心距离（$m$）；

　　　$b$——后轴到质心距离（$m$）；

　$k_1$、$k_2$——前、后轴侧偏刚度（$N/rad$）；

　　　$\beta$——质心侧偏角（$rad$）；

　　　$\gamma$——横摆角速度（$rad/s$）；

　　　$\dot{\gamma}$——横摆角加速度（$rad/s^2$）；

　　　$\dot{v}_y$——侧向加速度（$m/s^2$）。

设车辆稳定性因数为

$$K = \frac{m}{L^2}\left(\frac{a}{k_2} - \frac{b}{k_1}\right)$$

式中　$K$——车辆稳定性因数（$s^2/m^2$）；

　　　$L$——车辆轴距（$m$），$L = a + b$。

质心侧偏角速度为

$$\dot{\beta} = \frac{\dot{v}_y}{v_x}$$

式中　$\dot{\beta}$——侧偏角速度（$\mathrm{rad/s^2}$）。

结合以上公式，可得到在附加横摆转矩作用下车辆在线性区的稳态横摆角速度$\gamma_0$、横摆角速度固有频率$\omega_0$、阻尼比$\zeta$分别为

$$\gamma_0 = \frac{v_x}{L(1+Kv_x^2)} \cdot \frac{L^2 k_1 k_2 (1+Kv_x^2) - k_P(k_1+k_2)\dfrac{1+Kv_x^2}{1+K_{\mathrm{design}}v_x^2}}{L^2 k_1 k_2 (1+Kv_x^2) - k_P(k_1+k_2)}$$

$$\omega_0 = \sqrt{\frac{L^2 k_1 k_2 (1+Kv_x^2)}{mv_x^2 I_z} - \frac{k_P v_x (k_1+k_2)}{mv_x^2 I_z}}$$

$$\zeta = \frac{m(a^2 k_1 - b^2 k_2 - k_P v_x) + (k_1+k_2)I_z}{2\sqrt{mv_x^2 I_z \left[\dfrac{1}{v_x}L^2 k_1 k_2 (1+Kv_x^2) - k_P(k_1+k_2)\right]}}$$

式中　$\gamma_0$——稳态横摆角速度（$\mathrm{rad/s}$）；

　　　$\omega_0$——横摆角速度固有频率（Hz）；

　　　$\zeta$——阻尼比。

结合以上公式可知，通过比例反馈控制，可改变车辆的横摆响应特性：

1）改变目标横摆角速度设计中的车辆稳定性因数$K_{\mathrm{design}}$的设计值，可改变车辆横摆角速度稳态响应增益。

2）固有频率$\omega_0$随着比例控制系数$k_P$的增加而增大。

3）阻尼比$\zeta$受比例控制系数$k_P$的影响。

**2. 极限工况作用分析**

当车辆处于极限工况下，附加横摆转矩作用在前轴或后轴对车辆产生的效果是不同的。车辆不同车轮制动转矩对车身横摆转矩的影响如图 5-20 所示，通过前轮纵向力控制产生附加横摆转矩，有利于纠正车辆转向过多的特性；通过后轮纵向力控制产生附加横摆转矩，有利于改善车辆转向不足的特性。

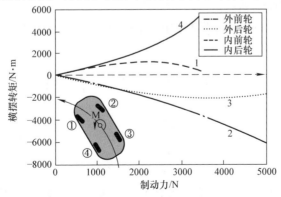

图 5-20　不同车轮制动转矩对横摆转矩的影响

当车辆出现严重转向不足时，前轴侧偏角过大，此时轮间转矩分配功能跟随较高的目标横摆角速度进行反馈控制，在后轴内外侧车轮产生有利于转向的附加横摆转矩，同时降低前轴的侧向力需求及侧偏角以抑制转向不足。当车辆发生严重转向过多时，后轮侧偏角过大，轮间转矩分配功能跟随考虑路面附着限制的目标横摆角速度，进行比例反馈控制，在前轴内外侧车轮产生抑制转向的附加横摆转矩，同时降低后轴的侧向力需求及侧偏角，从而抑制车辆发生后轴侧滑甩尾现象。

在极限转向工况下，车辆前后轴轮胎侧向力接近饱和状态，其大小与轮胎垂向载荷和路面附着系数相关。忽略轮胎纵向力对轮胎侧向力的影响，此时二自由度车辆模型可表示为

$$\begin{cases} F_y = F_{yf} + F_{yr} = m(\dot{v}_y + v_x\gamma) \\ aF_{yf} - bF_{yr} + M_z = I_Z\dot{\gamma} \end{cases}$$

式中　$F_{yf}$——前轴侧向力（N）；

　　　$F_{yr}$——后轴侧向力（N）；

　　　$F_y$——车辆总侧向力（N）；

　　　$M_z$——横摆转矩（N·m）。

车辆目标横摆角速度在极限工况下接近于轮胎 – 路面附着能力允许的横摆角速度为

$$\gamma_{\text{target}} = \frac{a_y}{v_x} = \frac{\dot{v}_y}{v_x} - \gamma$$

式中　$\gamma_{\text{target}}$——目标横摆角速度（rad/s）；

　　　$a_y$——侧向加速度（m/s$^2$）。

在极限工况下，横摆控制采用比例反馈控制，横摆转矩计算为

$$M_z = k_p(\gamma_{\text{target}} - \gamma_{\text{real}}) = k_p\frac{\dot{v}_y}{v_x}$$

式中　$k_p$——比例控制系数。

综合上述公式，可得横摆控制作用下的车辆横摆角速度状态方程和横摆角速度稳态值为

$$I_z\dot{\gamma} + k_p\gamma - (aF_{yf} - bF_{yr}) - \frac{k_pF_y}{mv_x} = 0$$

$$\gamma_{0,\text{critical}} = \frac{a_y}{v_x} + \frac{aF_{yf} - bF_{yr}}{k_p}$$

式中　$\gamma_{0,\text{critical}}$——横摆角速度稳态值（rad/s）。

由此可知，在横摆控制作用下，通过比例系数调节，车辆横摆角速度能够实现稳定控制，其横摆角速度稳态值接近路面附着能力允许的横摆角速度安全值，从而抑制车辆横摆角速度发散和车辆侧滑甩尾现象，保证车辆稳定转向行驶。

根据所设计的轮间转矩分配功能在某轮毂电机驱动电动汽车进行仿真及实车试验分析，测试结果见表5-7。可以看出，轮间转矩分配功能有效提升车辆的操稳性能。

表 5-7　轮间转矩分配控制测试效果

| 评价试验 | 关键性能参数 | 无控制 | 有控制 | 提升量 |
|---|---|---|---|---|
| 角阶跃试验 | 横摆角速度响应时间 | 0.107s | 0.134s | 0.027s |
| 角脉冲试验 | 谐振峰频率 | 1.27Hz | 1.39Hz | 0.12Hz |
| 稳态回转试验 | 最大侧向加速度 | 8.26m/s² | 8.74m/s² | 0.48m/s² |
| | 不足转向度（0.7g 侧向加速度） | 0.33(°)/(m/s²) | 0.28(°)/(m/s²) | −15% |
| 双移线试验 | 最高通过车速 | 60km/h | 66km/h | 10% |
| | 55km/h 车速测试最大转向盘转角 | 183° | 142° | −22.4% |
| 正弦停滞试验 | 车辆无侧滑时最大转向盘转角 | 105° | >270° | >165° |

### 5.3.4.3　电机驱动防滑控制

由于电动汽车驱动电机具有转矩响应快、低速转矩大的特点，在湿滑等路面加速行驶时，易出现由于驱动转矩过大而导致的车轮打滑、车辆失稳现象。对于传统汽车和集中式驱动电动汽车，发动机/电机通过差速器驱动同一轴上的两个车轮，在发生单侧车轮打滑时，仅依靠发动机/电机驱动转矩控制无法保证车辆的驱动性能。这时需要借助液压制动系统向单侧打滑车轮施加制动力，以保证车辆的驱动能力。对于轮毂/轮边驱动的电动汽车，各车轮电机转矩可独立控制。当某个车轮打滑时，整车控制器通过调节单轮电机驱动转矩使车轮滑移率保持在最佳滑移率范围，从而保证纵向驱动力和一定侧向附着能力，改善汽车在湿滑路面的行驶动力性和稳定性。

如图 5-21 所示，路面与轮胎的纵向利用附着系数开始随车轮滑移率的增加而增大，当滑移率增加到一定程度时，纵向利用附着系数达到最大值，然后纵向利用附着系数随滑移率的增加而减小。因此，通过驱动轮转矩控制，将车轮的滑移率控制在10% ~20%的范围内，在保证车辆牵引能力的同时还具有一定的侧向附着能力，从而保证车辆的侧向稳定性。

1）在附着系数很低的冰雪路面上起步行驶时，为了保证车辆的纵向牵引能力，需要驱动轮具有较大的滑移率。

2）在转向工况下，需要进一步降低车轮的滑移率，以保证车辆的侧向附着能力和侧向稳定性。

3）在分离路面上，为了避免左右侧较大驱动转矩差产生的车辆剧烈横摆运动，在降低打滑侧车轮驱动转矩时，也需要适当降低高附着系数路面上车轮的驱动转矩，以保证此时产生的横摆运动在驾驶员可接受和可操控范围内。

4）当车辆通过对接路面时，由于路面附着能力变化迅速，需要车辆系统能够

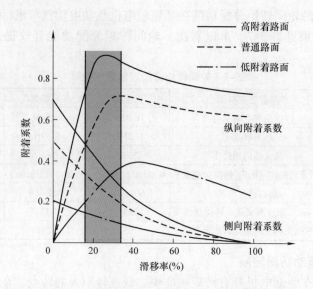

图 5-21 滑移率与纵向/侧向附着系数关系

做出快速反应，因此既要具备从高到低附着路面能够快速抑制车轮打滑的能力，也要具备从低到高附着路面快速响应驾驶人需求加速度的能力。

驱动防滑控制目前最常用的控制方式是滑移率反馈控制，其计算公式为

$$\lambda = \frac{v_w - v_x}{v_x}$$

式中 $\lambda$——车轮滑移率；

$v_x$——车速（m/s）；

$v_w$——根据车轮转速和车轮滚动半径计算得到的车轮线速度（m/s）。

驱动防滑控制器根据实时道路工况确定目标滑移率，结合当前车速信息计算目标轮速$v_{w0}$，控制实际轮速接近目标轮速，将车轮控制在最佳的滑移率附近。目前主要的控制方法有 PID 控制、模糊控制、滑模变结构控制等。

PID 控制器的原理为

$$T_{target} = K_P(v_w - v_{w0}) + K_I \int (v_w - v_{w0}) + K_D \frac{d}{dt}(v_w - v_{w0})$$

式中 $T_{target}$——驱动防滑控制器输出的目标转矩（N·m）；

$v_{w0}$——目标轮速（m/s）；

$K_P$、$K_I$、$K_D$——控制系数。

通过 PID 控制，将车轮实际轮速控制在目标轮速附近，实现滑移率控制。某轮毂电机驱动电动汽车电机驱动防滑控制实车测试结果见表5-8。

表 5-8 电机驱动防滑控制测试结果

| 评价试验 | 关键性能参数 | 指标 | TCS 测试结果 |
|---|---|---|---|
| 湿瓷砖路面加速 | 0～30km/h 加速时间与控制关闭时优秀驾驶员操作比值 | < 110% | 75% |
| | 峰值横摆角速度差 | <3 (°)/s | 2.5 (°)/s |
| 对开加速 | 对开测试加速度与高附着路面测试加速度比值 | > 0.33 | 0.46 |
| | 峰值横摆角速度差 | < 5 (°)/s | 3.6 (°)/s |
| 低到高加速 | 从通过对接路面交界线到车辆恢复高附加速度80%时间 | < 1.25s | 0.95s |
| 高到低加速 | 车轮从打滑到第一次恢复正常时间 | < 1.25s | 0.45s |

#### 5.3.4.4 电机再生制动防抱死控制

当电动汽车进入滑行工况或再生制动行驶工况时，由于能量回收转矩大于路面附着能力导致车轮抱死，所以需要电动汽车整车控制器（VCU）通过降矩调节将车轮滑移率控制在合适的区间，在保证车辆具有一定制动、转向能力的前提下兼顾能量回收，同时保证车辆侧向稳定性。

电机再生制动防抱死控制原理与电机驱动防滑控制类似，一般采用 PID 控制策略对车轮滑移率进行调节。图 5-22 所示为电机再生制动防抱死控制实车测试结果，当再生制动力大于地面最大附着力时，车轮发生抱死，随后再生制动防抱死控制功能介入，调节能量回收转矩，降低车轮滑移率，保证车辆稳定行驶。

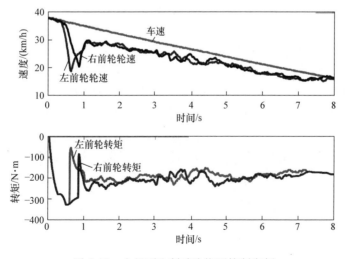

图 5-22 电机再生制动防抱死控制实例

## 5.4  整车控制器安全设计实例

本节将结合一款纯电动四驱 SUV 整车控制器的开发，对整车控制器的软硬件基本功能开发、安全功能设计开发进行介绍。车辆动力系统的构型如图 5-23 所示。

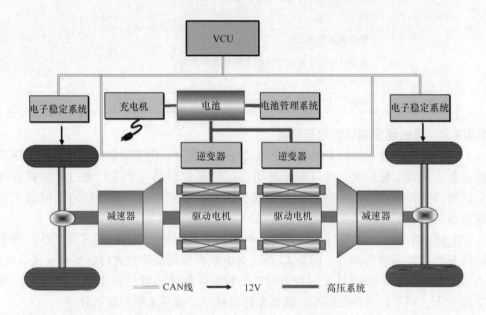

图 5-23  某纯电动四驱 SUV 动力系统构型

纯电动四驱 SUV 整车参数及配置见表 5-9 和表 5-10。该电动汽车采用前后轴各一套电驱动总成的构型方案，主要由驱动电机、动力电池、减速器（驱动电机与减速器同轴设计）等组成。前悬架系统采用麦弗逊悬架，后悬架系统采用多连杆独立悬架；制动系统为解耦式液压制动系统；转向系统采用电动助力转向。

表 5-9  纯电动四驱 SUV 整车参数

| 项目 | | 纯电动四驱 SUV |
|---|---|---|
| 整车参数 | 长/宽/高 | 4490mm/1874mm/1613mm |
| | 轴距 | 2750mm |
| | 迎风面积 | 2.56m$^2$ |
| | 风阻系数 | 0.32 |
| | 整备质量（四驱） | 1825kg |
| | 满载质量（四驱） | 2205kg |

**表 5-10　纯电动四驱 SUV 整车配置**

| 项目 | | 纯电动四驱 SUV |
| --- | --- | --- |
| 电驱动系统 | 电机类型 | 永磁同步 |
| | 电机峰值转矩 | 340N·m |
| | 电机峰值功率 | 72kW |
| | 电机最高转速 | 9200r/min |
| | 减速比 | 7.23 |
| 电池系统 | 类型 | 锂电池 |
| | 电池容量 | 49.2A·h |
| | 标称电压 | 345V |
| | 峰值功率 | 210kW |
| | 电池能量 | 51kW·h |
| 悬架系统 | 前悬架 | 麦弗逊悬架 |
| | 后悬架 | 多连杆悬架 |
| 制动系统 | 类型 | 解耦式液压制动系统 |
| 转向系统 | 类型 | 电动助力转向 |

## 5.4.1　整车控制器安全架构设计

该整车控制器软件采用两层安全架构，如图 5-24 所示。第一层用来完成整车

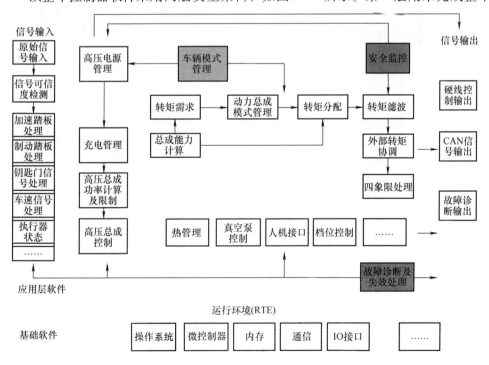

图 5-24　VCU 软件架构设计

控制器的基本功能，包括诊断及故障处理功能；第二层是监控层，采用独立控制算法，通过冗余设计实现转矩监控功能，保证系统软件功能安全。

## 5.4.2　整车控制器硬件安全设计

该整车控制器采用目前主流的 32 位微控制器单元 SPC564A 作为主控芯片；采用 9S08DZ60 芯片作为监控单元，在主控芯片发生故障时，使 VCV 进入到安全状态；其电路原理图如图 5-25 所示。32 位处理器在硬件上还可以支持浮点运算，这将大大加快控制器应用软件的开发速度。该整车控制器支持 3 路 CAN 通信，支持 CAN 休眠唤醒，具有 26 路传感器输入，13 路数字信号输入，18 路数字信号输出，16 路 PWM 输出，4 路 PWM 输入。从安全角度来说，具有过电流保护、过电压保护及传感器冗余设计功能。

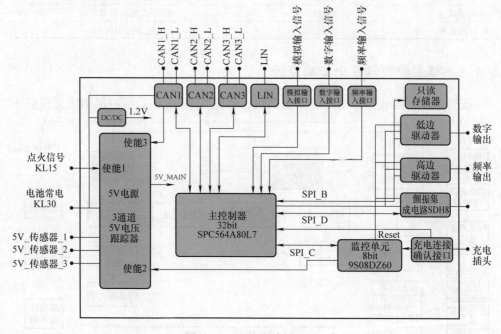

图 5-25　VCU 电路原理图

## 5.4.3　整车控制器软件安全设计

整车控制策略软件实现包括电源管理、行驶控制、热管理、附件控制、人机接口、故障诊断及处理、安全监控 7 大功能，如图 5-26 所示。其中故障诊断及处理、安全监控等技术的应用提升了整车的安全性，并根据四驱系统功能需求，开发了轴间转矩分配、电机驱动防滑等行驶安全功能，提升了整车的行驶安全稳定性。

根据系统匹配进行整车控制器 VCU 诊断及故障处理需求开发，针对整车控制

图 5-26　VCU 整车控制软件功能分解

的传感器、执行器、控制器、关键总成、网络通信、高压安全等几个方面的 300 余项故障进行实时诊断，并根据不同的故障性质进行针对性的故障处理策略，提出 60 余种故障处理措施、7 种跛行模式、4 级故障显示策略，有效地保证了驾乘人员及车辆的安全。

以行驶、充电、起车工况为例，针对紧急故障、重大故障、一般故障和轻微故障 4 级故障模式，其安全处理策略见表 5-11。

表 5-11　故障诊断及安全处理策略

| 故障判断 | 紧急故障 | 重大故障 | 一般故障 | 轻微故障 |
|---|---|---|---|---|
| 行驶 | 报警，高压下电，停车 | 报警，转矩清零 | 报警，功率限制 | 警告，整车正常运行 |
| 充电 | 报警，停止充电，断高压回路 | 充电相关故障发生，禁止充电 | 警告，正常充电 | 警告，正常充电 |
| 起车 | 报警，禁止起车 | 起车相关故障发生，禁止起车 | 起车相关故障发生，禁止起车 | 警告，正常起车 |

# 第 6 章

# 高压电气系统安全性设计

相对传统汽车而言，电动汽车采用了更高工作电压的动力电池、动力电机和电驱动控制系统，并采用了大量的高压附件设备，包括 DC/DC 变换器、电动空调、加热 PTC、高压配电盒、高压线束及插接器等。为了保证高压系统电安全，必须针对高压电防护进行特别的系统规划与设计，这是电动汽车安全运行的必要保证。电动汽车高压拓扑示意图如图 6-1 所示。

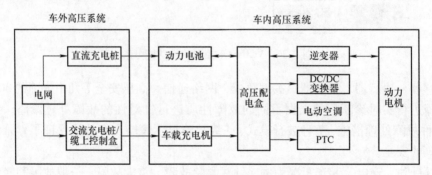

图 6-1　电动汽车高压拓扑示意图

根据电动汽车安全标准要求，结合车载储能装置、功能安全、故障保护、人员触电防护及高压电安全管理控制策略等方面综合考虑，在高压电安全方面，应对电动汽车高压系统进行以下三方面设计，即整车高压配电安全设计、高压电线束总成安全设计及 DC/DC 变换器安全设计。

## 6.1　整车高压配电安全设计

电动汽车工作电压一般高达 400V 或以上，远高于 60V 的人体安全电压。高压系统工作电流有可能达到数十安甚至上百安。当高压回路发生绝缘、短路及漏电等故障时，会直接对驾乘人员的生命及财产安全造成危害。因此，高压配电系统设计不仅要满足整车的使用要求，更要确保驾乘人员和汽车运行安全。该系统主要依据四个原则，即继电保护原则、熔断保护原则、预充电保护原则和维修保护原则。

### 6.1.1 继电保护原则

高压系统供电一般分为三个回路，即动力驱动回路、电池充电回路和电动附件回路。为保证每个回路的供电按预期实现通断，高压配电设计需在动力电池系统与高压附件之间配置高压直流继电器，以确保当动力电池的充电电流或放电电流超过阈值时，对应回路的继电器可被控制断开，最终保护高压电气部件及动力电池的安全。

根据高压系统拓扑特点，继电器通常分为主继电器、预充继电器、直流充电继电器、交流充电继电器和辅助继电器。如图 6-2 所示，高压直流继电器在系统停止运行后起隔离作用，在系统运行时起连接作用；当高压供电关闭或车辆发生故障时，能将动力电池从高压系统中安全分离，起到分断电路的作用。因此，高压直流继电器是电动汽车的关键安全器件，如果它发生失效，那么整车将不能起动、行驶及停车。

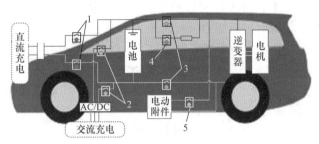

图 6-2 继电保护分类示意图

1—直流充电继电器 2—交流充电继电器 3—主继电器 4—预充继电器 5—辅助继电器

高压继电器在技术路线上有两种典型分支，即陶瓷密封和环氧树脂密封，前者以松下为代表，而后者是以 TE 为代表。目前国内陶瓷密封技术的产品应用相对广泛。高压直流继电器的选型，需要综合考虑额定电压、额定电流、抗冲击、灭弧能力和分断能力等，以满足整车功能和寿命需求。

1. 额定电压

电动乘用车的工作电压一般在 400V 以上，远高于传统汽车的 12V/24V，因此要求其配套的高压直流继电器能够承受 500V 以上的工作电压，能够在整车运行中可靠地闭合与分断相应高压供电回路。

根据目前整车和行业趋势，直流继电器的额定工作电压分为 DC500V 和 DC1000V 两个平台，即继电器的触点可在相应电压平台下持续通过额定电流，且继电器的电气性能和寿命满足要求，例如绝缘、耐压与正常切换寿命等。

　　继电器的耐高压特性非常重要。其内部动触点与静触点之间的距离越大，继电器耐压能力越强，触点分断时更容易断弧，不容易粘连，其结构如图6-3所示。但触点间距离增大势必会引起继电器体积增大，这样不利于在整车或电池包内的布置。因此，主流继电器产品多选用磁吹灭弧和增大触点间隙的组合方式。

图 6-3　继电器结构示意图

**2. 额定电流**

　　从上述提到的电压平台来看，通常整车电流峰值将达到200A以上，在产品性能、成本的双重压力下，要求相同体积下，产品的耐负载能力强，同时还要具备额定负载电流数倍的瞬时过载能力。

　　在电动汽车上，高压继电器额定电流从10~300A的产品均比较成熟，性能要求如下：

　　1）在额定电流工况下，触点可持续长时间处于闭合状态，且电性能满足要求。

　　2）在整车急加速、急减速等极限工况下，流经触点的电流为额定电流的数倍，触点温升应小于50℃，不允许出现触点粘连等现象。

　　3）在整车高压系统上电或下电阶段，当继电器闭合或断开时，在流经触点电流较小的条件下可有效执行动作，开关次数应满足整车寿命要求。

**3. 抗冲击**

　　电动汽车用高压直流继电器不仅要具备耐受较高的电压和承载足够电流的基本功能，还要抵抗闭合瞬间电容性负载巨大电流的冲击。这个电流一般是负载额定电流的数倍至数十倍，常规的继电器都无法承受这一瞬间电流的冲击。该冲击电流的危害是极易导致继电器触点粘连，继电器触点分离失效，电源切断失控，严重时可造成车毁人亡等安全事故，危害极大。因此电动汽车用的直流继电器应具有良好的抗冲击性能。

　　高压系统中的容性负载通常为500~1000μF。主继电器触点的闭合时机由高压系统控制策略定义，即触点闭合瞬间，其两端压差一般在系统电压的5%以内。因此要求主继电器可承受该压差带来的冲击电流，并且可有效闭合万次以上。

**4. 灭弧能力**

　　电弧是继电器触点闭合与分断动作过程中不可避免的问题，它大幅降低了继电器触点的使用寿命，如图 6-4 所示。所谓电弧，就是电子在电场力作用下的逸出，即极端放电。采用一些特殊的快速灭弧手段可以降低电弧能量，减少对继电器触点的损害，延长产品的使用寿命。

目前，灭弧主要通过磁吹灭弧加填充气体的组合方式来实现。

图 6-4　继电器内部电弧示意图

磁吹灭弧的原理是将两个极性相反的磁钢平行且与触点中心呈轴对称放置，在触点中心形成均匀磁场。磁场强度越高，灭弧效果越好。此方式具有结构工艺简单、成本低、灭弧效率高的特点。

气体灭弧的原理是利用特定气体阻断电弧放电过程中逸出电子的路径。首先，要求该气体很活跃，气体活跃就更容易与电弧逸出的电子碰撞，从而产生阻断效应，并且更容易带走热量。其次，要求气体本身的分子结构很稳定，本身自带的电子不容易逃逸。目前填充的特定气体多以 $H_2$、$N_2$ 为主。

5. 分断能力

整车在运行过程中高压继电器使用工况复杂，特别是在紧急情况下，如高压系统短路时，回路中的瞬间电流骤升，此时要求继电器在极限大电流下能够顺利地切断电路，而不发生触点粘连或继电器爆炸等异常状况，防止电池过放电、短路、起火或爆炸，这就要求继电器触点具有良好的抗冲击和抗粘连能力。

在继电器选型时，需要特殊考虑几种异常情况，要求如下：

1）整车故障导致回路出现短路时，流经继电器触点电流一般在几千安培至上万安培，整车要求继电器不能起火或爆炸，避免引起二次故障。

2）整车故障导致回路出现异常过电流时，触点可有效断开，例如 3 倍额定电流下有效断开数次，10 倍额定电流下有效断开 1 次。

3）整车故障导致系统被迫下电时，触点可有效断开，例如额定电流下有效断开数千次。

根据整车安全功能设计，在各子系统启动之前，应保证继电器提前闭合；在子系统持续工作过程中，继电器应保持稳定闭合状态（如果出现非预期断开，则会造成整车动力中断，危及整车及驾乘人员安全）；在各子系统停止工作后或碰撞时，应通过继电器尽快断开高压电源，防止人员发生触电危险。

根据上述高压继电器的特性和高压系统功能设计要求，结合实际开发经验，整车继电保护策略共有六种，具体包括行驶高压供电保护、充电高压供电保护、动力电池加热高压供电保护、远程控制高压供电保护、碰撞断电保护、车辆故障下电保护。继电器保护系统原理如图 6-5 所示。

1）行驶高压供电保护。当驾驶人起动、熄火车辆时，高压系统通过闭合、打

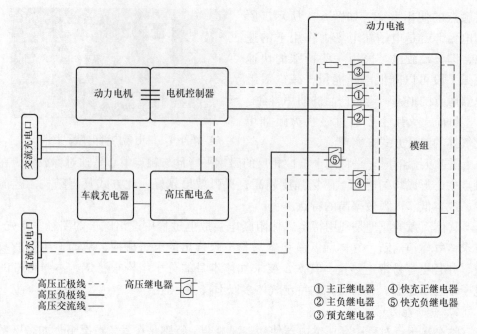

图6-5 继电器保护系统原理

开图6-5中的继电器①②③，实现高压总成工作前高压供电就绪，总成停止工作后高压供电断开，保证总成工作过程的各阶段不会失效或损坏。

2）充电高压供电保护。当车辆交流/直流充电时，高压系统通过闭合、打开继电器①②④⑤，实现动力电池充电路径导通与断开，并根据用户或动力电池需求，可控断开电流传输。

3）动力电池加热高压供电保护。当车辆处于静止状态时，如果动力电池有加热请求，高压系统工作正常，那么BMS会根据VCU发送的CAN指令驱动继电器①②④⑤吸合或断开，由BMS控制充电桩输出电压为水暖PTC加热提供能量。加热完成后，VCU根据是否接收到充电请求，进入直流充电高压上电流程或直流充电加热高压下电流程。

4）远程控制高压供电保护。用户操作手机App启动远程高压供电功能，整车按既定策略唤醒相关总成，并通知BMS执行特定回路的高压继电器动作。

5）碰撞断电保护。在行车过程中，VCU监测CAN总线碰撞信号，BMS监测CAN总线和硬线碰撞信号。若出现碰撞，则BMS直接断开高压继电器，并上报高压继电器状态，MCU接收到VCU发送的碰撞信号后完成主动放电。

6）车辆故障下电保护。当高压系统出现故障或异常时，例如绝缘失效、互锁断开、充电异常、高压部件严重故障等，根据当前工况综合考虑车辆安全与用户抱怨，控制器通过相应的控制逻辑驱动高压继电器断开，高压系统供电停止。

## 6.1.2　熔断保护原则

电动汽车熔断保护的基本任务是当系统出现短路或过载时，自动将故障元件从高压配电系统中快速切除，防止高压线束起火。

熔断器的工作原理是通过自身发热使得熔体熔断，断开电路连接以保护电路。熔断器的结构如图6-6所示。

图6-6　熔断器结构示意图（见彩插）

1）熔体：利用电流热效应熔化或气化的导体。

2）灭弧介质：熄灭电弧、缓冲电弧温度和机械冲击力的材料。

3）管壳：抗击电弧温度和机械力冲击的耐温绝缘结构，保持熔断器整体完整。

4）接触端子：提供电连接及安装机械力的导体连接。

为正确匹配适用于电动汽车熔断保护的高压熔断器，要考虑额定电压、额定电流、分断能力、抗冲击电流等技术要求。

**1. 额定电压**

熔断器额定电压等级决定了抑制电弧放电能力的大小。如果使用低于电路最大电压的熔断器，那么在一些过电流条件下，可能无法消除过电流风险。因此，电动汽车所用的熔断器，其额定电压必须大于电路最大电压。

**2. 额定电流**

直流高压熔断器额定电流（熔断丝容量）的确定，可参考下式

$$I_n = \frac{I_r}{K_1 K_2}$$

式中　$I_n$——熔断器额定电流（A）；

　　　$I_r$——保护回路的负载电流（A）；

　　　$K_1$——负载形式矫正系数，主要根据负载特性，考虑功率变化、电流纹波、启动与关闭瞬间冲击电流等因素，一般条件下，平稳运行负载选择0.75，如果负载在工作过程中电流有较大波动，则建议选择0.6；

　　　$K_2$——温度矫正系数，一般选择0.6，需要注意的是在确认$K_2$时，要充分考虑熔断器的自身功耗，即熔断器在通过不同电流时不同的温升效果。

**3. 分断能力**

借鉴熔断器标准（GB/T 13539.5—2013《低压熔断器 第5部分：低压熔断器

应用指南》),典型短路电流一般为熔断器额定电流的 10 倍及以上电流值,10 倍以下为过载电流。在整车开发过程中,低倍分断的失效也不容忽视。由于高压系统电流/电压不过零点,所以对熔断器的灭弧能力要求非常高。新能源汽车选用的熔断器,主要目的是用于短路保护,但在实际应用中,由于动力电池系统容量、SOC 以及短路点状态的不确定,实际短路电流可能覆盖 1500 ~ 10000A,甚至更广。

4. 抗冲击电流

对于整车企业或者高压配电盒制造商来说,熔断器的抗冲击能力这一指标不容忽视。例如空调压缩机支路或者辅助电机支路,当高压负载启动或关闭时会产生冲击电流,造成该回路熔断器意外熔断,从而导致相关模块失去功能。该功能失效虽不至于导致严重的动力输出中断,但也会让用户体验大打折扣。

针对整车不同负载回路,冲击电流的幅值、持续时间、频度都会有所不同。汽车级熔断器抗冲击能力的验证方法介绍见表 6-1。

表 6-1 熔断器抗冲击能力验证方法

| 冲击电流幅值 | 冲击时间 | 判断参数 | 预计寿命 | 测试 |
| --- | --- | --- | --- | --- |
| 相当于 1.1 ~ 10 倍负载额定电流幅值 | 几十毫秒 ~ 几十分钟 | 弧前时间电流特性 | 1. 若冲击电流达到弧前动作阈值,熔断器可承受几次<br>2. 若冲击电流达到弧前动作阈值的 70% ~ 80%,熔断器可承受数百次到数万次<br>3. 若冲击电流达到弧前动作阈值的 50% ~ 60% 或以下,熔断器基本无损伤 | 电流冲击寿命试验 |
| 相当于 3 倍 ~ 数百倍额定电流幅值 | 几十毫秒以下 | 弧前 $I^2t$ | 1. 若冲击电流能量达到弧前 $I^2t$ 阈值,熔断器可承受数次<br>2. 若冲击电流能量达到弧前 $I^2t$ 阈值的 50% ~ 80%,熔断器可承受数百次到数千次<br>3. 若冲击电流能量低于弧前 $I^2t$ 阈值的 30%,熔断器一般无损伤 | 电流冲击寿命试验 |

综上所述,新能源汽车各回路熔断器选型(额定电流)需依据几个原则:

1)所选熔断器规格应承受该回路负载电流,包括预计的冲击电流,且保证全寿命运行。

2)所选熔断器规格应对器件或系统预计的过电流,实现可靠的保护功能。

3)所选熔断器规格对系统的影响应满足实际应用要求,主要是温升 - 功耗等可以接受。

4）所选熔断器与上下级之间的不同保护器件的配合，应符合设计要求。

熔断器与上下级的其他保护器件的配合，称为熔断系统匹配保护，主要包括熔断分级匹配保护以及熔断器与继电器、线缆的匹配保护。

熔断分级匹配保护，是指在不考虑动力电池内部结构、充电系统、动力电池热管理系统的前提下，熔断保护可分三个层级（图 6-7）：负载熔断保护、辅熔断保护和主熔断保护。动力电源主回路需要总熔断器，其余负载回路需单独设置熔断器，且当负载熔断器距离动力电池距离过长时，考虑到其间万一发生短路，因而设置了辅熔断器。总体来看，一辆车至少需选用 4 ~ 5 只直流系列额定电压在 400V 以上的熔断器，才能满足车辆的基本功能需求。

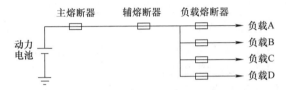

图 6-7　熔断分级保护匹配示意图

熔断器与继电器、线缆的匹配保护，是指综合考虑高压总成功率、继电器分断能力、线缆发烟时间与熔断器之间系统匹配问题。如图 6-8 所示，A1 为被保护回路电流的特性曲线，A2 为继电器承受电流的特性曲线，A3 为回路线缆发烟特性曲线，A4 为回路所选熔断器电流的特性曲线。结合实际开发经验，针对三种典型回路故障时的熔断器、继电器与线缆的安全匹配，设计方法如下：

1）当负载支路端发生短路时，负载熔断器应在本回路高压线缆、高压继电器发烟起火前，自动断开电气连接。

2）当负载与动力电池之间发生短路时，辅熔断器应在本回路高压线缆、高压继电器发烟起火前，自动断开电气连接。

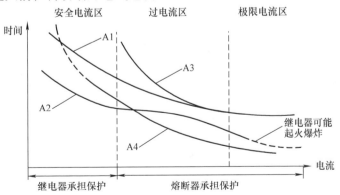

图 6-8　熔断器与继电器、线缆时间电流匹配示意图

3）当动力电池内发生短路时，主熔断器在本回路高压线缆、高压继电器发烟起火前，自动断开电气连接。

如果整车运行中出现非预期的故障，那么高压系统回路中可能会出现介于短路值与正常值之间的过电流，而且电流持续时间为秒级。此时，由于熔断器的材料特性限制，可能无法及时响应断开。对于此种情况，行业内正在研发具备标定和可控功能的智能熔断技术。

### 6.1.3　预充电保护原则

电动汽车动力电机及其他高压附件内部一般设置有大电容。如果将高压电直接加载到高压用电器上，那么电容充电特性会造成几百安以上的瞬时冲击电流。这样大的瞬时冲击电流容易对高压用电器造成冲击，损坏设备，减少设备寿命。在动力电池高压继电器接通瞬间，大电流瞬间通过触点也容易造成触点烧毁、烧结，损坏高压继电器，因此需要配置预充电阻。

目前预充电保护有两种技术路线：一种是在主继电器两端并联预充继电器和预充电阻，在主继电器闭合前对总成容性负载进行预充电，提升总成端电压，然后闭合主继电器，有效降低回路中冲击电流的幅值；另一种是通过 DC/DC 变换器反向充电，实现主继电器闭合前总成端电压的提升。本文着重介绍前一种技术，尤其是预充电阻选型和预充电保护策略设计描述。

系统可简化为图 6-9 所示的模型。假设动力电池电压为 $U$，预充电阻为 $R$，母线 X 电容为 $C$，时间常数 $\tau = RC$，一般预充时间 $t = 3\tau$。

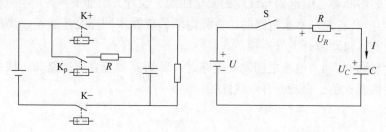

图 6-9　预充电路等效原理

电容两端电压 $U_C$ 为

$$U_C(t) = U - U\mathrm{e}^{-\frac{t}{\tau}}$$

电阻两端电压 $U_R$ 为

$$U_R(t) = U\mathrm{e}^{-\frac{t}{\tau}}$$

预充电流 $I$ 为

$$I(t) = C\frac{\mathrm{d}U_C}{\mathrm{d}t} = \frac{U_R}{R} = \frac{U}{R}\mathrm{e}^{-\frac{t}{\tau}}$$

电阻瞬时功率 $P$ 为

$$P(t) = I^2 R = \frac{U^2}{R} \mathrm{e}^{-\frac{2t}{\tau}}$$

电阻发热损耗 $W$ 为

$$W(t) = \int_0^t P \mathrm{d}t = \int_0^t \frac{U^2}{R} \mathrm{e}^{-\frac{2t}{\tau}} \mathrm{d}t = \frac{CU^2}{2}(1 - \mathrm{e}^{-\frac{2t}{\tau}})$$

电阻平均功率 $\overline{P}$ 为

$$\overline{P}(t) = \frac{W(t)}{t} = \frac{CU^2}{2t}(1 - \mathrm{e}^{-\frac{2t}{\tau}})$$

因为预充过程持续时间为小于 100ms 的脉冲功率，故电阻平均功率可简化为

$$\overline{P} \approx \frac{U^2}{6R}$$

金属铝壳体预充电阻的脉冲功率可达到额定功率的数十倍，若选预充电阻的额定功率为 $P_0$，则 $P_0$ 满足

$$10 P_0 > \overline{P} = \frac{U^2}{6R}$$

同时，考虑对上电时间的要求，设定预充时间为 $t_0$，则还需满足

$$3\tau = 3RC < t_0$$

综合以上两个条件，即可估算出预充电阻阻值。

电动汽车在用户起动车辆、充电、远程空调或动力电池加热等功能时，都需进行预充电保护管理。下面以一个实例说明预充电保护过程，预充电回路负载端电压、电流曲线如图 6-10 所示。

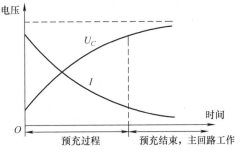

图 6-10 预充电路等效原理

1）预充起始阶段：整车控制预充回路继电器闭合，根据容性负载特性，总成的输入电流在继电器触点闭合瞬间产生冲击峰值。

2）预充开展阶段：总成的输入电流伴随电容输入电压值的平缓上升而下降，预充电压上升的速度由预充电阻和总成的容性负载共同决定，在此期间并联的主继电器保持断开。

3）预充结束阶段：由于预充时间受整车起动时间限制，所以当总成内电容充电达到安全阈值时（如 95% 系统电压），整车控制主正继电器接合，并延时断开预充继电器。

4）省略预充条件：若整车控制判断总成输入电压已处于系统电压的安全阈值

内，则可以省略预充电过程，直接闭合主回路继电器。

### 6.1.4　维修保护原则

维修保护是指电动汽车做车辆检修时，人员通过特定方式将高压系统电源断开，即关键时刻实现高压系统电气隔离，从而实现避免触电的安全保护。

在标准方面，SAE J2344、EN 1987、ISO 6469、GB/T 18384—2020《电动汽车安全要求》等都针对动力电池（又称为可再充储能系统 RESS）的切断标准，制定了相应的切断装置要求，见表 6-2。

表 6-2　电动汽车安全标准关于切断装置条例

| 起草单位 | 标准编号 | 标准条例 | |
|---|---|---|---|
| | | RESS 过电流断开装置 | RESS 切断开关 |
| 美国 | SAE J2344 | ● | 自动及手动 |
| 欧洲 | EN 1987 | ● | ● |
| 国际标准化组织 | ISO 6469 | ● | ● |
| 中国 | GB/T 18384—2015 | ● | 未具体说明 |

其中，ISO 6469 及 EN 1987 关于 RESS 切断说明中要求至少断开 1 极，RESS 切断开关可通过手动操作（如钥匙开关或其他附加的装置）来控制断开和吸合；GB/T 18384—2020 只说明 B 级电压出现问题时可通过断电的方式进行保护；SAE J2344 则明确要求在某些事件触发时，需要同时对 RESS 正负极实现电隔离，且分别明确了自动断开和手动断开的要求。

在具体设计中，维修保护的技术路线分两种：一种是直接切断高压传输回路；另一种是通过切断继电器线圈供电，间接切断高压传输回路。

前者具体设计即高压手动维修开关（Manual Service Disconnect，MSD），如图 6-11 所示。其原理是将 MSD 设计在动力电池主回路中，内置高压熔断器及高压互锁功能。在外部短路时熔断器切断高压回路；需要手动断开高压时，高压互锁先断开，然后再断开高压回路。

图 6-11　高压手动维修开关（见彩插）

后者具体设计分为低压维修开关或低压线束紧急维修点，如图 6-12 所示。其原理是通过断开开关或剪断线束实现高压继电器低压供电失效，触点自动打开，从而实现高压回路断开。

图 6-12　低压维修开关和低压线束紧急维修点（见彩插）

结合实际开发经验，如果车辆具有高压维修开关且高压维修开关可以被徒手打开或者拔出，那么高压维修开关应至少满足以下两个条件之一：

1）在高压维修开关被打开或拔出的状态下，高压维修开关的车辆端应满足 IPXXB 的防护等级要求。

2）在高压维修开关被打开或拔出后，应进行下电及下电后的放电。考虑到人在打开高压维修开关后可能触碰到带电部分的时间，车辆应在 1s 内将 B 级电压回路电压下降到 DC60V 以下，或电路存储总能量小于 0.2J。

至于具体开发过程中选择使用高压维修开关直接断开电池，或是使用低压维修开关断开继电器，应根据整车布置、成本等具体分析与选型。

## 6.2　高压电线束总成安全设计

高压电线束及插接器是连接动力电池、逆变器、空调压缩机和电机，从而实现动力电能传输的主要部件，如图 6-13 所示。高压电线束在电动汽车里的基本要求是在电磁干扰保护系统下安全传输高电流和高电压。

高压插接器

高压线缆

图 6-13　高压电线束组成示意图（见彩插）

　　高压电线束总成与低压电线束总成相比，由于应用需求的不同，具有不同的特点，见表6-3。

表6-3 高压线束与低压线束区别

| 电气系统 | 高压线束总成 | 低压线束总成 |
|---|---|---|
| 颜色 | 线缆及防护件为橙色 | 线缆有多种颜色，防护件一般为黑色 |
| 线径 | 主回路：纯电动 25～50mm² <br> 附件回路：2.5～6mm² | 电源线：20～50mm² <br> 其余：大多 0.5～2mm² <br> 个别：8～16mm² |
| 耐电压 | >2.5kV/min（交流电） | 1kV/min（交流电） |
| 屏蔽 | 屏蔽，通过总成外壳接地 | 个别屏蔽，直接接地 |
| 连接方式 | 插接器（插接式或者螺接式） | 插接器或者线鼻子 |
| 防护要求 | 装配状态：IP67，IPXXD <br> 非装配状态：IPXXB | 部分要求防水，无接触防护要求 |
| 高压互锁 | 具有互锁结构 | 无互锁结构 |
| 绝缘 | 热塑性材料 TPE、TPV，热固性材料 XL-PO、Si－Rubber | 常用绝缘材料为 PVC |

　　高压插接器是机电一体化产品，主要由接触件、绝缘体、壳体及附件等若干部分构成，如图6-14所示。其中，端子是插接器完成电信号连接的核心部件，通过端子的插合完成车辆在行车中所需的电信号的连接；绝缘体和外壳主要起固定、绝缘和机械保护作用。

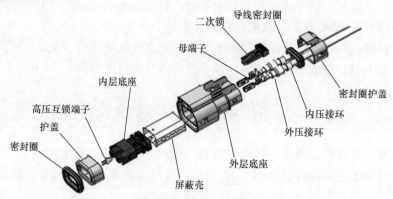

图6-14 高压插接器组成

　　在高压电线束总成开发过程中，安全设计主要包括线径设计、高压互锁、防护、绝缘和电磁屏蔽等几个方面。其中高压互锁和接触防护依靠插接器实现，高压绝缘和电磁屏蔽依靠插接器和线缆匹配实现。

## 6.2.1　高压线缆线径设计

　　众所周知，线缆在传输电流时由于其导体的电阻特性，势必会引起线缆总体的温度升高。如果线径设计不当，则会导致线缆及插接器温升过高，加速绝缘层老化开裂，造成高压漏电等安全隐患。

高压线缆常用执行标准为 ISO 6722、LV 216、ISO 14572 等，其常用截面积有 $3mm^2$、$5mm^2$、$10mm^2$、$16mm^2$、$25mm^2$、$35mm^2$、$50mm^2$、$70mm^2$ 等。具体的线径设计，首先需根据用电设备的电器参数，确定高压负载特性，包括稳态电流强度、电压要求，瞬态条件和电流波形（平稳、脉冲、频率等）；然后根据稳态电流强度以及线束的使用环境温度，结合相应导线的载流曲线确定截面积。不同线径对应不同的温升特性，图 6-15 所示为某截面积线缆对应的电流温升曲线，其中环境温度根据实际线束的布置环境选择，在曲线上确定额定电流下的线缆温升能否满足其温度等级要求，见表 6-4。

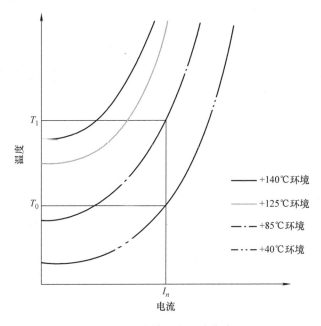

图 6-15　线缆电流温升曲线

表 6-4　高压线缆耐温等级

| 耐温等级 | 持续工作温度范围/℃ | 短期工作温度上限/℃ |
|---|---|---|
| A | −40 ~ +85 | 110 |
| B | −40 ~ +100 | 125 |
| C | −40 ~ +125 | 150 |
| D | −40 ~ +150 | 175 |
| E | −40 ~ +175 | 200 |
| F | −40 ~ +200 | 225 |

另外，为避免某些极限情况下线缆发烟起火，线径设计也要考虑其发烟曲线上对应的特性参数。所谓发烟曲线，是指汽车电线由于过载电流导致汽车电线温度过高，造成绝缘材料发烟的情况下，极限过载电流和发烟开始时间的关系曲线，如图6-16 所示。如果实际工况存在长时过载，则根据过载电流值、线束环境温度，可以在某截面积线缆的发烟曲线上获取允许电流持续的时间，进一步与过载工况进行校核，最终确认线径设计是否合理。

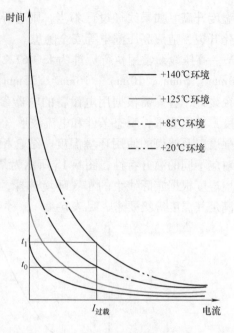

图 6-16　线缆发烟曲线

## 6.2.2　高压插接器互锁设计

车辆上易于拆卸或可以徒手拆卸的高压线束插接器，均应具备高压互锁装置。高压互锁的设计一般包括硬件设计及控制策略设计，应保证被保护部件被拆卸时，在人接触到 B 级电压带电部分前，将 B 级电压带电部分变为不带电部分。

插接型高压插接器断开时，低压互锁引脚首先断开，然后断开高压端子；而接合时则相反。插接器互锁引脚在结构设计上，一般有内置式和外置式两种。由于内置式结构紧凑、体积较小，所以目前普遍使用内置式（图6-17），高压互锁回路安装在高压端子之间。

在实际使用过程中，高压互锁回路主要通过信号（如电平、PWM 信号）注入法检测，失效模式主要考虑 HVIL 电路故障短路或断开。这里所谓的短路检测失效，是指高压互锁回路对电源、对地短路，采用电平检测，存在系统可能无法正确判断的风险；断开检测失效，即插接器高压部分连接正常，但由低压互锁装置产生位移导致。

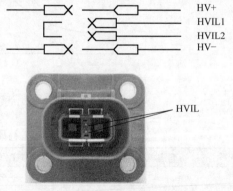

图 6-17　高压插接器互锁原理

## 6.2.3　高压插接器防护设计

高压插接器密封一般要求至少达到 IP67。目前产品防护要求及验证方法主要参考 GB 4208—2017《外壳防护等级（IP 代码）》，把部件或插接器放置于水箱 1m

深处，维持 30min，以检测其防护等级 IP67 是否通过。

车辆的实际工况需要经历疲劳荷载，面临材料老化问题。比如，长期面临振动条件；极端天气下，需面对极寒极热情况；涉水时，水分中含有其他杂质，需应对腐蚀性等情况。为保障全生命周期内的产品性能，在实际运用当中，重要的是在车辆接近寿命尾声时，密封情况的好坏。插接器密封圈如图 6-18 所示，密封材料一般为橡胶材质。

图 6-18　插接器密封圈

插接器在实验室的浸水防尘测试，无法完全模拟车辆插接器的实际环境。将插接器产品先经过机械疲劳、振动、热冲击、盐雾等测试后，再进行 IP67 测试，可以较完整地预估系统生命终期的密封性能。

为了保证产品全生命周期内的密封性能，插接器密封在应用设计中，应主要考虑以下几点：

1）插接器和部件之间，主要考虑部件结构设计控制。

2）插接器和电缆之间，产品要保证密封圈位置限位不移动及线束生产时控制装配的准确性。

3）插接器公母端之间，主要考虑产品结构工艺及装配的完整性。

高压插接器接触防护主要依靠其自身的结构设计，如图 6-19 所示，在装配完好时，应满足 IPXXD 防护等级要求。如果高压插接器可以徒手打开，那么需要至少满足以下三个条件之一：

图 6-19　插接器接触防护

1）在处于非耦合状态下满足 IPXXB 的防护等级要求。

2）高压插接器的分开需要至少两个步骤，且需要先打开某个机械锁止机构后才能进行高压插接器的打开操作。

3）高压插接器被分开后，应进行下电及下电后的放电，考虑到人在打开高压插接器后能触碰到带电部分的时间，车辆应在 1s 内将 B 级电压回路电压下降到 AC30V 或 DC60V 以下。

## 6.2.4　高压电线束绝缘设计

高压电线束的绝缘功能由线缆绝缘和插接器绝缘共同实现，如图 6-20 所示，其中高压线缆绝缘材料的选择对线束性能和布置影响较大。

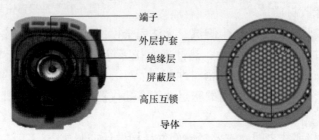

图 6-20　高压线束绝缘防护（见彩插）

高压线缆绝缘层是包覆在导线外围四周起着电气绝缘作用的构件，既能确保传输的电流只沿着导线行进而不流向外面，又能确保导体上具有的电位（对周围物体形成的电位差，即电压）能被隔绝，即既要保证导线的正常传输功能，又要确保外界物体和人身的安全。

高压线缆的选择需要兼顾布置位置、环境因素及成本等综合因素。在实际开发过程中，线缆绝缘材料的选择见表 6-5。

表 6-5　高压线缆绝缘材料选择

| | 硅胶（SIR） | 交联聚烯烃（XLPO） | 热塑性橡胶（TPE） | 备注 |
|---|---|---|---|---|
| 耐温等级 | 180℃<br>200℃ | 125℃<br>150℃ | 125℃ | 硅胶耐热性能好。耐温水平、短期老化、长期老化、热过载 SIR > XLPO > TPE。TPE 属于热塑性材料，长期使用开裂风险大 |
| 抗撕裂 | 10 ~ 25 | 15 | 15 | 普通硅胶的抗撕裂较差，能力低于 XLPO 和 TPE |

一般情况下，SIR 材料主要应用于需要耐高温、安装空间小、弯曲半径小的场合；XLPO 材料应用范围较广，但是与电机接触部分由于振动环境恶劣导致使用寿命减弱；TPE 材料在高压线束领域中应用较少。

## 6.2.5　高压电线束屏蔽设计

由于电动汽车使用了大量的电力电子器件，所以高电压和大电流产生的电磁场会对其他的通信设备产生电磁干扰，整车和零部件必须要有抗干扰和抗辐射的能力。

设计高压电气连接系统时，要求插接器具备360°屏蔽层，并有效地和电缆屏蔽层连接。屏蔽层要覆盖整个插接器长度，以保证足够的屏蔽功能，并尽量减少屏蔽界面之间的电阻，在产品生命周期内，屏蔽连接接触电阻应小于$10m\Omega$。

屏蔽层路径的设计也是重要的一环，可参考这一路径：线缆屏蔽层—线束端插接器屏蔽层结构—总成端插接器屏蔽层结构—总成金属壳体—车身地。

高压电缆本身并不需要屏蔽，因为不需要像同轴电缆那样传输数据，但是应防止或减少系统中的开关电源产生的高频辐射通过电缆诱导到周边部件。

如前文所述，电动汽车的电机为三相交流电，携带能量的正弦电压相当于不同频率的方波脉冲信号。由于高频率的脉冲具有陡峭的沿，所以会产生能量很强的谐波发射到周边区域。高压线束作为重要电磁干扰的传输路径，通过使用适当的屏蔽方法解决 EMI 问题。在不同情况下，应根据整车的不同要求采用不同屏蔽类型的组合方式来解决，具体见表6-6。

表6-6 高压线束屏蔽设计分类（见彩插）

| | 非屏蔽单芯线 | 屏蔽单芯线 | 非屏蔽多芯线 | 屏蔽多芯线 |
|---|---|---|---|---|
| 屏蔽方式 | 外加屏蔽层，整体屏蔽 | 自带屏蔽层，单芯屏蔽 | 若干线外置统一护套，无屏蔽 | 若干线外置统一护套，自带屏蔽 |
| 使用特点 | 应用在无屏蔽要求场景，或整体屏蔽情况 | 应用在需屏蔽场景，欧洲和国内车型常用 | 多回路，无屏蔽要求场景，如充电线缆 | 小线径，有屏蔽要求场景 |
| 结构特点 |  | 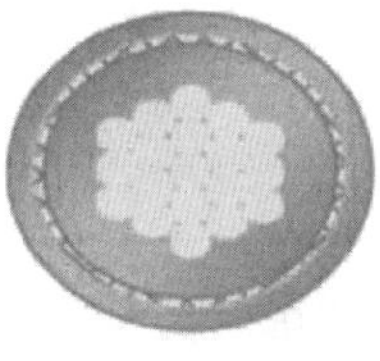 | 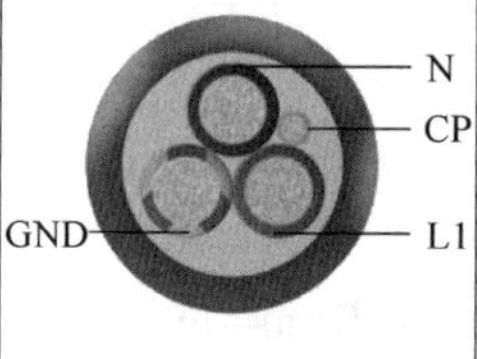 |  |
| 应用示例 |  |  |  |  |

线缆－插接器－总成形成了360°屏蔽效果，如图6-21所示。在方便安装插拔、不影响使用功能的情况下，尽量使插接器板端与箱体之间、插接器公母端之间、插接器与电缆之间的接触保持较低的接触电阻，使连接可靠稳定，以达到通过一定大电流的能力。

近年行业里也在探讨取消线束屏蔽层的研究与应用，以国内某款电动汽车为

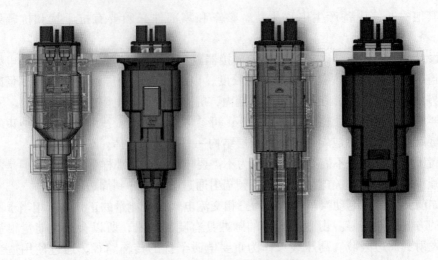

图 6-21　插接器 360°屏蔽设计（见彩插）

例，若取消屏蔽层，高压电线束总成成本中高压插接器、高压导线成本下降明显，总成本预计下降至少 30%，具体分解见表 6-7。

表 6-7　高压线束取消屏蔽的成本分析

|  | 比例 | 降幅 | 总比例 |
|---|---|---|---|
| 高压插接器 | 40% | 70% | 28% |
| 高压导线 | 24% | 20% | 4. 80% |
| 线束辅料 | 1% | 1% | 0.01% |
| 加工费用 | 10% | 10% | 1.00% |
| 管销费 | 25% | — | — |
| 总计 |  |  | 约33.8% |

　　虽然取消屏蔽层能大幅降低成本，但非屏蔽线束对整车电磁兼容的影响无法忽略。对整车高压电线束取消屏蔽层前后进行 EMC 测试对比，测试标准为 GB/T 18387—2017《电动车辆的电磁场发射强度的限值和测量方法》及 GB 34660—2017《道路车辆 电磁兼容性要求和试验方法》，测试结果显示整车电场、磁场、电磁场在部分频率点会有显著上升，最高增幅达 19dB。如何改善电磁干扰源、优化传输路径的布置，也是目前行业研究的方向。

# 6.3　DC/DC 变换器安全设计

　　从乘用车车载应用上看，DC/DC 变换器主要分为四类：

1）应用于 USB 电源的 12V 转 5V 非隔离 DC/DC 变换器。

2）应用于 48V 微混车型的 48V 转 12V 非隔离 DC/DC 变换器。

3）应用于纯电动和混合动力车型的隔离 DC/DC 变换器。

4）应用于燃料电池车型的高功率非隔离升压 DC/DC 变换器。车载应用决定了 DC/DC 变换器的功能、性能、拓扑及器件选型、安全性、控制保护等方面的设计，本章节仅介绍用于纯电动和混合动力车型的隔离 DC/DC 变换器的安全性设计。

DC/DC 变换器的主要作用是替代燃油车辆上的发电机，通过隔离功率拓扑，持续、稳定地将动力电池系统的高压电能变换为 12V 电源系统所用的低压电能，以满足整车 12V 用电器的用电需求。通常，DC/DC 变换器通过高压配电盒从动力电池系统取电，经自身功率变换后向 12V 电源系统输出电能。为实现上述功能，DC/DC 变换器至少需要具备以下能力：

1）电压转换：实现不同电压平台间电压的转换。

2）高、低压隔离：对于存在高、低压两种电压平台的情况，DC/DC 变换器通过采用变压器耦合等方式实现高、低压平台的隔离。

3）通信控制：能够通过 CAN 实现与整车控制器的通信，实时响应整车低压电源管理系统的输出电压请求值，并做到输出电压连续可调。

4）故障诊断：能够对工作过程中发生的内部及外部故障进行诊断及保护并存储故障码，用于售后问题排查及解决。

图 6-22 所示为 DC/DC 变换器典型的系统构成，主要包括上下盖及壳体、冷却回路、EMI 滤波板、PCB 主板，隔离主变压器等部件。PCB 主板主要由功率电路及控制电路两部分构成。对于隔离方案，目前主流的功率拓扑为全桥逆变加同步整流的方案。

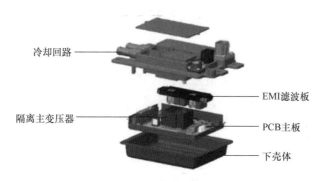

图 6-22　典型液冷 DC/DC 变换器系统的构成（见彩插）

## 6.3.1　DC/DC 变换器安全性要求与整车匹配

DC/DC 变换器工作在动力电池系统的 B 级电压下，持续将动力电池系统的电能转换并传递到 12V 电源系统。12V 电源系统的平衡与稳定关系到行车安全、驾乘体验、用户感知等诸多方面，因此 DC/DC 变换器的安全设计对整车十分重要。

DC/DC 变换器作为车载高压部件，首先要确保防止人员触电，能够承接整车的防触电要求并转化为自身的安全性要求，也就是高压安全设计要求，具体要求的确定还要综合考虑整车高压系统的功能分配、系统工作电压、整车布置等因素。同时，DC/DC 变换器作为整车低压电源管理系统的重要组成部件，需要考虑如何满足低压电源系统的用电需求，面对低压系统加负载或抛负载等工况如何保证输出电压稳定等需求。下面主要从功能分配、工作电压、整车布置及输出功率四个方面简述 DC/DC 变换器的安全设计要求及与整车的匹配设计。

### 1. 功能分配

与整车高压安全相关的系统功能主要有系统上下电、绝缘电阻检测、高压互锁检测、主动放电等，DC/DC 变换器的设计须服从系统架构的功能分配。如高压互锁检测功能，既可通过整车控制器实时检测整个高压互锁回路的状态并执行相关操作，也可由各高压部件检测自身互锁并实时汇报给整车控制器。这两种方案均可实现高压互锁检测，具体要结合整车实际的安全目标、响应速度、可靠性、成本等因素进行方案的选择，确定 DC/DC 变换器的高压互锁设计要求。

### 2. 工作电压

动力电池系统的工作电压范围包括允许部件满功率工作电压范围、降额工作电压范围、过电压保护范围及欠电压保护范围。DC/DC 变换器的输入电压范围应包含整个系统电压工作范围，并设计一定的裕量，能耐受系统瞬时冲击电压并匹配动力电池系统要求的满功率、降额及保护电压范围。同理，12V 电源系统也有明确的工作电压范围，DC/DC 变换器的输出电压设计要与之匹配，并根据整车装备确定其输出电压的超调能力、电压纹波等性能要求。

### 3. 整车布置

DC/DC 变换器在整车上的布置需要综合考虑总成的可维修性、避免人员能够轻易触碰及、避免形成环路产生电磁干扰等诸多方面。而布置位置一旦确定，DC/DC 变换器的标签位置、接口方向、防护等级、输出搭铁等安全设计也有了设计依据。DC/DC 变换器的整车布置位置与其结构相关的安全设计密切相关，要综合确定 DC/DC 变换器的布置位置及结构相关安全设计要求。

### 4. 输出功率

DC/DC 变换器输出功率的设计需要综合考虑 12V 电源系统的用电需求，包括电源系统平衡后的用电、峰值用电需求并与 12V 蓄电池的选型同步进行。输出功率设计过大会导致 DC/DC 变换器的体积成本上升，设计不足会导致 12V 蓄电池馈电。通常是根据成熟的低压电源系统电平衡计算方法，基于整车实际装备及典型工况，计算出 DC/DC 变换器的输出功率需求并设计一定的裕量，同时考虑 DC/DC 变换器的平台化应用，综合 DC/DC 变换器的硬件成本及各级别车型的销量规划，最终确定 DC/DC 变换器的输出功率等级。

## 6.3.2　DC/DC 变换器安全性设计要点

DC/DC 变换器安全设计主要包括高压安全设计、结构安全设计、热安全设计、故障保护安全设计和功能安全设计五个方面。

### 6.3.2.1　高压安全设计

DC/DC 变换器的高压安全设计需要承接整车的高压工程目标并根据系统的功能分配、整车布置等因素转化为自身的高压安全设计要求，包括高压安全标识、耐电压、绝缘电阻、被动放电、高压互锁、电气隔离、接触防护七项。其中高压安全标识前文已经介绍过，不再赘述。

1. 耐电压

DC/DC 变换器的耐电压要求是施加高压系统最高电压持续 1min 后，不发生介质击穿或电弧现象。需要考虑 DC/DC 变换器初级电路 MOSFET、电容、压敏电阻等器件的耐压能力。通常需要考虑系统的工作电压范围，包括额定工作电压、峰值工作电压及作用时间等参数。

2. 绝缘电阻

DC/DC 变换器的绝缘电阻主要包括各独立带电电路与地（DC/DC 变换器壳体）之间的绝缘电阻和无电气联系的各电路之间的绝缘电阻。通常情况下，高压系统会定义整车的绝缘电阻不小于 500Ω/V，并根据系统最高工作电压及高压回路并联支路数据给出该支路各高压部件的最低绝缘电阻要求。一般要求 DC/DC 变换器内部各独立带电电路之间及各带电电路对地的绝缘电阻不小于 10MΩ。

3. 被动放电

DC/DC 变换器初级电路连接在高压系统的直流母线上，如果其 X 电容存储的总能量大于 0.2J，则其内部应具备 X 电容的放电电路，且该放电电路始终有效。高压系统完成上电的情况下，DC/DC 变换器高压插接器断开，其高压输入端电压应在 2min 内降低到 60V 以下。被动放电电阻设计范围如下

$$R \leqslant \frac{t}{C \ln \left( U_{\mathrm{MAX}} / U_t \right)}$$

式中　$t$——被动放电过程中系统电压降至 60V 的时间（s）；

　　　$C$——DC/DC 变换器初级输入端 X 电容的容值（μF）；

　$U_{\mathrm{MAX}}$——高压系统电压的峰值工作电压（V）；

　　　$U_t$——被动放电至 $t$ 时刻的系统电压（V）。

如 $U_{\mathrm{MAX}} = 400V$，$C = 13\mu F$，$U_t = 60V$，则可根据上式计算被动放电电阻 $R$ 应不大于 12MΩ，并根据电阻功耗、工作环境等因素确定电阻值。

4. 高压互锁

DC/DC 变换器应服从高压系统架构的功能分配，完成自身互锁回路的建立或

具备互锁功能检测电路及状态汇报机制。通常情况下，为了降低整个系统的成本，DC/DC 变换器及其余高压部件只需要在高压插接器与信号插接器间建立互锁回路，由整车控制器检测整个互锁回路的阻抗并执行相关操作。这种方案也存在一定的缺点，如互锁故障触发后可能无法定位故障点，需要专业人员逐一排查各部件的互锁状态。

5. 电气隔离

DC/DC 变换器功率拓扑的初级电路连接在高压系统的直流母线上，次级电路的输出端连接在 12V 电源系统的母线上，需保证初级、次级电路电气隔离。同时，DC/DC 变换器内部由 12V 系统供电的辅助电源、控制、驱动等电路也需要和初级电路进行电气隔离。通常情况下，DC/DC 变换器初级、次级电路通过变压器进行电气隔离，辅助电源、控制等电路通过隔离变压器与初级电路进行隔离，驱动电路则可通过隔离式驱动芯片实现高低压电气隔离。

6. 接触防护

DC/DC 变换器在高压接插件装配前，接触防护应满足 IPXXB 要求，高压接插件装配后，接触防护应满足 IPXXD 要求。需要在结构设计时考虑接插件的选型，并使壳体有效接地以保证系统的等电位要求。

## 6.3.2.2 结构安全设计

DC/DC 变换器的结构安全设计主要基于高压安全要求中的耐电压、绝缘电阻、接触防护等要求，并结合整车布置位置、防护等级、使用环境（如温湿度、海拔等）进行详细设计，主要包括插接件的选型及出口方向、绝缘材料、电气间隙与爬电距离等。

1. 插接件选型及出口方向设计

DC/DC 变换器作为高压部件，防护等级一般要求为 IP67，这是高低压插接件装配后必须满足的。高压插接件装配前，接触防护应满足 IPXXB；高压插接件装配后，接触防护应满足 IPXXD。插接器的出口方向需要结合 DC/DC 变换器的整车布置位置进行设计，需保证出口方向与整车行驶方向不在同一方向（避免碰撞后插接件损坏使导电部件外露）、便于线束插拔等设计要求。

2. 绝缘材料

进行 DC/DC 变换器内部功率 MOSFET 及隔离变压器的布置设计时，需要同时考虑散热与绝缘，一般可采用导热性优良的绝缘帽套对功率 MOSFET、二极管等功率器件进行导热与绝缘。隔离变压器一般通过灌注导热硅胶实现与壳体的热交换及绝缘。图 6-23 所示为常见的器件绝缘帽套。

3. 电气间隙与爬电距离

电气间隙与爬电距离是 DC/DC 变换器内部 PCB 布线、器件布置的基本原则。可根据 DC/

图 6-23　MOSFET 绝缘帽套

DC 变换器的耐受冲击电压、海拔、污染等级等因素，参考 GB/T 16935.1—2008《低压系统内设备的绝缘配合　第 1 部分：原理、要求和试验》确定电气间隙与爬电距离的设计值。若高压系统最大工作电压为 500V，海拔要求为 4572m，污染等级为 2，可得 DC/DC 变换器内部各回路的电气间隙要求，见表 6-8。

表 6-8　DC/DC 变换器电气间隙设计案例

| 回路名称 | 电气间隙/mm |
|---|---|
| HV + 对 HV − | 4 |
| HV +/HV − 对 GND | 6 |
| HV 对 LV | 6.5 |
| LV 对 GND | 1 |

### 6.3.2.3　热安全设计

DC/DC 变换器作为一种开关电源，只要进行功率变换，其内部的功率 MOSFET、二极管及变压器等器件就会产生电能损耗，这些电能损耗最终将转化为热量向外扩散。如果没有良好的散热冷却系统，伴随热量的积累，器件温升会很容易超过设计极限，最终导致器件损坏、功能失效等严重后果，DC/DC 变换器的稳态热平衡是保证其整机安全的重要因素。DC/DC 变换器的热安全设计包括功率器件初选、器件损耗计算、冷却结构设计、稳态热仿真及试制试验等。

1. 功率器件初选

功率器件初选是对 DC/DC 变换器初级、次级电路中的功率 MOSFET 及二极管进行选型。主变压器及输出功率电感通常需要根据功率拓扑及控制方案进行定制设计。以 DC/DC 变换器初级电路的 MOSFET 选型为例，通常需要考虑 DC/DC 变换器的最高工作电压、最大输入电流、工作环境温度等因素来确定功率 MOSFET 的漏源击穿电压 $U_{DSS}$（通常为最高工作电压的 1.2 倍）、漏源持续电流 $I_D$（通常为最大输入电流的 1.2 倍，可根据成本及布置等因素，选择采用单一器件还是多器件并联设计）、漏源导通电阻 $R_{DS(on)}$ 等关键参数。

以 MOSFET 的选型为例，如果高压系统的额定工作电压 $U_N = 350V$，峰值工作电压 $U_{MAX} = 450V$ 且持续时间 30s 以上。为保证系统的高可靠性，需要增加设计冗余。要求 DC/DC 变换器初级电路 MOSFET 的漏源击穿电压 $U_{DSS}$ 满足下式

$$U_{DSS} \geqslant 120\% U_{MAX}$$

计算得 $U_{DSS} \geqslant 540V$，根据系统设计需求进一步增加筛选条件，如采用 SiC 技术、N − channel（便于设计驱动电路）、车规级认证 AEC − Q101（分立半导体）等。可从罗姆（ROHM）650V 等级的 SiC − MOSFET 系列中进行器件初选，并通过电路仿真、损耗计算、样机实测等步骤不断迭代，最终确认 MOSFET 的选型。其余电容、压敏电阻等器件的耐电压性能设计与 MOSFET 一致，这里不再赘述。

2. 损耗计算

功率 MOSFET 的电损耗主要包括开关损耗及导通损耗。开关损耗可通过零电压或零电流的软开关控制技术进行消除，但导通损耗为器件导通电阻与平均工作电流平方的乘积，为器件工作时的固有损耗，无法通过控制方式消除。二极管的电损耗也主要为导通损耗。DC/DC 变换器的功率拓扑选定后，可通过理论计算或电路原理仿真得到 MOSFET 及二极管的平均工作电流，并参照器件手册中的导通电阻计算得到其稳态的功率损耗。变压器及功率电感的损耗主要包括磁心损耗及绕组损耗，磁心损耗与频率相关，绕组损耗主要与输出功率相关，均可通过理论计算得出。在得到全部功率器件的稳态功率损耗后，就可对 DC/DC 变换器的效率进行计算和稳态热仿真。

3. 冷却结构设计

主要针对 DC/DC 变换器内部 PCB 上的主要发热源进行设计，需要注意在功率 MOSFET 及变压器等主要热源处设计不规则的冷却水道表面，以增大壳体与冷却液的接触面积，进而提高散热效果。

4. 稳态热仿真

通过使用 Fluent 等主流的流体力学仿真软件，导入 DC/DC 变换器的内部结构布置数据并为 MOSFET、变压器等主要热源添加计算得到的功率损耗，设置环境温度、冷却液的流量等信息即可进行稳态热仿真，得到各主要器件的稳态温升，用于校核当前方案是否满足设计要求。某款 DC/DC 变换器 PCB 主板的布置及热仿真结果示意如图 6-24 所示。

 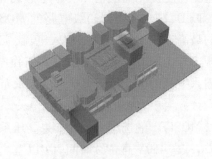

a) DC/DC变换器PCB主板布置　　　　　　　b) 稳态热仿真结果

图 6-24　某款 DC/DC 变换器的 PCB 主板布置及热仿真结果示意

5. 试制试验

DC/DC 变换器的热安全设计是否满足设计要求，最终还是需要通过样机的试验结果来判断。通过样机试制并在主要位置布置热电偶测温元器件，来校核 DC/DC 变换器在典型工况下各关键器件是否满足设计要求。最终确定器件的选型、控制方式、冷却结构设计等关键因素，完成热安全设计。

#### 6.3.2.4　故障保护安全设计

DC/DC 变换器的故障保护主要考虑输入/输出端口电压、电流应力超过设计阈值导致的器件损坏，内部功率 MOSFET、变压器、电感等器件在异常工作状态或冷却条件不足时导致的过热损坏，电压、电流检测电路异常导致自身进入非预期工作状态及输出异常，通信报文中断或丢失导致自身进入异常工作状态对系统造成损坏等。

由于硬件设计过程中需留有一定的安全裕量，所以故障触发条件一般会按照安全裕量设置二级或多级阈值，以对应不同的处理策略，在保证自身硬件不损坏的情况下尽可能在故障恢复时能重新工作，提升用户体验。在发生故障时，DC/DC 变换器应能自动保护并停止工作，避免自身的故障扩散进而对高低压系统造成损坏，并根据故障恢复条件自动恢复工作状态，各故障的阈值应根据 DC/DC 变换器内部元器件的特性确定。同时 DC/DC 变换器应具备诊断储存功能，能够对整车及自身工作过程中发生的故障进行存储，用于售后问题排查及解决。

以 DC/DC 变换器输出过电流保护为例，假设某 DC/DC 变换器的额定输出功率为 2.5kW、峰值输出功率为 3kW（冷却液温度大于 50℃时，工作时间为 1min）、最高工作水温为 85℃、额定输出电压为 14.5V、额定输出电流为 172.4A、峰值输出电流为 206.9A。根据以上信息对 DC/DC 变换器次级同步整流 MOSFET 进行选型，初选安森美（ON）的 FDBL86062_ F085，查阅器件规格书得漏源电流 $I_D$ 与壳温曲线如图 6-25 所示。当壳温为 85℃ 时，$I_D$ 上限约 245A，因此 DC/DC 变换器硬件过电流保护阈值需设置在 240A 以下，硬件过电流保护被触发 10μs 后动作，强制关闭 MOSFET 的驱动信号，实现硬件过电流保护。软件保护阈值可根据系统设计需求设置在 220A 以下，通过峰值电流控制等算法实现故障触发及确认（约 40ms）后关闭 MOSFET 驱动信号，实现过电流保护。

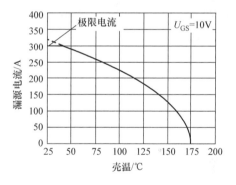

图 6-25　器件漏源电流与壳温关系

#### 6.3.2.5　功能安全设计

在行车及交直流充电过程中，DC/DC 变换器负责为整车低压系统用电设备供电。如果 DC/DC 变换器失效，将导致整车低压系统失去能量来源，低压用电设备停止工作，对驾驶员及乘客造成潜在安全风险。根据 ISO 26262 功能安全开发要求，从整车系统角度考虑，通过对整车高低压系统进行分析后，可以得出对 DC/DC 变换器进行功能安全设计的要求。

1. 相关项定义

分析 DC/DC 变换器的整车高低压系统功能、接口、环境条件、法规要求和危害等，为危害分析及风险评估提供输入条件。

2. 危害分析及风险评估

危害分析及风险评估的目的是为了将相关项中因故障而引起的危险识别出来，并根据危险程度按照一定的原则进行分类，进而针对不同风险设定具体的安全目标以最终减小或消除风险，避免未知风险的发生。危害分析、风险评估和 ASIL 等级的确定均与避免风险的安全目标相关。本阶段所识别出来的每个危害事件都需要根据严重度(S)、暴露率(E)、可控性(C) 来进行评估，以确定每个危害事件的 ASIL 等级，进而确定安全目标。

3. 功能安全概念

完成危险分析和风险评估之后，需要进入功能安全概念这个阶段。其主要目的是通过前面的危险分析和风险评估之后得出的安全目标，以功能性安全要求的形式规定基本的安全机制和安全措施，并将它们分配到初步的设计架构各元素或者外部减少危险的措施中去，以确保满足相关的功能安全要求。项目定义、危害分析和风险评估是功能安全概念的主要输入。

上述三部分工作完成以后，即可得出整车高低压系统的安全目标及对应的 ASIL 等级。运用 ASIL 分解原则，可以确定系统内包括 DC/DC 变换器在内的各个部件的功能安全要求及其 ASIL 等级。

# 第 7 章

# 充电系统安全性设计

电动汽车充电系统是车辆内用于接收外部供电实现为动力电池充电的一套系统及总成零部件，车辆使用外部充电设备（如充电桩、便携式充电控制盒等）向电动汽车提供电能，动力电池完成电能向化学能的能量转换，充电系统负责实现充电流程控制、电能转换与传输、系统状态监控及故障诊断等功能，保证充电过程安全可靠地完成。

按照电能的传输方式，目前电动汽车充电技术主要分为传导充电、无线充电和电池更换三种方式。

1. 传导充电

传导充电又称为接触式充电，外部充电设备通过连接线缆上的充电插头与车辆充电插座直接接触，本质上是通过插接器接触实现电能传递。这种充电方式的技术优点有技术成熟度高、连接方式简单、成本较低，其技术缺点也比较明显：首先是充电座导电触点外露，存在人员触电风险；其次，相比于车内其他插接器，充电座经过多次插拔会造成端子磨损，导电能力下降，大电流充电时甚至会发生接口过热烧蚀。传导充电设计的重点在于如何保证使用过程中的安全性与通用性。

2. 无线充电

无线充电又称为感应式充电，外部充电设备不通过与车辆进行直接电接触即可实现充电，该技术通过埋于地面下的供电线圈以高频交变磁场的形式将电能传输给地面上一定范围内的车端电能接收装置，进而给车辆动力电池供电，即通过电磁感应实现电动汽车非接触式充电。无线充电的最主要技术优势为安全性较高，即使在恶劣的雨雪天气，也无触电风险；其次操作方便（无须插拔充电枪），用户体验较好。其缺点是充电设备成本较高、维护费用高。目前国内、外无线充电技术仍处于研发阶段，具备无线充电的量产车型较少，宝马 5 系 PHEV 可选配 3.3kW 无线充电。

3. 更换电池

严格意义上讲更换电池不属于充电，该技术通过直接更换电动汽车动力电池达到车辆补充电能的目的。随着近年来对换电技术的研究，换电方式已从最开始的人工手动换电，发展为半自动化或全自动化换电。从换电方式来看，主要有侧方换电与底盘换电两种。该技术的最大优势是补电时间快，通常在 3~5min 内即可完成电池更换，是目前最快的补电方式。该方式能够有效地降低充电时间，便于动力电池的集中维护管理，但由于车电分离尚无法规且动力电池系统接口、规格尚未标准化，所以该种换电方式仍未普及，目前市面应用换电技术的主要是出租车和豪华纯电动车，典型代表为北汽 EU 系列出租车、蔚来 ES8。

综上所述，三种充电方式各有优缺点及各自的应用场景，目前技术成熟度较高且充电设施与车辆推广应用普及度较高的充电方式主要为传导式充电，无线充电和换电由于技术成熟度、成本、标准化等多方面因素尚在研究探索中，本章节仅针对传导式充电系统安全设计展开分析，下文所述的充电系统均限定为传导式充电系统。

# 7.1 充电系统安全机制与设计

通常，传导式充电系统组成如图 7-1 所示，由车内与车外两部分组成。车外的充电系统主要由供电系统及充电设备组成，其中供电系统由提供电源的电力设备及配电线路组成，充电设备主要是充电桩、连接线缆及充电接口（充电插头）；车内的充电系统主要由充电接口（充电座）、充电线缆及高压电附件（继电器、熔断器）、车载充电机等部件构成，与动力电池、相关控制器（VCU、BMS）等密切相关。充电设备与车辆通过充电接口（充电插头、充电座）的物理接触实现传导式充电。

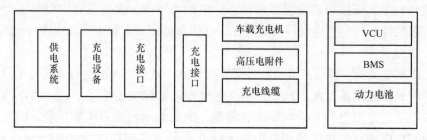

图 7-1　传导式充电系统结构框图

## 7.1.1　充电系统工作原理及充电模式

### 7.1.1.1　充电系统工作原理

按照充电设备提供电流的类型，传导式充电分为交流充电与直流充电。交流充电，俗称"慢充"，充电设备向车辆提供交流电（AC 220V 或 AC 380V），功率通常为 3. 5kW 、7kW 或 11kW，充电时间通常为 8 ~ 10h；直流充电，俗称"快充"，充电设备向车辆提供直流电（乘用车通常为 DC 200 ~ 500V；商用车通常为 DC 300 ~ 750V），功率通常为 60 ~ 120kW；通常 30 ~ 40min 即可充满电池电量的 80% 。

**1. 交流充电系统工作原理**

交流充电系统的基本工作原理与能量传输路径如图 7-2 所示，供电系统向充电设备提供电能，充电设备（交流充电桩、便携式充电控制盒）通过线缆及充电接口（充电枪）与车辆充电接口（充电座）相连接，通过充电线缆将电能传输至车载充电机电压输入端，由车载充电机完成 AC/DC 转换，根据动力电池需求输出直流电压电流；充电过程中相关控制器（如 VCU、BMS 等）通过继电器控制高压系统上下电，负责监控充电系统状态及控制充电流程的启动与停止，保证充电功能正常执行并能够在异常情况下停止充电以保证车辆安全。

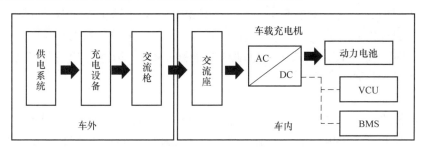

图 7-2　交流充电工作原理

**2. 直流充电系统工作原理**

直流充电系统的基本工作原理与能量传输路径如图 7-3 所示，供电系统向充电设备提供电能，充电设备（直流充电桩）通过线缆及充电接口（充电枪）与车辆充电接口（充电座）相连接，直流充电设备完成 AC/DC 转换，通过充电接口直接向动力电池提供其需求的直流电压电流。充电过程中控制器的功能与交流充电类似。

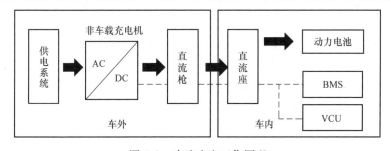

图 7-3　直流充电工作原理

## 7. 1. 1. 2　充电模式

为满足不同场景下车辆的充电需求及应用场景，规范充电设备与电动汽车技术接口的标准化，保证通用性，2015 年底我国发布了 GB/T 18487.1—2015《电动汽车传导充电系统 第 1 部分：通用要求》，其中定义了四种充电模式，下面分别介绍这几种充电模式的定义、特点、充电性能、优缺点、适用场景以及当前充电基础设施的普及度。

1. 充电模式 1

充电模式 1 即应急交流充电模式，电源侧采用 GB 2099.1—2008《家用和类似用途插头插座 第 1 部分：通用要求》和 GB 1002—2008《家用和类似用途单相插头插座 形式、基本参数和尺寸》要求的插头（同家用电器 16A/10A 的三眼插头），使用相线、中性线和接地保护导体。能量传输过程中应采用单相交流供电，且不允许超过 8A 和 250V。模式 1 充电装置具备体积小、重量轻、成本低等特点，通常为随车配赠，供用户在应急情况下使用 10A 或 16A 标准插座电源临时补电，由于电流限值，充电功率仅为 1.8kW，充电较慢。由于这个充电装置未配备保护装置，一旦电源侧剩余电流保护装置失效，存在人员触电风险，GB/T 18487.1—2015 中规定"不应使用模式 1 对电动汽车进行充电"，2015 年以后量产主流电动车通常不支持这种充电模式。

2. 充电模式 2

充电模式 2 与充电模式 1 类似，仍然是一种应急交流充电模式，能量传输过程中应采用单相交流供电，电源侧采用 16A 插头插座时输出不能超过 13A，采用 10A 插头插座时输出不应超过 8A。模式 2 充电装置在模式 1 的基础上增加了缆上控制与保护装置（IC - CPD）连接电源与电动汽车，提供保护接地导体，且具备剩余电流保护和过电流保护功能。相比模式 1，模式 2 更加安全，但充电功率仍比较小，最大为 2.8kW，充电速度较慢。模式 2 充电装置（也称便携式充电装置）通常随车配赠或选装，供用户在应急情况下使用。

3. 充电模式 3

充电模式 3 是交流充电中最为常用的一种方式，能量传输过程中可以采用单相供电或三相供电，采用单相供电时，电流不大于 32A。模式 3 充电设备俗称"交流充电桩"，通常为固定式安装（壁挂式、立式，通常不可移动），与模式 2 充电装置一样，模式 3 同样具备剩余电流保护、过电流保护等安全功能。相比模式 1、模式 2，这电种充电模式具备更高的充电功率，采用单相供电时，最高为 7kW；采用三相供电时，最高为 40kW。装配 50kW·h 左右电池包的电动汽车，采用 7kW 交流桩，通常 8h 左右可以充满。

模式 3 充电装置有以下几种应用场景：

1）家庭充电场景，具备安装条件的用户在车库或车位安装交流充电桩，利用晚上停车时间完成充电，这种家用充电桩一般由整车厂随车配赠。

2）公共充电场景，充电设备运营商在公共场所（如购物中心、医院、饭店等场所停车场）向用户提供充电设备及服务，并向用户收取电费及服务费。

3）专用充电场景，与家用场景一样，一些公司或单位在内部停车场修建充电设备，专供内部职工使用，一般不对外开放。

4. 充电模式 4

目前常用的一种直流充电模式，该模式采用永久连接在电网的直流充电设备向电动汽车提供直流电能，模式 4 充电设备（俗称直流充电桩）输入端通常连接三相交流电网，输出电压通常为 200～750V，输出电流最大为 250A。模式 4 充电设备最大优势就是充电功率较大（一般为 50～120kW），通常 30～40min 可以为电池充电 80%，满足用户快速补电的需求。

模式 4 充电装置，目前主要由充电设备运营商负责建设及运营（如特来电、国家电网、星星充电等），通常在户外充电场站提供服务，向用户收取电费及服务费。

各种充电模式对比见表 7-1。

表 7-1 各种充电模式对比

| 充电模式 | 充电功率 | 充电时间 | 典型应用场景 | 适用范围 |
| --- | --- | --- | --- | --- |
| 模式 1 | 1.8kW | 25～30h | 应急充电 | 2015 年后已禁用 |
| 模式 2 | 2.8kW | 20h | 应急充电 | 无充电桩时应急补电 |
| 模式 3 | 3.5～40kW | 8h | 家庭充电 | 有固定车位，日常充电 |
| 模式 4 | 50～120kW | 30～40min 充电 80% | 公共充电 | 无固定车位用户，快速补电 |

## 7.1.2 典型充电方法

动力电池充电方法主要有恒（定）流充电、恒（定）压充电和脉冲快速充电三种基本方法。根据动力电池特性，电池在荷电状态（SOC）较低时充电倍率较高，随着荷电状态上升，充电倍率逐渐下降。动力电池一次完整充电过程通常需要选择一种或几种方法组合使用，以保证充电速度与安全要求。以下针对几种典型充电方法进行介绍。

1. 恒流充电法

恒流充电是指充电过程中使充电电流保持不变的方法，动力电池根据当前荷电状态（SOC）、单体电压、电池温度等因素确定需求的恒定充电电流，充电设备提供恒定电流，在充电过程中需要充电设备根据逐渐升高的蓄电池电动势调节充电电压，以保持电流不变。该方法是动力电池最基本的充电方法之一，但在一次完整充电过程中通常不会单独使用。

2. 分段恒流充电法

分段恒流充电法，也被称为阶梯恒流充电法，是目前较常用的充电方法，可以在保证安全的前提下以较快速度完成充电。该方法在恒流充电的基础上，根据动

力电池充电倍率能力进行分段恒流充电，充电
特性曲线如图 7-4 所示，荷电状态（SOC）较
低时以较高恒定电流充电，随着荷电状态上升
电池充电倍率逐渐下降，分段降低恒流充电电
流值，直至充满至电池截止电压。这种充电方
法以电池充电能力边界控制电流，能够有效避
免充电过电流，比较安全。分段数越精细，越
能使实际充电电流越逼近电池最大需求，以使
得充电时间最短，但同时会提升控制难度，需

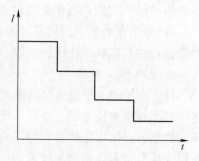

图 7-4　分段恒流充电法电流曲线

要对电池的充电能力边界进行更为准确的估计，国内主流产品的分段数通常为 3 ~
7 段。

### 3. 恒压充电法

恒压充电是指充电过程中保持充电电压不变的充电方法，充电电流随蓄电池电
动势的升高而减小。合理的充电电压，应在动力电池即将充满时使其充电电流趋
于零。如果电压过高，就会造成充电初期充电
过电流；如果电压过低，则会使电池无法充满。
所以这种充电方法一般不单独使用，通常应用
在充电末期的恒压限流阶段。

### 4. 分段恒流 + 分段恒压充电法

这种方法为分段恒流与分段恒压充电法的结
合，如图 7-5 所示。充电初期常采用分段恒流充
电法，在充电末期从恒流充电切换为恒压充电，
通过多段恒压限流充电；当充电电流小于一定
阈值时分段升高恒定充电电压，在最终的恒压段当电充电电流小于一定阈值时判
断充电完成。

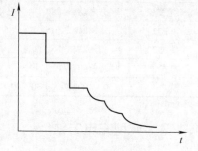

图 7-5　分段恒流恒压
充电法电流曲线

### 5. 脉冲充电法

脉冲充电是先用脉冲大电流对电池充电，
然后让电池短时间进行脉冲放电。脉冲放电
的目的是使电池去极化，保持较高的充电倍
率，在整个充电过程中使电池反复充放电，
电流曲线如图 7-6 所示。这种充电方法能够
更加快速地完成充电，但需要充电设备能够
提供更高的充电电流、放电回路及高频脉冲
响应。目前该方法仍处于研究试验阶段，还
未在量产车型上进行推广应用。

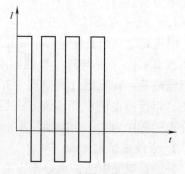

图 7-6　脉冲充电法电流曲线

### 7.1.3　充电安全机制

#### 7.1.3.1　系统级安全理念

系统安全设计的目的就是对系统中存在的潜在危险（Hazard）进行全面、规范地识别，通过采取有效的设计措施，尽可能预防危险发展为事故（Mishap）的发生概率，阻断危险变为事故的路径，使系统保持在安全（Safety）状态。在进行充电安全设计前，必须准确理解危险、事故、安全这三个概念。

危险（Hazard）：事故发生之前的一种状态，当达到触发条件时，危险就会变为事故。

事故（Mishap）：导致人员伤亡、财产损失，或环境破坏的非预期事件。

安全（Safety）：阻止危险变为事故的机制或措施，将事故发生的风险降低到可以接受的水平。

系统的复杂程度决定了事故发生的概率和危害程度，对于复杂系统而言，系统安全设计的目标通常为对系统残余的风险已充分识别并接受残余风险带来的后果（对安全与设计成本的一种权衡）。通过对上一节提到的充电系统组成及工作原理进行分析，充电系统的风险主要来自以下几个方面：

1）充电系统功能本身的固有特性，充电依赖于电特性（高电压、高电流），且伴随电能传导带来的热特性以及电池充电过程的电化学特性。这使得系统天然具备电风险、热风险、电化学风险等。

2）电动汽车充电系统组成复杂，涉及车外供电系统及充电设备、车内众多零部件以及车内外用于实现能量传递、信号传递的充电接口及线束。系统的复杂性导致不可避免的软硬件随机失效。

3）充电模式与车桩交互的多样性，包括交流充电（模式2、模式3）、直流充电以及车辆与不同充电设备的交互带来的兼容性与安全性风险。

根据上述分析，安全设计是电动汽车充电系统设计的一个重要维度，若不通过设计将上述风险控制在安全范围内，将会导致产品在规定条件下使用时存在发生严重事故的风险，对于用户而言，会造成严重的财产损失甚至是人身伤害；对整机厂而言，事故善后处理或缺陷产品召回需要付出高昂的代价，甚至赔偿费过高导致企业倒闭。

#### 7.1.3.2　系统级安全机制

对于识别出的危险，系统安全措施主要有预防、阻断、降损三种措施：

1）预防：预防危险发生，或降低其发生的概率。

2）阻断：阻断危险变为事故的路径，不让事故发生。

3）降损：降低事故破坏性。

具体设计时通常采取一组或几种方式的组合，设计维度考虑的因素主要取决于危险的风险等级、发生概率、危害程度、开发成本与周期等。根据充电系统特点及事故危害，安全设计措施应以预防为主，综合应用监控措施进行危险识别及及时阻断。当事故不可避免地发生时，应通过降损措施保证人员不受伤害以及车辆不发生严重损毁，使得事故后果降至最小。

基于以上分析，电动汽车充电系统安全设计的基本思路如下：

1）预防为主。根据充电系统部件的机理与特性，通过功能、性能、可靠性设计进行被动安全防护措施，系统及零部件的特殊特性设计要留有安全余量，以降低危险发生的概率，典型的被动防护措施包括：足够的结构强度、材料的耐热性能、防火阻燃材料、防尘防水、加强绝缘、有效的接触防护等。

2）阻断为辅。在预防措施的基础上，通过增加主动防护措施，对充电系统进行实时在线诊断和探测，当确认系统及零部件异常、故障或相关特性值超出安全范围时，及时控制系统进入安全状态，阻断危险发展为事故，充电系统典型的主动防护措施包括：典型特性值（温度、电压、电流、压力、绝缘电阻、SOC 等）的监控；过温、过充电、过电流、过功率保护；绝缘监测；高压互锁监测。

3）降损为补充。在预防及阻断措施均失效时，系统通过降损设计，尽量给用户争取到足够的逃生时间或将损失控制在尽可能小的范围内，避免造成严重的人身伤害及财产损失。典型的主动防护措施有电池充电热失控预警、主动灭火桩、安全警报信息的显示及推送、系统严重故障时车门自动解锁等。典型的被动安全措施有电池的防火槽、隔热材料，避免电池充电起火引燃乘员舱及周围车辆造成更严重的后果。

为达到最佳的安全防护效果，以上几种措施通常会综合使用，同时考虑主动防护措施与被动防护措施设计相结合，提升充电系统安全性能。具体在安全设计时，需要综合考虑所采用方案的可行性、有效性、成本、开发周期等因素，并识别残余风险是否能被接受，进而确定最为合理的方案或方案组合。

这里举一个典型的综合防护措施案例：在危险识别中确定充电座的过温风险可能导致充电座烧蚀，严重时甚至导致车辆起火。在安全设计时综合考虑预防、阻断、降损三种措施相结合：

1）在充电座及充电线束设计时通过充电端子接触电阻、端子材料、充电座尾端压接线径选择等特性设计时留有安全余量，从零部件本体特性设计层面避免发生过热危险。

2）在充电座端子温度最高处布置双路温度传感器，整车控制器（VCU）在充电过程中实时采集充电座温度，当充电座温度超出正常设计的安全范围（如大于100℃）或传感器故障时，VCU 控制充电停止，阻断充电座温度进一步升高，防止由过热危险发展为充电座烧蚀甚至是车辆起火的严重事故。

3）若 VCU 停止充电后充电座温度仍进一步升高或 VCU 本身过温保护策略失

效等导致无法阻断危险变为事故，则车辆通过远程信息推送给用户或 4S 店，通过人员及时采取灭火措施来防止损失进一步扩大。

### 7.1.4　充电系统安全设计

#### 7.1.4.1　充电电系统安全要求

基于充电系统安全目标，提出充电系统安全要求，进而从系统层面分析制订安全保护措施（功能）的设计规范。

**1. 过充电安全防护设计要求**

为分析得出安全目标"防止动力电池过充电"对应的安全要求，首先分析可能导致过充电的原因，主要有以下几类：

1）充电系统不具备电池过充电检测及防护或检测防护策略不完善。

2）充电系统过充电检测及保护功能失效时未及时停止充电。

3）车辆充电系统失控，如充满时无法停止充电或充电设备未停止充电。

根据上述导致过充电的可能原因，分析得到安全设计要求，见表 7-2。

表 7-2　过充电安全防护设计要求

| 编号 | 安全要求 |
| --- | --- |
| FSR - 1 - 1 | 充电系统需具备实时过电检测功能，检测到过充电发生时，在安全时间内系统控制充电停止 |
| FSR - 1 - 2 | 过充电检测功能失效时，在安全时间内系统控制充电停止 |
| FSR - 1 - 3 | 车辆充电系统异常时，充电设备需在过充电发生前停止充电 |

**2. 防止充电过电流设计要求**

为分析得出安全目标"防止动力电池过电流"对应的安全要求，首先分析可能导致过电流的原因，主要有以下几类：

1）充电系统不具备电池过电流检测及防护或检测防护策略不完善。

2）充电系统过电流检测及保护功能失效时未及时停止充电。

根据上述分析，得到安全设计要求见表 7-3。

表 7-3　防止充电过电流设计要求

| 编号 | 安全要求 |
| --- | --- |
| FSR - 2 - 1 | 充电系统需具备实时过电流检测功能，检测过电流时，在安全时间内系统控制充电停止 |
| FSR - 2 - 2 | 电流检测功能失效时，在安全时间内系统控制充电停止 |

**3. 防止充电系统过温设计要求**

为分析得出安全目标"防止充电系统过温"对应的安全要求，首先分析可能导致过温的原因，主要有以下几类：

1）充电系统不具备电池过温检测及防护或检测防护策略不完善。

2）充电系统温度检测及保护功能失效时未及时停止充电。

根据上述分析，得到安全设计要求见表 7-4。

表 7-4 防止充电系统过温设计要求

| 编号 | 安全要求 |
|------|----------|
| FSR-3-1 | 充电系统相关总成（如动力电池、充电接口、OBC）需具备实时温度检测功能，检测温度过高时，在安全时间内系统控制充电停止 |
| FSR-3-2 | 温度检测功能失效时，在安全时间内系统控制充电停止 |

**4. 充电接口连接时禁止车辆移动设计要求**

为分析得出安全目标"充电接口连接时禁止车辆移动"对应的安全要求，首先分析充电接口连接时，可能导致车辆移动的原因，主要有以下几类：

1）车辆控制系统未设计充电连接与车辆 Ready 互锁策略。

2）充电接口处于连接状态，车辆未准确识别。

根据上述分析，得到安全设计要求见表 7-5。

表 7-5 充电接口连接时禁止车辆移动设计要求

| 编号 | 安全要求 |
|------|----------|
| FSR-4-1 | 当车辆与外部充电接口连接时，不能通过其自身的驱动系统使车辆移动 |
| FSR-4-2 | 充电系统需具备充电接口连接状态检测电路，能够按照 GB/T 18487.1—2015《电动汽车传导充电系统 第 1 部分：通用要求》要求准确检测充电接口连接、半连接、断开 |

**5. 电能传输时充电接口保持锁定状态设计要求**

为分析得出安全目标"电能传输时充电接口保持锁定状态"对应的安全要求，首先分析可能导致电能传输时充电接口未保持锁定的原因，主要有以下几类：

1）充电系统中充电接口不具备电子锁止装置。

2）充电启动前电子锁未及时锁定。

3）电子锁处于锁止状态时，充电接口仍可断开。

4）充电过程中系统未实时检测电子锁锁止状态，电子锁变为解锁状态时（如机械解锁），未及时停止充电。

根据上述分析，得到安全设计要求见表 7-6。

表 7-6 电能传输时充电接口保持锁定状态设计要求

| 编号 | 安全要求 |
|------|----------|
| FSR-5-1 | 充电系统充电接口需具备电子锁止装置 |
| FSR-5-2 | 充电启动前，系统应驱动电子锁锁止，未可靠锁止前或检测电子锁故障时，需禁止充电 |
| FSR-5-3 | 电子锁尺寸公差需满足 GB/T 20234.2—2015《电动汽车传导充电用连接装置 第 2 部分：交流充电接口》与 GB/T 20234.3—2015《电动汽车传导充电用连接装置 第 3 部分：直流充电接口》要求 |
| FSR-5-4 | 充电过程中，电子锁应保持锁止状态，系统应实时监测电子锁状态，监测电子锁变为解锁状态时，在安全时间内停止充电 |

6. 直流充电接口未连接时禁止接口带高压电设计要求

为分析得出安全目标"充电接口未连接时禁止接口带高压电"对应的安全要求，首先分析可能导致充电接口未连接时充电接口带高压电的原因，主要有以下几类：

1）直流充电接口变为断开状态时，直流充电回路继电器未被控制即时切断。

2）直流充电接口变为断开状态时，直流充电回路继电器粘连无法断开。

根据上述分析，得到安全要求见表 7-7。

表 7-7　直流充电接口未连接时禁止接口带高压电设计要求

| 编号 | 安全要求 |
| --- | --- |
| FSR-6-1 | 充电控制系统检测直流充电接口断开时，充电电流处于安全范围时，应在安全时间内断开直流回路继电器 |
| FSR-6-2 | 直流充电回路应在 DC+、DC- 回路分别设计继电器，并就具体继电器触点粘连检测电路，检测单个继电器发生粘连故障时，应禁止直流充电启动 |

### 7.1.4.2　充电系统三层防护机制

为实现上述安全要求，通常综合使用三种措施实现预防为主、阻断为辅、降损为补充，同时考虑主动防护措施与被动防护措施设计相结合，提升充电系统安全性能。为此，针对系统安全目标及安全要求构建了三层防护机制。三层防护机制组成及关系如图 7-7 所示。

1. 本体防护

该层的防护主要是保证危险不发生，主要通过被动安全防护措施实现，如通过系统总成及零部件的功能、性能、可靠性设计尽可能降

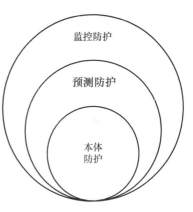

图 7-7　三层防护机制

低危险发生的概率，本体防护是三级防护机制的根本和核心。在此案例中，主要设计控制器（VCU、BMS）、动力电池、车载充电机、高压线缆、熔断器、继电器、充电座等部件的本体安全设计，避免发生前文提到的风险，如通过充电座端子材料设计、充电线缆线径发热量计算以及选择合理的线径等本体防护设计，避免发生"充电座过热"危险。由于其他章节已经详细说明了各种零部件的本体安全设计，在此不再赘述，有关设计请参见各章节。

2. 监控防护

该层的防护是及时诊断系统是否发生危险，在出现危险苗头时，第一时间控制系统进入安全状态，阻止危险发展为事故。监控防护是对本体防护的有效补充，主要由多种主动安全防护措施组成，通过车内控制器（VCU、BMS、OBC）与车外充电桩的实时在线诊断及探测能力实现。但要注意，监控层有效作用时虽然能够

避免发生更严重的事故，但仍会造成用户抱怨，安全设计时不可本末倒置，需要重点从本体防护出发进行特性设计以避免问题发生，如充电座温控能够防止充电座起火，但如果充电座频繁发生过热，仍会造成用户抱怨降额充电或无法充电。

3. 预测防护

该层的防护是对本体防护与监控防护的一种补充，介于本体防护与监控防护之间，相对监控防护只能在危险真实发生时才能进行诊断并处理，预测层防护利用车辆数据（单车历史数据、同车型历史数据、同地域同车型历史数据）训练 AI 算法模型，通过模型预测当前系统的安全风险，预测的结果是系统可能发生危险或直接发生事故的概率，当危险发生概率过高时，可采取一定的策略保证危险不发生，如通过充电过程数据以及历史充电信息分析给出当前条件下最优的充电电压和电流，防止出现过充电、大电流冲击导致动力电池性能损伤，尽可能避免总成及零部件的损坏，尽量将损失降到最低。预测准确度主要取决于算法的精度及历史数据的数量与质量。典型的防护策略有预估电池寿命（SOH、剩余充电容量）、充电座端子磨损导致过热风险预测、OTA 升级调整充电策略及控制参数等。

综上所述，通过三层防护机制层层过滤事故发生的可能性。预测防护是未来充电系统安全设计的发展趋势，整车厂及零部件企业都在积极布局大数据平台的建设，希望通过对数据的深入挖掘，发挥数据的价值，但就预测安全风险而言，算法并不十分准确可靠，技术成熟度还不高，所以目前主要的安全保护机制还依赖于本体防护及监控防护。在监控防护层面，近年来随着整车企业、充电设施运营企业共同对安全监控策略的研究以及车桩交互标准的完善，通过车桩双向安全互动可以设计出高安全性双重监控防护，通过互相监控，避免单点失效带来的严重事故。

### 7.1.4.3 设计案例

充电过程是充电设备与车辆充电系统协同配合并实现电能传递的过程，在监控层安全设计上需要对可能导致严重事故的危险要有可靠的在线诊断探测能力，当相关特性参数的特性值超出安全范围时，需要及时采取有效措施；在设计阶段应建立多重健全的风险探测与保护机制，充分运用功能保护设计有效降低系统失效安全风险，时间维度上需做到对系统风险的尽早识别与控制，空间维度上需做到电动汽车、充电设备、供电系统在各自系统内部的独立无死角防护以及系统间的多重联防。

1. 车内监控安全设计

车内监控层安全设计主要通过设计多种主动安全防护措施，实现对高风险的无死角监控。充电过程中通过传感器采集监控相关关键数据，对电池的关键参数，如充电电流、电池总压、单体电压、温度以及 SOC、SOH 等信息进行实时监测；对充电控制模式与充电状态进行可行度校验；对充电接口的关键参数，如充电接口温度、电子锁锁止状态、充电枪连接状态、充电线缆额定容量进行实时监测；对充电设备的关键参数，如充电电压、充电电流、供电能力（CP 信号）进行实时监测。车辆控制器对异常状况具有实时监测、诊断、差错辨识及故障预测和预警控制能力，当发现可能导致超出安全风险严重等级时，立即主动停止充电并启动维护措施。表 7-8 列举了一些常用的车内监控安全功能及控制策略。

**表 7-8　车内监控安全功能及控制策略举例**

| 类别 | 功能（举例） | 具体策略（举例） |
|---|---|---|
| 过充电保护 | 单体电池电压监测 | BMS 监测单体电池电压，如果由于某种故障导致单体电压超过门限值时，BMS 会报故障，并停止充电 |
| | 电池总电压监测 | BMS 监测电池总电压，如果由于某种故障导致总电压超过门限值时，BMS 会报故障，并停止充电 |
| | 对单体采样的监测 | BMS 具有对单体采样的监测功能，当采样失效时，BMS 会停止充电 |
| | 最高充电电压限制 | BMS 会给充电机发送最高充电电压限制值，该值低于电池的安全电压 |
| 过电流保护 | 电流检测 | 车载充电机和充电保护盒都具有过电流保护功能<br>BMS 具备过电流保护功能 |
| 过温保护 | 电池温度监测 | BMS 具有电池温度监测功能，当电池温度超过 XX℃时，会降额充电；超过 XX℃时，会报警并停止充电 |
| | 充电机温度监测 | OBC 具有电池温度监测功能，当电池温度超过 XX℃时，会降额充电；超过 XX℃时，会报警并停止充电 |
| | 充电座温度监测 | 直流充电座和交流充电座功率端子都具有温度监测传感器，充电口温度过高时，VCU 会报警并停止充电 |
| | 充电插头温度监测 | 模式 2 的充电保护盒具有充电插头温度监测功能，充电插头温度过高时，充电保护盒会报警并停止充电 |
| 功能防护 | 充电与行驶互锁 | 充电时，VCU 监测充电连接状态，禁止车辆上电 |
| 电子锁防护 | 电子锁控制与状态监测 | 直流、交流充电都具有电子锁功能 |
| 防触电保护 | 非充电状态下，充电口不带电 | 直流充电回路设计两路独立的充电继电器，非充电状态控制继电器处于断开状态，保证非充电状态时充电口不带电 |
| | 继电器触点端检测 | BMS 具有继电器触点检测功能，直流充电前检测有任一直流继电器粘连时禁止充电启动 |

**2. 车桩双重安全监控设计**

车辆充电过程由车辆 BMS 与充电桩共同完成，充电系统状态监测与保护是由车辆 BMS 作为充电主控侧，充电设备为被控侧执行 BMS 充电指令，在车内监控安全的基础上，结合电动汽车及动力电池管理系统充电输出特性，充电设备可通过车桩数据交互及可信度判别，形成与车辆充电特性安全边界相适配的双重保护机制。充电桩通过车桩交互数据及电气特性的监控实现对充电系统监测、诊断及故障预警功能，当系统出现安全风险状况时，充电设备立即采取相应的保护措施，通常为立即切断输出或降额输出，避免由于车内控制系统发生单点失效时（如BMS死机、车内继电器粘连等）车辆端无法停止充电导致发生严重事故。表7-9列举了一些常用的车桩双重安全监控功能及控制策略。

表7-9 车桩双重安全监控功能及控制策略举例

| 类别 | 功能（举例） | 具体策略（举例） |
|---|---|---|
| 过充电保护 | 单体电池电压监测 | 充电桩监测单体电池电压，如果超过BMS允许的单体最高充电电压，但BMS并未停止充电，充电桩主动停止充电 |
| | 电压一致性监测 | 充电桩监测单体压差，当单体压差明显异常时，充电桩主动停止充电 |
| | 充电量监测 | 充电桩监测电池充电量，当充电量明显超出其额定容量，但BMS未停止充电时，充电桩主动停止充电 |
| | 最高充电电压限制 | 充电桩监测电池总电压值，当超过BMS发送的最高充电电压限制值，但BMS并未停止充电，充电桩主动停止充电 |
| 过电流保护 | 过电流监测 | 充电桩监测充电电流值，当BMS需求电流超过其上报的最大允许电流时，充电桩按照最大允许电流降额输出 |
| 温度保护 | 电池温度监测 | 充电桩监测电池温度，当电池最高温度超过其上报的最高允许充电温度，但BMS未降低充电电流需求时，充电桩主动降额输出 |
| | 电池温升异常 | 充电桩监测电池温升速率，当温升速率明显异常时，充电桩立即停止输出 |
| | 电池温差异常 | 充电桩监测电池温差，当温差明显异常时，充电桩立即停止输出 |
| | 充电插头温度监测 | 充电桩检测充电插头温度，过温时，充电桩降额输出 |
| 通信数据防护 | 通信数据监测 | 充电桩实时监测与BMS交互通信数据，当出现数据发送错误、报文超时、数据长时间不刷新等异常时，充电桩立即停止输出 |

# 7.2 车载充电机安全匹配与设计

## 7.2.1 车载充电机概述

车载充电机是指固定安装在电动汽车上，将公共电网交流电转换为高压直流电，实现为整车高压动力电池充电的高压总成部件。通常具备以下基本功能：

1）交、直流转换功能：通过内部电子开关器件的通断及滤波，实现交直流的转换。

2）交、直流隔离功能：通过变压器耦合等方式实现交流电网与整车高压直流电平台的隔离，保证两个电压平台工作的独立性。

3）三种充电模式：车载充电机支持恒压、恒流及恒功率三种充电模式。

4）通信控制功能：能够通过 CAN 实现与整车控制单元、BMS 的通信，时刻响应 BMS 发出的使能控制、输出指令及 VCU 的睡眠唤醒指令。

5）诊断存储功能：能够对整车及自身工作过程中发生的故障进行存储，用于售后问题排查及解决。

按照交流充电最大充电电流的限制及整车交流充电的时间需求，车载充电机可分为几种不同的类型，见表 7-10。

表 7-10　车载充电机产品类型

| 类型 | 额定功率 | 输入电压范围（交流） | 最大输入电流 | 备注 |
|---|---|---|---|---|
| 1 | 3.3kW（单相） | | 16A×1 | — |
| 2 | 6.6kW（单相） | 85~265V | 32A×1 | — |
| 3 | 10kW（三相） | | 16A×3 | 兼容 6.6kW 单相交流充电 |
| 4 | 20kW/40kW（三相） | | 32A×3/63A×3 | |

## 7.2.2　车载充电机原理及电路拓扑

车载充电机作为一个电力电子部件，它的基本构成包括功率单元、控制单元、冷却回路、电气接口和通信接口等。对于控制单元，它的核心是主控制器芯片，用来实现与 VCU、BMS 的 CAN 通信，并控制功率电路按照 BMS 的充电指令给高压动力电池充电。控制主板还要对电源部分进行控制、监测、计算、修正、保护以及与外界网络通信等功能，是车载充电机的"中枢大脑"。对于功率电路，主要作用是将 220V 交流电转化为高压直流电，除高压端的滤波电路设计以外，其主要可分为 AC/DC 和 DC/DC 两部分，其中功率因数校正（PFC）模块是 AC/DC 的主要组成部分，谐振变换器（LLC）等模块是 DC/DC 的主要组成部分。

下面以单向 3.3kW 车载充电机电路为例进行简要说明。如图 7-8 所示即为 AC/DC 部分电路，包含 H 桥整流结构及两路 Boost 并联的 PFC 结构。PFC 的作用是对一次整流之后的直流电压，利用多路 Boost 升压电路并联进行功率因数校正，使整流后的电流跟随电压实现同相位，提升功率因数，使得交流电网的视在功率利用率达到 98% 以上。如图 7-9 所示为 DC/DC 部分电路，包括全桥逆变及全桥整流两部分电路。LLC 主要是利用电感、电容的谐振原理，首先对 PFC 之后得到的电压值进行全桥逆变处理，通过交流变压器将电压传递至二次侧以后，进行全桥整流，经滤波处理之后得到整车充电需要的直流电压。

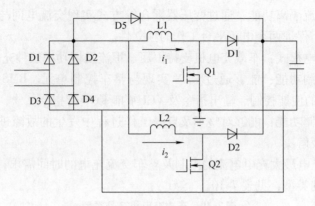

图 7-8 车载充电机 AC/DC 部分拓扑图

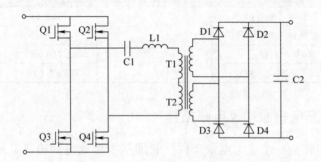

图 7-9 车载充电机 DC/DC 部分拓扑图

## 7.2.3 车载充电机安全设计规范

车载充电机是将电网交流电转化为整车高压系统用直流电的车载设备，其主要功能是为动力电池充电。同时连接交流、直流两个 B 级电压系统和整车低压系统且主要功能直接影响动力电池的充电安全，导致车载充电机的安全设计较为复杂。

车载充电机的安全设计主要包括耐电压、绝缘电阻、电气间隙、被动放电、高压互锁、电气隔离、接触防护、高压安全标识、故障诊断与保护等高压部件通用的安全设计要求。

1. 耐电压

车载充电机的耐电压设计包括交流端和直流端两部分：交流端按连接到交流电网的耐压要求设计，直流端由系统额定工作电压及峰值工作电压等因素决定车载充电机中隔离变换器次级电路器件的选型。

2. 绝缘电阻

车载充电机的绝缘电阻主要包括各独立带电电路与接地（车载充电机壳体）之间的绝缘电阻和无电气联系的各电路之间的绝缘电阻。通常都要求绝缘电阻不小于 10MΩ。

### 3. 电气间隙与爬电距离

电气间隙与爬电距离是车载充电机内部 PCB 布线、器件布置的基本原则。可根据 GB/T 16935.1—2008《低压系统内设备的绝缘配合 第 1 部分：原理、要求和试验》进行选择。电气间隙与爬电距离的设定主要与耐受冲击电压、海拔、污染等级有关。

若高压系统最大工作电压为 500V，适用单相交流充电，海拔要求为 4572m，过电压等级为 Ⅱ，污染等级为 2（通常要求车载充电机的防护等级达到 IP67），绝缘材料等级为 Ⅲb，可得车载充电机内部各回路的电气间隙要求见表 7-11。

**表 7-11　车载充电机电气间隙设计**

| 回路名称 | 电气间隙/mm |
|---|---|
| AC L 对 AC N | 4 |
| AC 对 GND | 6.5 |
| AC 对 DC | 6.5 |
| AC 对 LV | 6.5 |
| DC + 对 DC − | 2.5 |
| DC 对 GND | 6.5 |
| DC 对 LV | 6.5 |
| LV + 对 LV − | 0.5 |
| LV 对 GND | 0.5 |

### 4. 被动放电

车载充电机输出端连接在高压系统的直流母线上，如果其 X 电容存储的总能量大于 0.2J，则车载充电机内部应具备 X 电容的放电电路，且该放电电路始终有效。高压系统完成上电的情况下，车载充电机高压接插件断开，其高压输入端电压应在 2min 内降低到 60V 以下。被动放电电阻设计方法与 DC/DC 变换器相同。

如某车载充电机 $U_{MAX} = 400V$，$C = 19.1\mu F$，$U_t = 60V$，则可计算出被动放电电阻 $R$ 应不大于 8.2MΩ，并根据电阻功耗、工作环境等因素确定电阻值。

### 5. 电气隔离

工作于 B 级电压下的车载充电机充电时，初级电路连接在交流电网上，非充电时悬空，次级电路连接在整车高压系统的直流母线上，需保证电路电气隔离。车载充电机内部由低压系统供电的辅助电源、控制、驱动等电路也需要和初、次级电路进行电气隔离。

通常车载充电机初、次级电路通过变压器进行电气隔离，辅助电源、控制等电路通过隔离变压器与初、次级电路进行隔离，驱动则通过隔离式驱动芯片实现高低压电气隔离。

6. 接触防护

车载充电机在高压插接器装配前，接触防护应满足 IPXXB；高压插接器装配后，接触防护应满足 IPXXD。需要在设计车载充电机结构时考虑插接器选型、防护等级等因素。

7. 故障诊断与保护

车载充电机的故障保护主要需考虑输入输出端口电压、电流应力超过设计阈值导致的器件损坏，内部功率 MOSFET、变压器、电感等器件在异常工作状态或冷却条件不足时导致的过热损坏，电压、电流检测电路异常导致自身进入非预期工作状态及输出异常，通信报文中断或丢失导致自身进入异常工作状态对系统造成损坏等，与 DC/DC 的故障诊断设计一致，此节不再赘述。

## 7.3　充电桩设备

电动汽车充电设备是为电动汽车提供交流/直流电源的专用设备。本节所述的充电设备均限定为固定安装在地面，通过传导方式为电动汽车充电的设备，具有相应的通信、计费和安全防护等功能。按输出电流种类不同，可分为交流充电桩和直流充电桩。

交流充电桩包括桩体和交流充电连接装置，输入端与交流电网连接，输出端与电动汽车连接，为车载充电机提供单相 AC 220V/三相 AC 380V 交流电源，充电桩通过检测自身硬件状态与控制导引电路状态来启动、停止充电。交流充电桩桩体包括主电源回路、控制单元、人机交互单元等部分，如图 7-10 所示。

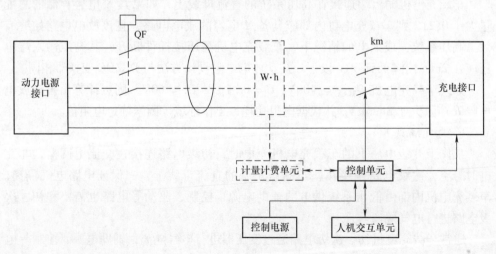

图 7-10　交流充电桩框图

直流充电桩包括桩体和直流充电连接装置，输入端与供电系统连接，输出端与电动汽车连接，通过 CAN 信号与车辆进行通信，为车辆动力电池提供可调直流电源。本节所述直流充电桩输入电源为交流电网。直流充电桩桩体包括功率变换单元、控制单元、人机交互单元等部分，如图 7-11 所示。

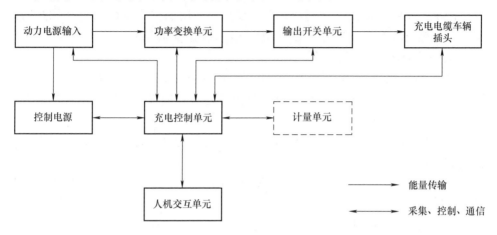

图 7-11　直流充电桩框图

为保证传导式充电的兼容性，充电设备与电动汽车均采用标准的充电接口。现阶段，全球充电接口包括 IEC 标准、CCS 联合充电标准、CHAdeMO 标准、SAE 标准、GB/T 标准以及部分主机厂独立使用的充电接口标准。国内采用 GB/T 20234—2015《电动汽车传导充电用连接装置》系列标准充电接口，包括交流充电接口和直流充电接口。该标准规定了充电接口的电气规格、功能性能要求、连接方式、连接针数、物理尺寸和接口定义。本节所述的充电接口限定为 GB/T 标准接口。

直流充电接口采用 9 针物理结构，如图 7-12 所示，适用于直流额定电压不超过 1000V、额定电流不超过 400A 的直流充电设备。

交流充电接口采用 7 针物理结构，如图 7-13 所示，可进行单相/三相交流电传输，适用于交流额定电压不超过 690V、频率 50Hz、额定电流不超过 250A 的交流充电设备。

图 7-12　直流充电枪

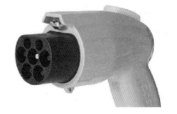

图 7-13　交流充电枪

## 7.3.1　充电设备安全设计要求

在充电设备的全生命周期中，可能会经历各种各样的情况，如运输安装时的振动冲击，户外安装的风吹暴晒雨淋，使用过程中的异常操作等。因此，为满足充电安全需求，充电设备在设计制造、安装建设、使用维护等阶段均应满足充电安全要求，包括电气安全、结构安全、功能安全、信息安全等。

1. 通用要求

为保证充电设备在全生命周期内正常工作，应符合如下通用要求：

1）充电设备应具有安全标识以及应急故障时的处理方法提醒，设置位置应清晰醒目。

2）充电设备应具备良好的人机交互界面，提示充电设备状态，并提供有效的故障排查指示。

3）为保证充电的安全性，充电设备应使用标准的充电接口、供电接口以及符合要求的电源。

4）为保证充电的互操作性，充电设备应采用标准的充电控制导引电路以及通信协议。

2. 电气安全

电气安全主要针对充电设备内部电子器件的保护，防止因外部原因导致电子器件损坏、充电设备功能失效或人员触电。主要的电气安全要求如下：

（1）绝缘耐压要求　充电设备是电能传输转换设备，其高电压的绝缘耐压安全设计不可忽略。绝缘耐压要求，即充电接口相线对接地线的绝缘电阻及耐电压测试要求。绝缘电阻是用于表示绝缘体阻止电流流通的能力，若绝缘电阻不符合要求会使泄漏电流增大，造成电能损失甚至绝缘击穿，存在人员触电危险。耐电压测试是考验充电设备的绝缘强度。因此，绝缘耐压要求是确保充电设备电气安全的重要指标之一。

（2）爬电距离与电气间隙要求　充电设备的爬电距离和电气间隙均应满足GB/T 16935.1—2008《低压系统内设备的绝缘配合　第1部分：原理、要求和试验》规定的要求。

（3）继电器触点监测　充电设备的充电启停由内部继电器吸合断开实现，继电器触点粘连或驱动失效导致充电设备无法正常启停充电，存在电动汽车过充电危险，可能造成动力电池损坏。因此，继电器的工作状态对保证充电系统正常工作十分重要。充电设备应具备继电器触点状态监测功能，避免因继电器触点粘连或继电器驱动失效导致充电异常。当充电设备检测到上述故障时，应立即停止充电并警示人员设备故障。

（4）雷击防护　充电设备附近地区发生雷击，其产生的浪涌能量可能导致内部电子器件损坏。因此，充电设备应具备防雷功能，吸收剩余浪涌能量，抑制瞬态过电压，保护充电设备免受瞬态过电压的影响。

（5）绝缘监测　充电系统是一个高电压、大电流的电路。在正常情况下，充电系统是一个独立的系统，但当充电线缆因老化潮湿等原因导致绝缘破损时，绝缘性能会有所下降。为避免充电过程中因充电设备绝缘异常，导致设备损坏、人员触电，设备应在充电接口连接后、充电启动前对内部进行绝缘检查，电动汽车应在充电过程中对充电系统进行绝缘检测。绝缘检测异常时，中止充电流程。

（6）防反灌保护　防反灌即防止电动汽车在充电系统异常时向电网反向放电。充电设备（直流充电桩）通过在内部的充电回路增加防反二极管（图7-14 中的D1），防止因充电设备内部故障时，引起故障扩大。

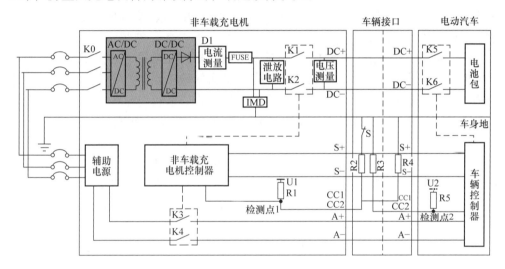

图 7-14　直流充电控制导引电路原理图

3. 结构安全

充电设备是一种比较长期、频繁使用的产品，个体安装和使用环境差异较大。环境因素的影响主要是针对外壳体，外壳体一旦出现问题，会导致防护失效、机械强度降低、甚至绝缘失效，除外壳体，设备内部的电子元器件等也会受到影响，可能引发电气安全等问题。为满足充电设备的安全需求，结合不同使用及存放环境，充电设备的结构需要满足以下要求。

（1）锁止结构要求　锁止功能，即充电接口要具有锁止结构，保证人员在充电过程中无法插拔充电枪，避免因带电插拔产生电弧伤害。

（2）接地要求　为防止充电设备因内部绝缘破坏导致外壳带电，进而导致人员触电，充电设备的接地要求应符合 NB/T 33001—2018《电动汽车非车载传导式充电机技术条件》中 7.5.4 的要求。

（3）防盗功能　防盗功能指的是通过特殊机械结构将充电设备固定，采用常用工具无法拆除或移动设备，防止充电桩带电部件露出，导致人员触电、设备损毁等危险。固定式充电设备应安装牢固，防止被盗。

（4）三防保护要求　三防保护即防潮湿保护、防霉变保护、防盐雾保护。由于充电设备受安装环境影响较大，设备表面及内部印制电路板可能出现霉变或腐蚀现象，影响充电功能。

（5）防护等级要求　防护等级要求即充电设备的防尘防水要求，在允许的情况下，防护等级越高，对设备越有利，设备的安全性能就越好。根据充电设备的安装使用工况及电子器件保护要求，充电设备的防护等级需考虑以下三个方面：第一，防止人员触碰或接近充电设备带电部件或内部部件；第二，防止固体异物进入充电设备内部，如灰尘或有害昆虫；第三，防止水等液体进入设备内部，导致内部电子器件烧毁。

（6）防锈（防氧化）保护　防腐蚀等级可以根据充电设备的使用寿命和使用地区的环境来确定。充电设备的铁质外壳和暴露的铁质支架，零件应采用双层防锈措施，非铁质的金属外壳也应具有防氧化保护膜或进行防氧化处理，防止铁质外壳锈蚀导致防护等级降低，或铁质固定支架锈蚀导致设备跌落损坏。

（7）防火及阻燃要求　充电过程中，长时间过电流、电连接部分接触电阻过大、绝缘击穿等原因均会导致充电设备起火。为减少上述风险，充电设备应满足以下要求：第一，选用阻燃等级较高或不燃烧的材料，即使发生起火情况，阻燃材料也不会加剧反应；第二，充电设备内采用可靠的散热件，抑制发热部件温度升高。

（8）防风要求　针对户外安装的固定式充电设备，设备应能承受所在地区最大风速的侵袭，保证设备无损坏。

4. 功能安全

功能安全是充电设备安全性设计中重要的一部分。针对充电设备的失效模式以及对充电系统的影响程度，制定合理的故障处理策略。当充电系统发生各项故障时，触发保护动作，确保充电安全。

（1）输入过电压保护功能　当输入电源电压持续过高，超过充电设备内部电子元器件的耐受电压，可能造成元器件损坏，影响充电设备正常工作。因此，需采取相应的保护策略。充电设备设置输入过电压保护值，当检测电压超过保护值时，立即断开继电器，停止电能输出并提示故障状态。

（2）输入欠电压保护功能　输入欠电压保护功能，即充电设备检测到输入电压持续低于欠电压保护限值时，应通过控制 LN 继电器断开，立即停止电能输出并提示故障状态。

（3）输出过电流保护功能　输出过电流保护也被称为过电流保护，指的是在充电过程中，充电设备的负载电流超过了安全值，长时间的异常大电流可能导致电子器件损坏，因此需采取相应的安全保护措施。充电设备的负载电流在规定时间内，电流还未降至规定范围内，充电设备应通过控制继电器断开立即停止电能输出并提示故障状态，保证充电系统回路不会因长时间大电流导致器件损坏。

（4）漏电流检测功能　漏电流检测功能即充电设备在充电及启动过程中检测设备是否漏电。漏电流对人体以及设备均有损害。在有防止触电保护装置的情况下，超过 10mA 的漏电流即可对人员造成伤害。对设备来说，在带隔离变压器的系统中，直流分量超过一定限值后，会造成隔离变压器饱和，导致系统过电流保护，甚至损坏功率器件；在不带隔离变压器的系统中，直流分量会造成电流的严重不对称，损坏负载。因此，充电设备应具备漏电流检测功能，当漏电流超过安全值时，终止充电并提示故障状态。

（5）接地检测　接地检测指的是在充电过程中，为了防止人员触碰带电部件导致人员触电，充电设备持续检测供电端接地线连接情况，当检测到供电端接地线未接时，应立即停止电能输出并提示故障状态，当检测接地正常时恢复充电。

（6）急停功能　由于充电系统异常无法正常中止充电，可能导致电动汽车过充电危险。因此，充电设备需设置急停装置。充电过程中，启动急停装置后，充电设备能够立即切断输出电源并提示用户故障状态。

（7）温度监测功能　温度检测功能，顾名思义就是在充电设备对充电接口、充电设备内部温升较高位置进行温度检测，防止温度过高导致周围电子器件无法正常工作或器件损坏、绝缘及塑料材料因热老化导致绝缘失效。

5. 信息安全

充电设备与电动汽车进行硬线/CAN 通信，判断充电桩与车辆是否正确连接以及充电状态。除此之外，智能充电设备与移动终端甚至与上级监控系统或运营管理系统进行通信，实现充电设备的近/远程控制、数据上传等功能。因此，信息安全也是充电设备安全性设计中的重要部分。在设计过程中，充电设备采用必要安全加固措施，建立防未知代码及恶意软件的入侵机制，健全病毒查杀等安全预防措施，检测异常能够主动阻断并告警或禁止充电，防治恶意串改数据造成的充电异常或故障，监控网络失效等安全事件的发生。

## 7.3.2　充电安全风险防范机制

充电设备是将电网电能转化传递，通过充电接口传递至电动汽车。在这一过程中，充电设备一旦处于非正常状态，即无法保证电能流动或转换过程可控，将导致设备损坏、人员触电等危险。针对上述危险，充电设备在设计开发过程中，应考虑主动安全措施和被动安全措施相结合的方式，建立预防为主、阻断或降损为辅的防范机制，以达到最佳的安全防护效果，提升充电设备的安全性能。

1. 主动安全措施

充电设备应充分考虑主动安全保护的功能设计，能够实时监测充电过程，包括设备硬件状态检测、输入电源检测、充电回路状态检测、电动汽车电池状态检测等。当充电设备检测到异常状态时，根据故障诊断结果采取相应的处理措施，实现预防、阻断、降损。

（1）交流充电桩过电流保护功能　在充电过程中，交流充电桩实时检测实际输出电流与车载充电机需求电流（即 PWM 信号对应最大电流）。当检测车载充电机需求电流≤20A，且交流充电桩实际输出电流持续 5s 均超过需求电流 +2A 或检测车载充电机需求电流 >20A，且交流充电桩实际输出电流持续 5s 均超过 1.1 倍需求电流时，为防止长时间过电流导致充电系统故障，充电桩需在规定时间内断开输出电源，终止充电流程并通过人机交互单元提示故障原因。

（2）直流充电桩绝缘监测功能　直流充电桩与电动汽车握手阶段，即充电接口完全连接且充电未启动，直流充电桩进行绝缘监测，检测电压为车辆最高允许充电电压和充电桩额定电压。若绝缘检测异常，充电桩向车辆握手超时，充电桩停止充电流程。

（3）直流充电桩过温保护功能　直流充电桩在内部温升较高位置进行温度检测。在充电过程中，充电桩检测内部温度超过温度保护阈值，则向车辆周期发送充电机中止充电，让 BMS 确认充电桩即将结束充电以及充电结束原因，充电桩停止充电并断开充电回路，防止温度过高导致周围电子器件无法正常工作或器件损坏、绝缘及塑料材料因热老化导致绝缘失效。

2. 被动安全措施

充电设备的硬件结构设计应考虑主要危险和可能发生的事故，进行被动安全防护。例如，采用防火阻燃材料、增加防雷设计、提高设备的防护等级、采取有效的接触防护等。由此，能够有效降低事故发生对充电设备的危害，减少因环境或人为等因素导致设备失效的概率，实现被动安全防护。

# 参 考 文 献

[1] Anon. What are some examples of battery electric vehicles？［Z/OL］. （2015 – 11 – 25）［2019 – 10 – 11］. https：//www. quora. com/What – are – some – examples – of – battery – electric – vehicles – How – were – they – developed.

[2] KURZWEIL P. Gaston Planté and his invention of the lead – acid battery［J］. Journal of Power Sources，2010，195（14）：4424 – 4434.

[3] Anon. World's first electric car built by Victorian inventor in 1884［Z/OL］. （2009 – 04 – 24）［2019 – 10 – 11］. https：//www. telegraph. co. uk/news/newstopics/howaboutthat/5212278/ Worlds – first – electric – car – built – by – Victorian – inventor – in – 1884. html.

[4] Anon. History of the Licensed London Taxi［Z/OL］. （2008 – 03 – 14）［2019 – 10 – 11］. https：//www. londonblacktaxitours. net/taxi – faqs/history – of – the – london – licensed – taxi.

[5] MATTHÉ R. Lithium – Ion batteries：advances and applications［J］. Elsevier，2014：151 – 176.

[6] 杨钫，胡志林，张昶，等. 捷豹 I – Pace 热管理系统技术研究［J］. 汽车文摘，2019（06）：50 – 54.

[7] IQBAL H. Electric and hybrid vehicles：design fundamentals.［M］. Florida：CRC，2012.

[8] WAWZYNIAK M，ART L，JUNG M，et al. Thermal management as a basic prerequisite for electric mobility［J］. Atz Worldwide，2017，119（9）：46 – 51.

[9] WATZENIG D，BRANDSTÄTTER B. Comprehensive Energy Management – Safe Adaptation，Predictive Control and Thermal Management［M］. Berlin：Springer，2018：67 – 80.

[10] FUCHSS，S，MICHAELIDES A，STOCKS O，et al. The propulsion system of the new jaguar I – Pace［J］. MTZ Worldwide，2019（80）：18 – 25.

[11] JINLING Z. Transient temperature field simulation based on electromagnetic – thermal – fluid three field coupling technology of IPM［J］. FISITA，2014.

[12] 朱学武，王士彬，张健. 内高压碰撞吸能盒的耐撞性能开发［J］. 汽车技术，2018（7）：43 – 47.

[13] 姚宙，郝玉敏，李红建. 基于能量管理与仿真的汽车前端结构优化设计［J］. 汽车安全与节能学报，2016（4）：395 – 402.

[14] 邱少波. 汽车碰撞安全工程［M］. 北京：北京理工大学出版社，2016.

[15] 张君媛. 汽车碰撞车体与乘员约束系统的参数设计方法［M］. 北京：科学出版社，2018.

[16] 吴志新，周华，王芳. 电动汽车及关键零部件测评与开发技术［M］. 北京：科学出版社 2019.

[17] 中国国家标准化管理委员会. 电流对人和家畜的效应 第 1 部分：通用部分：GB/T 13870.1—2008［S］. 北京：中国标准出版社，2008.

[18] 中国国家标准化管理委员会. 电动汽车安全和要求 第 3 部分：人员触电防护：GB/T 18384.3—2015［S］. 北京：中国标准出版社，2015.

[19] DORON A，ELLA Z，YARON C. A short review of failure mechanisms of lithium metal and lithiated graphite anodes in liquid electrolyte solutions［J］. Solid State Ionics Diffusion & Reactions，

148 (3 – 4)：405 – 416.

［20］黄坤．锂离子电池的工艺探讨［J］．电池，2000（5）：217 – 218.

［21］郭营军，晨晖，谢燕婷．锂离子电池电解液研究进展［J］．新材料产业，2007（8）：60 – 64.

［22］周建军．动力锂离子电池隔膜的研究与开发现状［J］．新材料产业，2013（1）：16 – 20.

［23］冯旭宁．车用锂离子动力电池热失控诱发与扩展机理、建模与防控［D］．北京：清华大学，2016.

［24］KASNATSCHEEW J, BORNER M, STREIPERT B, et al. Lithium ion battery cells under abusive discharge conditions：Electrode potential development and interactions between positive and negative electrode［J］. Journal of Power Sources, 2017, 362：278 – 282.

［25］XU H, SHI J, HU G, et al. Hybrid electrolytes incorporated with dandelion – like silane – $Al_2O_3$, nanoparticles for high – safety high – voltage lithium ion batteries［J］. Journal of Power Sources, 2018, 391：113 – 119.

［26］LU L, HAN X, LI J, et al. A review on the key issues for lithium – ion battery management in electric vehicles［J］. Journal of Power Sources, 2013, 226：272 – 288.

［27］LI Z HUANG J, LIAW B Y, et al. On state – of – charge determination for lithiumion batteries［J］. Journal of Power Sources, 2017, 348：281 – 301.

［28］WAAG W, FLEISCHER C, SAUER D U. Critical review of the methods for monitoring of lithium – ion batteries in electric and hybrid vehicles［J］. Journal of Power Sources, 2014, 258：321 – 339.

［29］KALAWOUN J, BILETSKA K, SUARD F, et al. From a novel classification of the battery state of charge estimators toward a conception of an ideal one［J］. Journal of Power Sources, 2015, 279：694 – 706.

［30］KALMAN R E, BUCY R. New results in linear filtering and prediction theory［J］. Transactions of the ASME：Journal of Basic Engineering, 1961, 83（Series D）：95 – 108.

［31］PLETT G L. Extended Kalman filtering for battery management systems of LiPB – based HEV battery packs：Part 1. Background［J］. Journal of Power Sources, 2004, 134（2）：252 – 261.

［32］PLETT G L. Extended Kalman filtering for battery management systems of LiPB – based HEV battery packs：Part 2［J］. Modeling and identification. Journal of Power Sources, 2004, 134（2）：262 – 276.

［33］PLETT G L. Extended Kalman filtering for battery management systems of LiPB – based HEV battery packs：Part 3. State and parameter estimation［J］. Journal of Power sources, 2004, 134（2）：277 – 292.

［34］GUO Y, ZHAO Z, HUANG L. SOC estimation of Lithium battery based on improved BP neural network［J］. Energy Procedia, 2017, 105：4153 – 4158.

［35］童菲，尚世亮，熊志刚．汽车系统功能安全架构的设计与发展展望［J］．汽车文摘，2019（5）：12 – 17.

［36］智恒阳，文彦东，赵慧超，等．电动汽车用驱动电机系统标准要求及应对措施［J］．汽车技术，2017（04）：6 – 10.

[37] 陈世坤. 电机设计 [M]. 2 版. 北京：机械工业出版社，2000.

[38] 唐任远. 现代永磁电机理论与设计 [M]. 北京：机械工业出版社，2016.

[39] 林展汐. 新能源汽车驱动永磁电机退磁特性分析 [C]. 北京：机械工业出版社，2018.

[40] 莱文森. 基于系统思维构筑安全系 [M]. 唐涛，牛儒，译. 北京：国防工业出版社，2015：150 – 177.

[41] 中国国家标准化管理委员会. 电动汽车传导充电系统 第 1 部分：通用要求：GB/T 18487. 1—2015 [S]. 北京：中国标准出版社，2015.

[42] 王芳，夏军，等. 电动汽车动力电池系统安全分析与设计 [M]. 北京：科学出版社，2016：92 – 107.

[43] 乔旭彤，等. 电动汽车电池管理系统的设计开发 [M]. 北京：电子工业出版社，2018

[44] 陈宁，等. 一种基于状态转移优化 RBF 神经网络的锂电池 SOC 估算方法：201711093872. 7 [P] 2017 – 11 – 08.

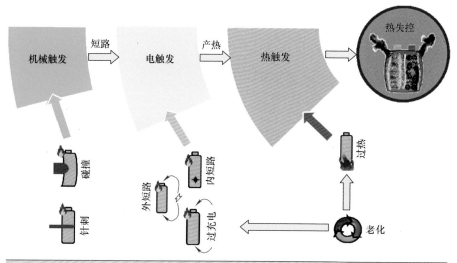

**图 2-2　锂电池热失控机理**

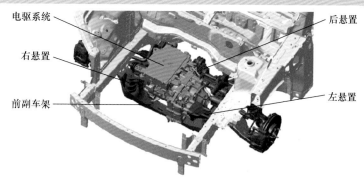

**图 2-6　电动汽车典型动力悬置系统**

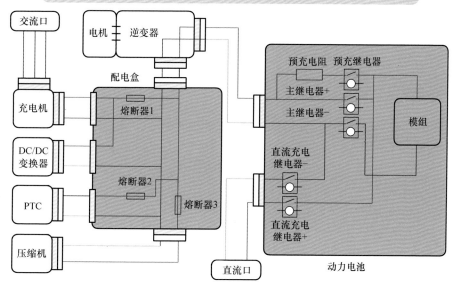

**图 2-7　电动汽车典型高压系统拓扑示意图**

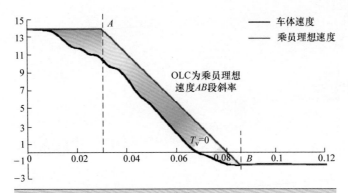

**图 2-21  车辆加速度 OLC++ 曲线**

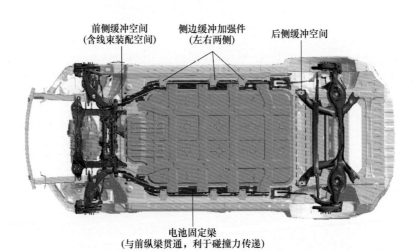

**图 2-24  电动汽车动力电池布置示意图**

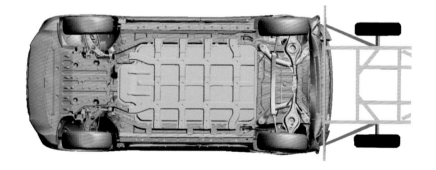

**图 2-30　后碰仿真分析示意图**

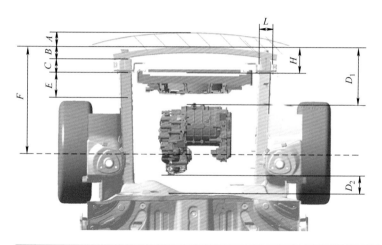

**图 2-31　车体前端吸能硬点尺寸定义**

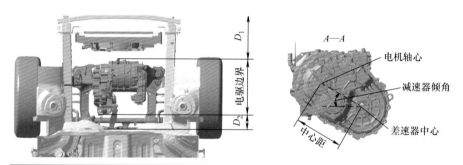

**图 2-32　前机舱 $X$ 向尺寸定义**

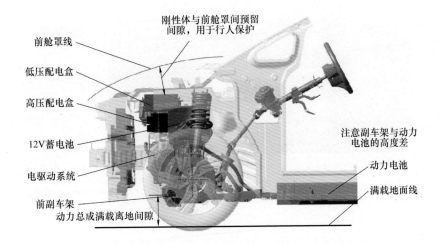

刚性体与前舱罩间预留
间隙，用于行人保护

前舱罩线

低压配电盒

高压配电盒

12V蓄电池

电驱动系统

前副车架
动力总成满载离地间隙

注意副车架与动力
电池的高度差

动力电池

满载地面线

**图 2-33  前机舱 Z 向尺寸定义**

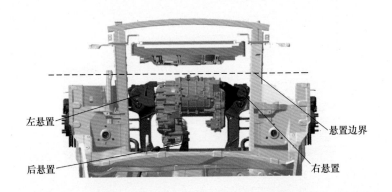

左悬置

后悬置

悬置边界

右悬置

**图 2-34  悬置系统布置方案**

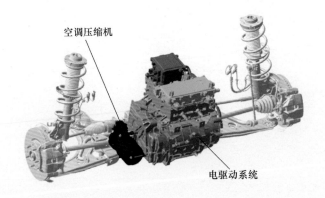

空调压缩机

电驱动系统

**图 2-35  电动压缩机布置示意**

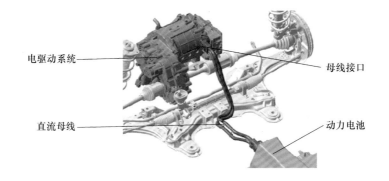

电驱动系统

母线接口

直流母线

动力电池

**图 2-36　高压接口布置示意**

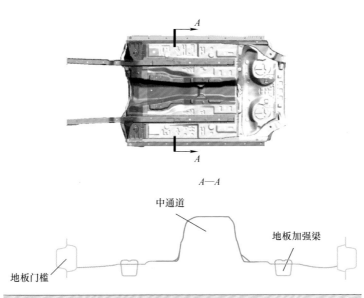

$A$

$A$

$A—A$

中通道

地板加强梁

地板门槛

**图 2-37　燃油汽车地板结构及截面**

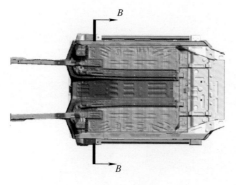

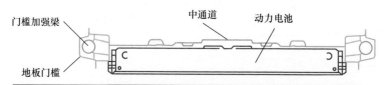

图 2-38　电动汽车地板结构及截面

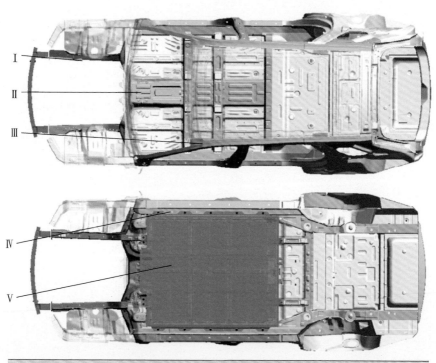

图 2-39　某车型车身布置结构图

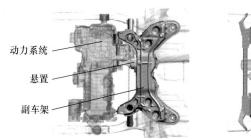
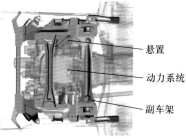

动力系统

悬置

副车架

悬置

动力系统

副车架

**图 2-41　燃油汽车副车架示意**

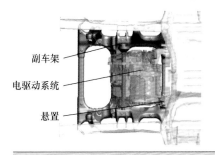
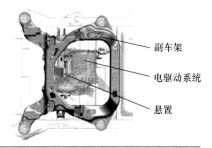

副车架

电驱动系统

悬置

副车架

电驱动系统

悬置

**图 2-42　电动汽车副车架示意**

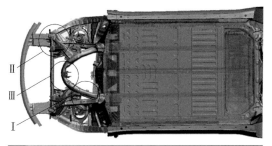

Ⅱ

Ⅲ

Ⅰ

**图 2-43　某车型底盘布置结构图**

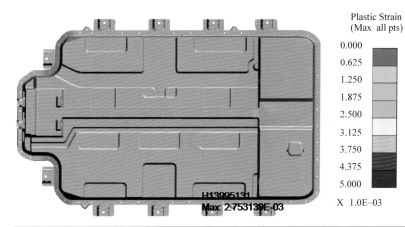

Plastic Strain
(Max all pts)

0.000
0.625
1.250
1.875
2.500
3.125
3.750
4.375
5.000

X  1.0E−03

H13995131
Max 2.753139E-03

**图 2-46　FRB 工况动力电池应力应变云图**

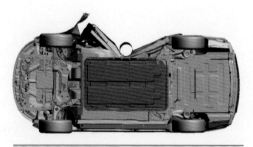

图 2-47　侧面柱碰动力电池变形

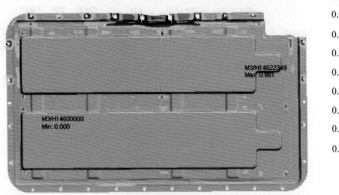

| | 0.000 |
| --- | --- |
| | 0.002 |
| | 0.004 |
| | 0.006 |
| | 0.007 |
| | 0.009 |
| | 0.011 |
| | 0.013 |
| | 0.015 |

M3/H14622349
Max: 0.991

M3/H14600000
Min: 0.000

图 2-48　侧面柱碰动力电池应力应变云图一

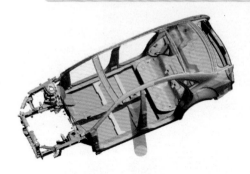

a) 优化区域(见彩插)

防撞钢管　　　　吸能结构
侧围门槛　　　　地板门槛

b) 电动汽车门槛断面

图 2-49　侧面柱碰环形加强保护区域

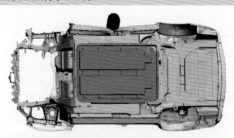

图 2-50　侧面柱碰动力电池完好

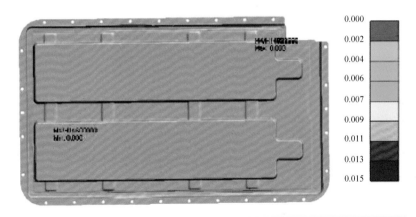

**图 2-51　侧面柱碰动力电池应力应变云图二**

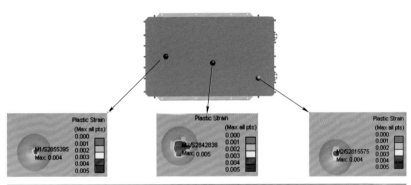

**图 2-54　球击工况应力应变云图**

**图 2-55　FRB 工况下动力电池壳体无明显塑性
变形**

**图 2-56  FRB 工况下前端无侵入动力电池**

**图 2-57  FRB 工况下动力电池电解液无泄漏**

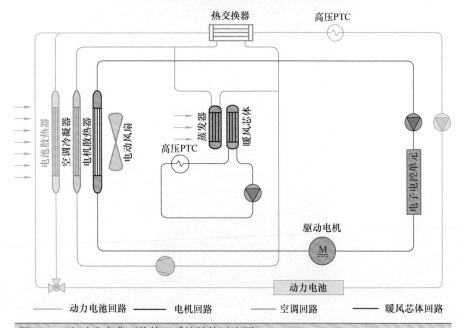

**图 2-58  电动汽车典型热管理系统结构示意图**

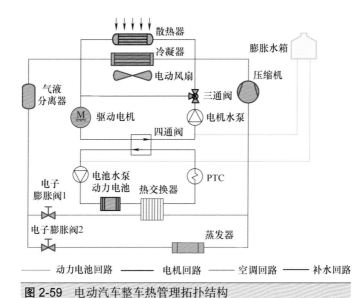

散热器

冷凝器

膨胀水箱

电动风扇

压缩机

气液
分离器

三通阀

驱动电机

电机水泵

四通阀

电池水泵
动力电池

PTC

电子
膨胀阀1

热交换器

电子膨胀阀2

蒸发器

—— 动力电池回路　—— 电机回路　—— 空调回路　—— 补水回路

**图 2-59　电动汽车整车热管理拓扑结构**

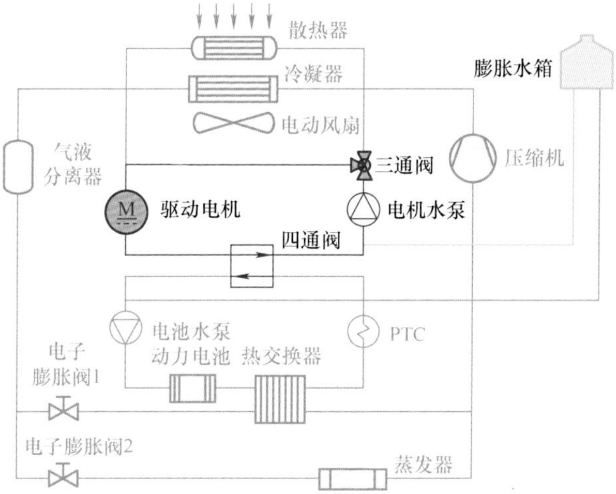

散热器

冷凝器

膨胀水箱

电动风扇

气液
分离器

三通阀

压缩机

驱动电机

电机水泵

四通阀

电池水泵
动力电池

PTC

电子
膨胀阀1

热交换器

电子膨胀阀2

蒸发器

**图 2-60　电机自加热模式**

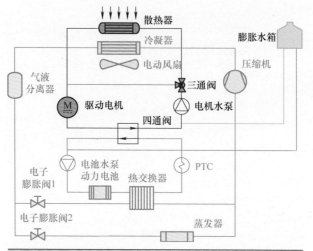

**图 2-61　电机冷却模式**

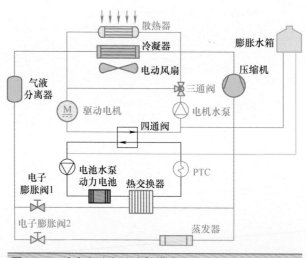

**图 2-62　动力电池主动冷却模式**

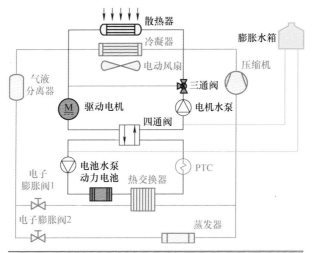

**图 2-63　动力电池被动冷却模式**

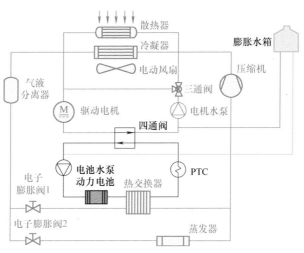

**图 2-64　动力电池主动加热模式**

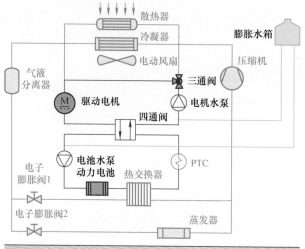

**图 2-65  动力电池被动加热模式**

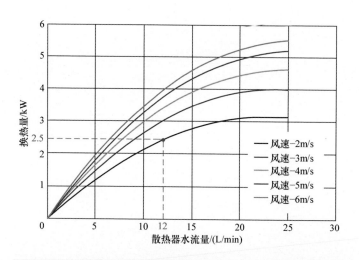

**图 2-67  散热器散热特性示意图**

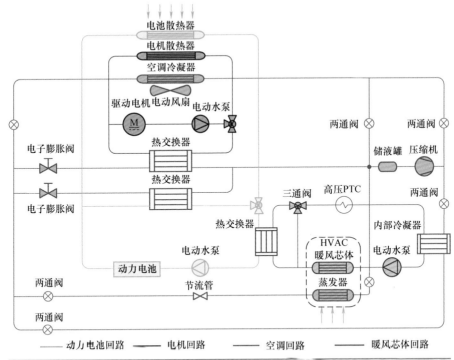

电池散热器

电机散热器

空调冷凝器

驱动电机电动风扇    电动水泵

两通阀    两通阀

电子膨胀阀    储液罐    压缩机

热交换器

热交换器

电子膨胀阀    热交换器    三通阀    高压PTC    两通阀

内部冷凝器

电动水泵    HVAC
暖风芯体    电动水泵

动力电池    蒸发器

两通阀    节流管

两通阀

—— 动力电池回路  —— 电机回路  —— 空调回路  —— 暖风芯体回路

**图 2-71** 某电动汽车整车热管理系统拓扑结构

**图 2-77** 高压警告标识

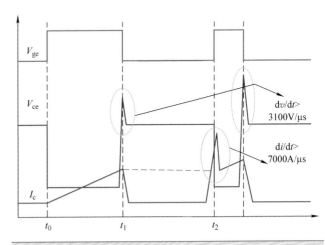

$V_{ge}$

$V_{ce}$

$I_c$

$dv/dt >$
$3100V/\mu s$

$di/dt >$
$7000A/\mu s$

$t_0$    $t_1$    $t_2$

**图 2-89** 功率器件开关过程

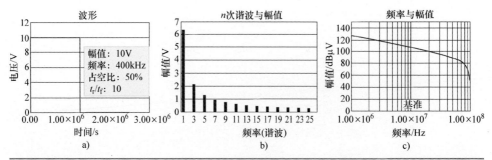

图 2-91　功率器件开关过程及分析

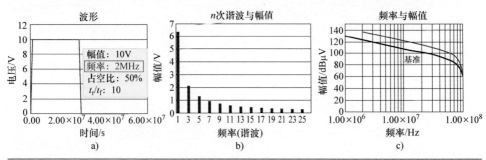

图 2-92　功率器件开关过程及分析 – 条件 1

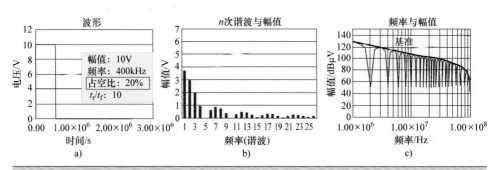

图 2-93　功率器件开关过程及分析 – 条件 2

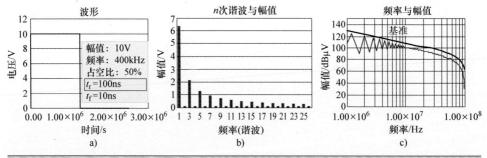

图 2-94　功率器件开关过程及分析 – 条件 3

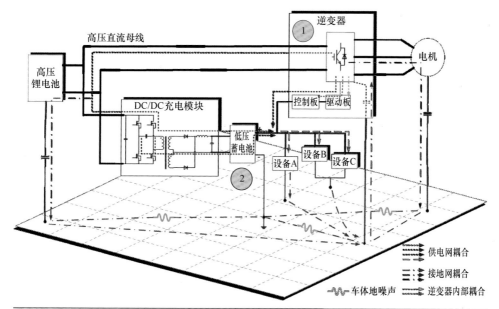

图 2-100 电动汽车骚扰耦合网络

图 2-102 功率器件仿真

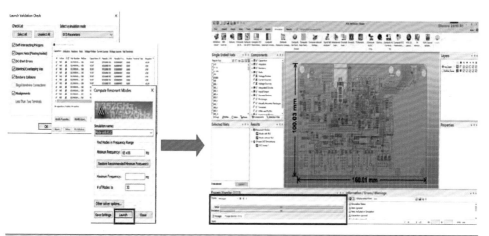

图 2-103 SIwave 谐振分析

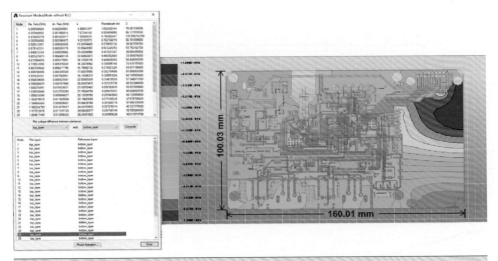

**图 2-104　裸板谐振模式**

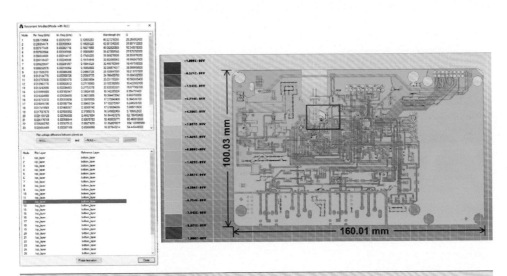

**图 2-105　布局器件后谐振分析**

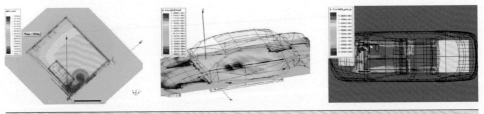

**图 2-106　区域电磁场仿真**

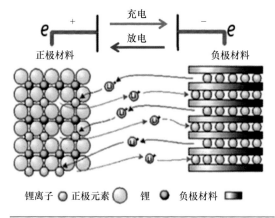

锂离子 ◯ 正极元素 ◯ 锂 ● 负极材料 ▬

**图 3-2　锂离子电池工作原理**

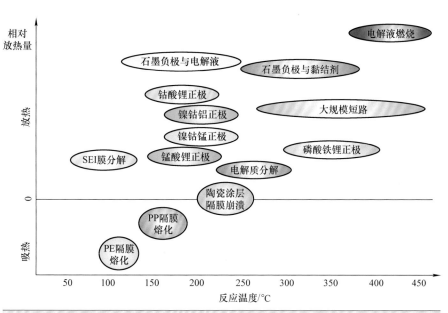

**图 3-5　锂电池热失控反应机理**

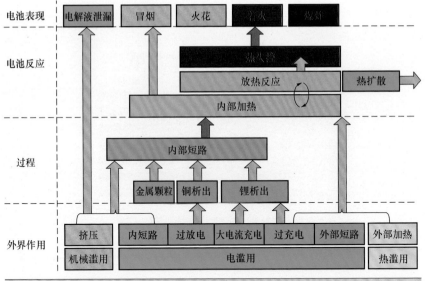

**图 3-6 锂电池热失控诱因**

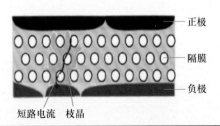

正极
隔膜
负极

短路电流　枝晶

**图 3-8 电池过充电后锂枝晶刺穿隔膜示意图**

**图 3-11 电池外部短路现象**

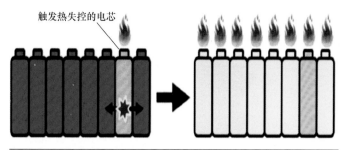

触发热失控的电芯

**图 3-12** 电池热扩散示意图

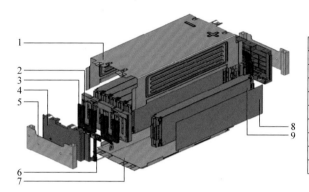

| 序号 | 零部件名称 | 功能描述 |
|------|-----------|----------|
| 1 | 上壳体 | 防护内部零部件 |
| 2 | 支撑架 | 固定汇流排 |
| 3 | 汇流排 | 电连接 |
| 4 | 端盖 | 绝缘及防护 |
| 5 | 端板 | 固定及防护内部零部件 |
| 6 | FPC组件 | 电压及温度采集 |
| 7 | 下壳体 | 防护内部零部件 |
| 8 | 缓冲垫 | 吸收膨胀、隔热 |
| 9 | 单体串并联单元 | — |

**图 3-16** 电池模组组件示意图

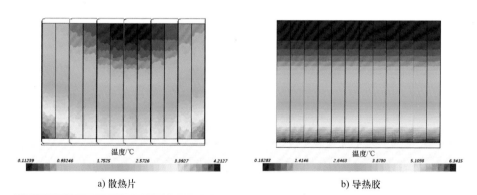

温度/℃

| 0.11239 | 0.93246 | 1.7525 | 2.5726 | 3.3927 | 4.2127 |

温度/℃

| 0.18283 | 1.4146 | 2.6463 | 3.8780 | 5.1098 | 6.3415 |

a) 散热片　　　　　　　　　　　　b) 导热胶

**图 3-22** −20℃低温加热工况仿真结果

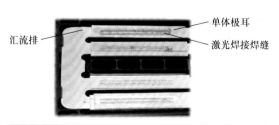

汇流排　　　　　　　单体极耳

激光焊接焊缝

**图 3-23** 汇流排与软包单体极耳激光焊接示意图

**图 3-24　软包单体膨胀后侧板强度仿真结果**

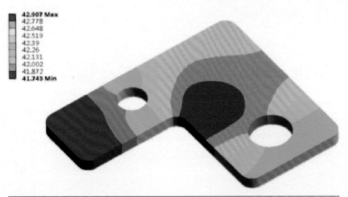

**图 3-28　汇流排 10s 瞬时大电流放电的温升仿真结果**

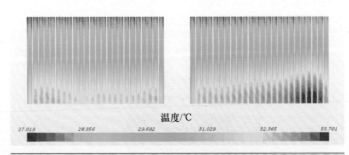

**图 3-31　某款方形单体风冷电池总成温度分布**

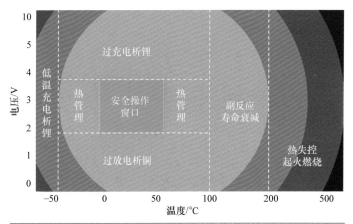

**图 3-35** 锂电池安全工作区间

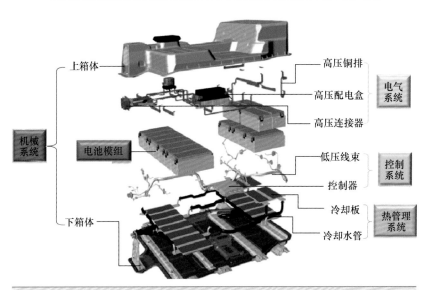

**图 3-57** 动力电池系统组成示意图

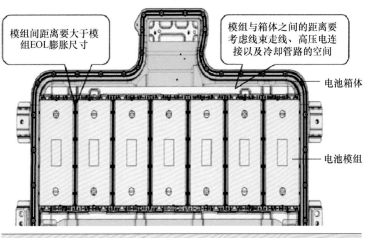

**图 3-59** 电池模组布置示意

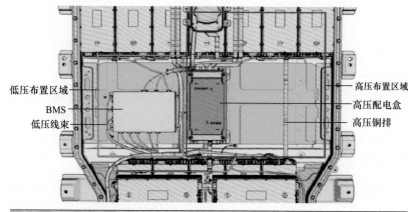

图 3-60　BMS 及高压配电盒布置示意

低压布置区域
BMS
低压线束
高压布置区域
高压配电盒
高压铜排

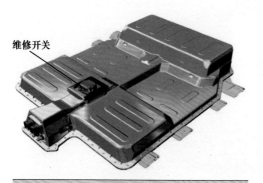

维修开关

图 3-61　电池维修开关布置示意

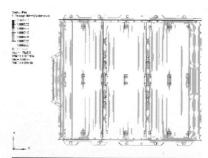

图 3-67　电池箱体 $Z$ 方向随机振动
　　　　损伤云图

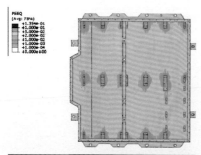

图 3-68　$Z$ 方向三次冲击过后的等
　　　　效塑性应变云图

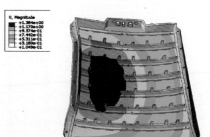

图 3-69　动力电池包 $X$ 向挤压结果

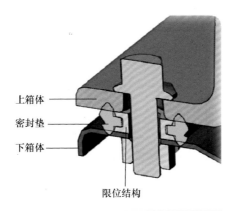

上箱体

密封垫

下箱体

限位结构

**图 3-71  双唇式橡胶密封条的限位结构示意**

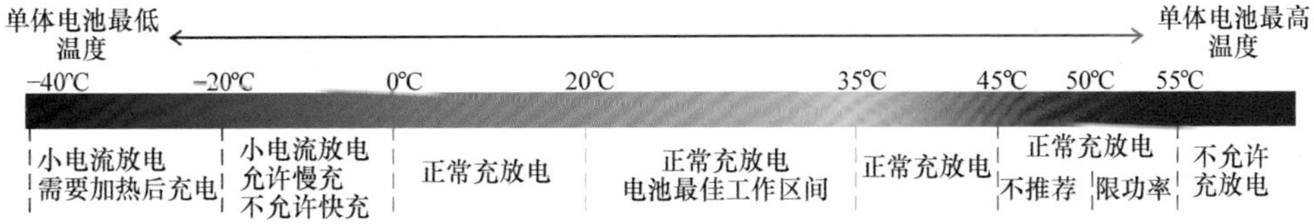

单体电池最低温度 ←——————————————————————————→ 单体电池最高温度

-40℃　　-20℃　　0℃　　20℃　　　35℃　45℃　50℃　55℃

| 小电流放电需要加热后充电 | 小电流放电允许慢充不允许快充 | 正常充放电 | 正常充放电电池最佳工作区间 | 正常充放电 | 正常充放电不推荐 | 限功率 | 不允许充放电 |

**图 3-84  锂离子电池工作温度范围示意**

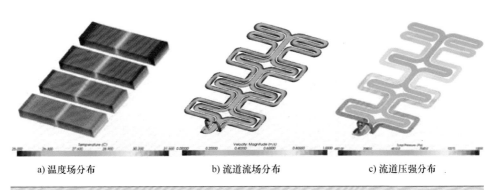

a) 温度场分布　　　　　　　b) 流道流场分布　　　　　　　c) 流道压强分布

**图 3-85  电池热管理系统仿真计算**

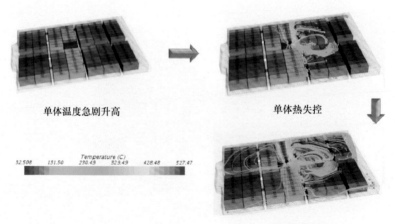

单体温度急剧升高　　　　单体热失控

32.508　131.50　Temperature (C) 230.49　329.49　428.48　527.47

热量急剧扩散

图 3-91　动力电池系统热扩散仿真示意

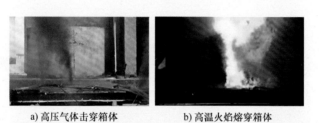

a) 高压气体击穿箱体　　　b) 高温火焰熔穿箱体

图 3-92　热失控实例示意

横梁

电池模组

纵梁

图 3-93　箱体隔离模组案例示意

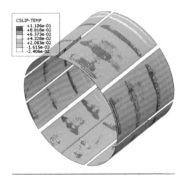

图 4-3 定子与电机壳体接触
面滑移量云图

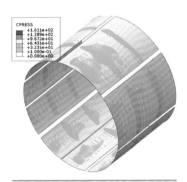

图 4-4 定子与电机壳体接触
面接触压力云图

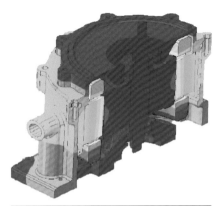

图 4-8 电机温度场有限元计算结果

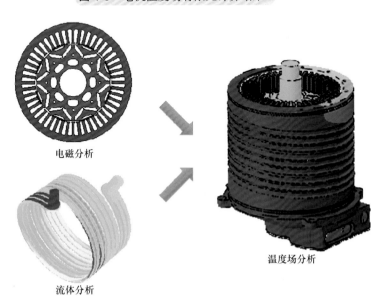

电磁分析

流体分析

温度场分析

图 4-9 电磁 – 流体 – 热联合仿真

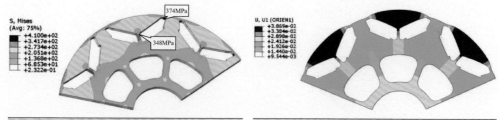

图 4-11 转子冲片应力分布图

图 4-12 转子冲片变形量云图

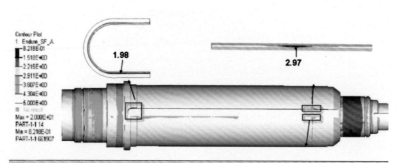

图 4-13 转子轴安全系数分布图

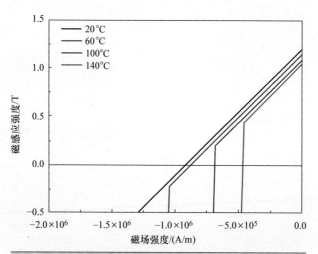

图 4-16 永磁材料不同温度下退磁曲线

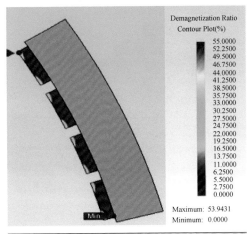

图 4-18 永磁体退磁率云图

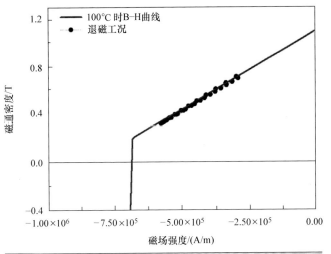

图 4-19 永磁体上单点工作点校核

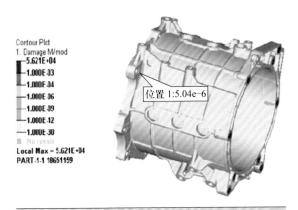

图 4-21 壳体 CAE 分析

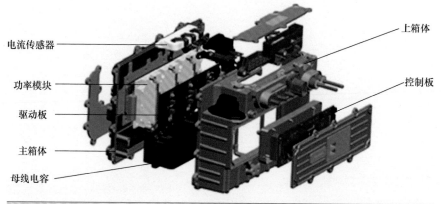

电流传感器

功率模块

驱动板

主箱体

母线电容

上箱体

控制板

图 4-25　典型的电机控制器拓扑图

图 4-37　独立式放电电阻

图 4-38　板载式放电电阻

a) 刚性密封垫

b) 胶圈型密封垫

图 4-44　密封方式

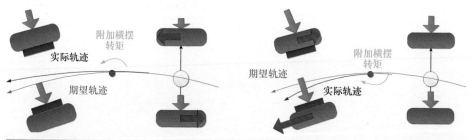

图 5-19　轮间转矩分配改善转向特性示意图

图 6-6　熔断器结构示意图

接触端子或引脚

焊接点　熔体　管壳　灭弧介质(填料或空气)

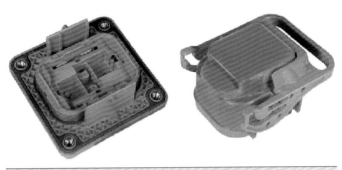

图 6-11　高压手动维修开关

图 6-12　低压维修开关和低压线束紧急维修点

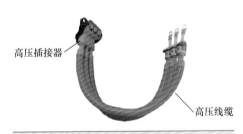

高压插接器

高压线缆

图 6-13　高压电线束组成示意图

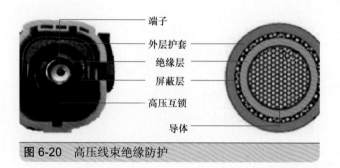

端子

外层护套

绝缘层

屏蔽层

高压互锁

导体

**图 6-20　高压线束绝缘防护**

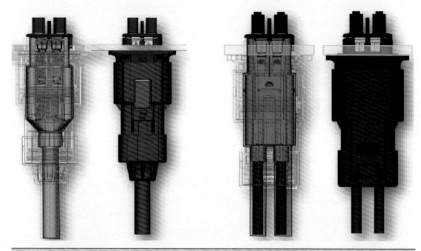

**图 6-21　插接器 360° 屏蔽设计**

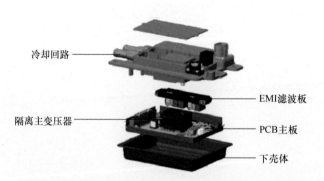

冷却回路

EMI滤波板

隔离主变压器

PCB主板

下壳体

**图 6-22　典型液冷 DC/DC 变换器系统的构成**